古代歷史文化 研究輯刊

三 編

王 明 蓀 主編

第7冊

魏晉南北朝的婦女緣坐

馬 以 謹 著

六朝太湖流域的發展

黃 淑 梅 著

國家圖書館出版品預行編目資料

魏晉南北朝的婦女緣坐 馬以謹 著／六朝太湖流域的發展
黃淑梅 著—初版—台北縣永和市：花木蘭文化出版社，
2010〔民99〕
目 2+112 面＋序 2+ 目 2+126 面；19×26 公分
（古代歷史文化研究輯刊 三編；第 7 冊）
ISBN：978-986-254-092-3（精裝）
1. 刑律論 2. 女性 3. 經濟發展 4. 社會發展 5. 魏晉南北朝
6. 太湖
585.63   99001234

ISBN - 978-986-2540-92-3

9 789862 540923

古代歷史文化研究輯刊
三 編 第七 冊   ISBN：978-986-254-092-3

魏晉南北朝的婦女緣坐
六朝太湖流域的發展

作　　者　馬以謹／黃淑梅
主　　編　王明蓀
總 編 輯　杜潔祥
出　　版　花木蘭文化出版社
發 行 所　花木蘭文化出版社
發 行 人　高小娟
聯絡地址　台北縣永和市中正路五九五號七樓之三
　　　　　電話：02-2923-1455／傳真：02-2923-1452
網　　址　http://www.huamulan.tw 信箱 sut81518@ms59.hinet.net
印　　刷　普羅文化出版廣告事業
初　　版　2010 年 3 月
定　　價　三編 30 冊（精裝）新台幣 46,000 元

魏晉南北朝的婦女緣坐

馬以謹　著

作者簡介

馬以謹，一九六一年生於臺灣省臺中市。

靜宜大學外文系學士、東海大學歷史系學士、臺灣大學歷史研究所碩士、中正大學歷史研究所博士。

曾任逢甲大學通識中心、靜宜大學通識中心、朝陽科技大學通識中心、勤益科技大學通識中心、玄奘大學歷史系等諸校兼任副教授。

研究領域為中國婦女史、魏晉南北朝史。

提　要

中國的緣坐制度在魏晉南北朝時期有明顯的減輕之勢，尤其是婦女緣坐的刑責更是大幅度的減輕，並且在緣坐範圍上也日趨縮小。三國以前，婦女是要雙重緣坐的。三國毌丘儉案後，明定出嫁女不坐娘家之戮，僅坐夫家之罰。西晉解系案後，又規定許嫁女不坐，更進一步地擴大了免坐的範圍。東晉明帝時下詔三族刑不施於婦人，從此婦女的緣坐之刑已明顯地較男子為輕。北朝時，婦女緣坐以沒官為主，而少刑殺。這些都是婦女緣坐之刑減輕的明證。唐以後明定出嫁女、許嫁女均不坐娘家之戮，即使大逆、謀反之罪的婦女緣坐亦不坐死，而採沒官。這些優遇婦女的緣坐規定，其實都是在魏晉南北朝醞釀定型，且於唐以後明定載在歷代的刑法規章之中的。本文即在研究魏晉南北朝婦女緣坐的演變情形，茲將本文的章節及其內容條列於下：第一章：說明研究的動機、取向、魏晉南北朝婦女地位的一般概況及有關緣坐的一些問題。第二章：說明女子緣坐的刑法種類及其施行的實例探討。第三章：官人犯謀反、大逆罪時婦女的緣坐情形及轉變。第四章：軍人在逃亡、叛降時婦女的緣坐情形，以及婦女在非法定緣坐情形下，實際受到牽連的廣義緣坐情況。第五章：婦女在其他情形況下的緣坐情形。第六章：總結全文，做一個摘要說明。

目次

第一章　緒　論 …………………………………………… 1
　第一節　研究動機與取向 ………………………………… 1
　第二節　魏晉南北朝的婦女地位 ………………………… 6
　第三節　關於婦女緣坐的一些問題 ……………………… 13
第二章　婦女緣坐的刑罰種類 …………………………… 15
第三章　緣坐之一 —— 官人謀反、大逆之婦女緣
　　　　坐 ………………………………………………… 29
　第一節　三　國 ………………………………………… 30
　第二節　兩　晉 ………………………………………… 38
　第三節　南　朝 ………………………………………… 45
　第四節　北　朝 ………………………………………… 50
　第五節　小　結 ………………………………………… 58
第四章　緣坐之二 —— 軍士逃亡、叛降之婦女緣
　　　　坐 ………………………………………………… 61
　第一節　逃亡、叛降之婦女緣坐 ……………………… 61
　第二節　婦女配嫁與人質制度 ………………………… 73
第五章　緣坐之三 —— 其他情況的婦女緣坐 ………… 83
第六章　結　論 …………………………………………… 103

參考書目 …………………………………………………… 107

第一章　緒　論

第一節　研究動機與取向

　　中國婦女史之研究，肇端於民國以後。民國以前，雖然也有若干著作曾反映出為女性鳴不平的思想，[註1] 但均非研究婦女史的作品，中國眞正第一部婦女史，當推徐天嘯的《神州女子新史》。[註2] 徐氏的作品正編上起上古，下迄明代；續編則從明寫至民國，主要記述歷代巾幗英雌、傑出女性的事跡，全書以人物敘述爲主，並於每節後附「女史氏曰」之短評。嚴格說來，實在談不上「研究」二字，充其量只能算做歷代女子行誼節錄，外加一些筆者感想罷了。不過，徐氏所處的年代，[註3] 有其時代的局限性。在那樣的年頭裡，能洞察到婦女的重要性及長期在中國歷史中婦女被忽略的事實，而能有爲女子寫史的觀念，已誠屬不易。因此，他在作品中所表現的新舊雜陳，但又偏向傳統的思想型態，實在不應加以苛責。事實上，徐氏《神州女子新史》的時代意義遠超過作品本身實質的學術價值。其後，陳東原的《中國婦女生活史》於民國十六年（1927）出版，此書至今仍爲研究中國婦女史工作者最重要的參考書之一。但是，該書成書於五四之後，受五四運動的影響至鉅。五

〔註1〕李汝珍之《鏡花緣》、毛奇齡之反對室女守志殉節文及俞正燮的諸多著作，都是站在女性立場替女性抱不平的作品。

〔註2〕參閱鮑家麟〈中國第一部婦女史 —— 徐天嘯的神州女子新史〉，《食貨月刊》（復刊）七卷六期，民國66年9月，頁14～17。

〔註3〕該書係於民國2年（1913）4月，上海神州圖書局發行，國光書局印刷所代印。

四運動，對於中國傳統中黑暗的一面不遺餘力的大肆抨擊，受到這種特殊時代背景下反傳統精神的影響，陳東原也特別著重強調婦女受壓迫、被蹂躪的一面，故《中國婦女生活史》儼然是一部中國婦女血淚史。

陳氏以後，雖然也有學者陸陸續續的從事婦女史的研究工作，但中國婦女史的蓬勃發展，正如西方婦女史一樣，是一九七〇年以後的事。〔註4〕近年來，由於學者們的努力耕耘，專門研究婦女的論文，數量甚爲可觀，姜蘭虹、許美智所編的《臺灣光復後婦女研究文獻目錄》〔註5〕共收錄了一千五百六十五項的文獻，此外尚有部分文獻亦未收載於該目錄之中，可見婦女研究的著作之豐，其中有關中國婦女史之研究文獻亦不在少數。隨著婦女史研究工作的日益蓬勃，投身婦女史的研究者必會愈來愈多。爲了方便中國婦女史的研究，鮑家麟先後編了三本中國婦女史的論文選集，〔註6〕張玉法、李又寧亦合編了二本中國婦女史的論文選集，〔註7〕但在這許多有關婦女史的研究文獻中，研究歷朝代婦女史的論文都不少，唯獨探討魏晉南北朝婦女史的論文則爲數不多。至於正史中對婦女的記載，一般又跳脫不開列女傳的格局。實則，漢朝劉向著《列女傳》，本意並非爲了表彰節烈，只是記錄各種不同的女子行誼。後世史家卻只偏重於表彰貞節烈女，這種模式一旦形成，往後歷朝歷代都跳不出這個窠臼了。〔註8〕雖然如此，這並不表示魏晉南北朝的婦女問題完全爲人所忽略，事實上，在探討魏晉南北朝史其他性質的史學論文中，曾經提到過婦女問題的亦不少，如婦女的妒性、婚姻、家妓、妾、

〔註4〕 請參閱 Arlette Farge, "Women`s History : An Overview ",*French Feminist Thought*, Toril Moi ed., Oxford : Blackwell, 1987, p.p.133～149。

〔註5〕 姜蘭虹、許美智編，《臺灣光復後婦女研究文獻目錄》，臺大人口研究中心，臺北，民國74年。

〔註6〕 鮑家麟女士所編的三本婦女史論文選集分別是 1.《中國婦女史論集》（牧童出版社，臺北，民國68年。民國77年由稻香出版社翻印。）2.《中國婦女史論集續集》（稻香出版社，臺北，民國80年）3.《中國婦女史論集第三集》（稻香出版社，臺北，民國82年3月。）。鮑家麟日後又續篇多本婦女史論文集，但因本文成書於民國82年，當年鮑家麟所編之婦女史論文選集只出了三集，故僅列註前三集。

〔註7〕 李又寧、張玉法兩位先生合編的兩本婦女史論文選集分別是 1.《中國婦女史論文集》（臺灣商務印書館，臺北，民國70年）2.《中國婦女史論文集第二輯》（臺灣商務印書館，臺北，民國77年）。

〔註8〕 有關列女傳的問題請參閱逯耀東，〈魏晉對歷史人物評倫標準的轉變〉，《食貨月刊》（復刊）三卷一期，民國62年4月；張敬，〈列女傳與其作者〉，收錄於張玉法、李又寧編《中國婦女史論文集》。

女主，甚至於婦女宗教信仰等等問題，但往往都是輕描淡寫、匆匆帶過，或者爲顧及主題而不能全面的深入探討。眞正以婦女問題爲主的論文在臺灣能見到的僅有劉增貴〈魏晉南北朝時代的妾〉〔註 9〕、蔡幸娟〈北魏立后嗣故事與制度研究〉〔註 10〕、康樂〈北魏文明太后及其時代〉〔註 11〕、劉詠聰〈魏晉以還史家對后妃主政之負面評價〉〔註 12〕等寥寥數篇。總之，專門探討魏晉南北朝婦女問題的文獻實在太少，這主要是受限於材料之故，雖然魏晉南北朝是私家修史最興盛的時代，〔註 13〕但連年戰亂，致使大多數的著作或史料都在烽火下毀於一旦而亡佚了。復因魏晉南北朝興替交迭，政局鮮有稍安之時，故正史中所記也往往著墨於天子家事及詭譎的政情，絕少提及民生狀況，更遑論婦女的生活情形了。因此，要在有限的史料中披沙撿金尋出有關婦女零散且紛雜的生活史料，再從中去研究並觀察出這個時代下婦女的生活狀況，著實有極多掣肘處，也因此魏晉南北朝婦女史的園地，雖然稱不上是荒蕪的處女地，但成果是極其貧乏，值得大力開發。

選擇婦女問題來做研究，並非是爲了標榜女權，無乃有感於女性是兩性之一，在歷史的進程中扮演了人類二分之一的角色；擁有人類一半的人力資源，然而，過去的史學工作者卻往往忽略了這個事實，僅對婦女的研究投注少量的心力，近年來，婦女研究已在全世界蔚爲風氣，婦女史的研究也從女性主義（feminism）觀點的研究進入到性別（gender）史之研究。〔註 14〕因爲女性是兩性之一，而兩性的關係是互動的，故要探討女性在歷史中的角色或定位等問題時，絕不能只站在女性的角度上用女性主義的眼光去研究歷史，這樣研究出來的婦女史若非充滿大女人主義的偏見，即易流於撰寫婦女血淚史。這種性質

〔註 9〕劉增貴，〈魏晉南北朝時代的妾〉，《新史學》二卷四期，1991 年 12 月，頁 1～36。

〔註 10〕蔡幸娟，〈北魏立后嗣故事與制度研究〉，《國立成功大學歷史學報》第十六號，民國 79 年 3 月，頁 251～309。

〔註 11〕康樂，〈北魏文明太后及其時代〉，《食貨月刊》（復刊）十五卷十一、十二期，民國 75 年 6 月及十六卷一、二期，民國 75 年 9 月。

〔註 12〕劉詠聰，〈魏晉以還史家對后妃主政之負面評價〉，收錄於鮑家麟編，《中國婦女史論集第三集》（稻香出版社，臺北，民國 82 年 3 月）。

〔註 13〕有關魏晉南北朝的史學發展，請參閱劉節，《中國史學史稿》（弘文館出版社，臺北，民國 75 年）第七章〈魏晉南北朝史學概觀〉。

〔註 14〕請參閱 Joan Scott, "Women`s History", Peter Burke, *Nerspectives on Historical Writing*, University Park, Pennsylvania, The Pennsylvania State University Press, 1922, p.p.42～66。

的研究，與僅從男性立場來寫歷史沒有分別，都會失之一隅。〔註15〕為了避免這種偏頗的研究成果，在探討婦女問題時，絕不能將婦女問題孤立出來做研究，應該將婦女置於兩性關係中去觀察，不要刻意凸顯婦女的單一角色，在研究婦女問題的同時，要注意到婦女在歷史過程中的特定時、空下的環境背景，尤其要留心時代環境中持續的變動性，因為歷史是一個連貫的過程，當研究者截取某一段來做研究背景時，時間的斷限是不得不做的區隔，但在決定這種區隔時，也要有透視頭尾連貫性的考量，以免予人機械式的截斷時空而忽略時代連貫性的感覺。

本文題為「魏晉南北朝的婦女緣坐」，但所討論的範圍實際上是從三國至南北朝，正是考量到這種歷史上持續的變動性，在本文所談的婦女緣坐問題上，三國與兩晉是二個重要關鍵的轉變期，同時，三國時代雖身處於後漢與兩晉南北朝的接壤處，但三國時期的社會性格與政治模式都與東漢不大相同，而與兩晉南北朝的情況類似。許多魏晉南北朝的時代特色與制度也都是在三國時期奠下的基礎，故將三國時期一併納入討論範圍中，以期對於魏晉南北朝的婦女緣坐問題有一個更完整的認識。至於選擇魏晉南北朝這個時代來做研究的原因，除了先前所述在魏晉南北朝時期婦女問題的探討上，待開發的空間極大，故不憚愚陋欲在這個園地中耕耘，最主要的目的是希望藉著本文拋磚引玉，讓更多的同好投入研究，以填補魏晉南北朝史中這塊空白，期能對先民的生活狀況——不論男、女，有一個更詳實、客觀的了解；同時也因為三國至南北朝時期在婦女緣坐問題上是一個重要的關鍵期，對於唐以後乃至於清朝的婦女緣坐，都有決定性的影響。

選擇「緣坐」這個問題來討論，是因為禮與法乃中國古代對女子最具約束力的二種規範，〔註16〕禮是德道規範；許多時候，禮比法更具社會規範力，違禮之人，常為社會所唾棄、排擠。宋以後女子失節常以死相殉，就是掙脫不開禮教規範的例子，「禮教殺人」正是謂此！而法是行為規範；行為

〔註15〕請參閱 Guisso, Richard W. & Stanley Johannosan eds., "*Women in China : Current Directions in Historical Scholarship*", Young Stown, N.Y.‧‧Philo Dress, 1981。

〔註16〕有關禮與法的問題，請參閱瞿同祖，《中國法律與中國社會》（里仁書局，臺北，民國73年）第六章〈儒家思想與法家思想〉；陳顧遠，《中國法制史概要》（三民書局，臺北，民國53年）第三篇第一章；梅仲協，〈法與禮〉，收錄於謝冠生、查良鑑編，《中國法制史論集》（中華大典編印會，臺北，民國57年）。

一旦觸法，法律必究，法之存在，正是約束個人行為的準則。禮是社會的維繫力；法則是國家的維繫力。雖然中國古代常有禮、法互相援引的情形，但禮與法畢竟是有別的。又儘管各朝在訂定律法之時常參酌禮來制法，〔註17〕但嚴格說來，禮只有規範力，而無強制力。法就不同了，一旦觸法，法律是有強制力的。實則中國的「禮」，亦可說是儒家的禮，儒學式微時，禮教對人們的約束力也跟著減低，魏晉南北朝就是最好的例子。但法律就不同了，歷朝歷代儘管法令有所出入，刑有簡備，但未聞法廢不行的時代。不管治亂，法律都是與國家生存相始終的。法律中明定著人民的權力、義務，故欲觀察婦女的地位，從法律上去探究考察是最具體而微的，而刑法更是婦女法律地位最直接之觀察。在魏晉南北朝史的研究範疇中，有關婦女法律地位的專論幾乎未見，大凡有關此時期婦女法律地位的文獻，幾乎都是屬於通論性的專論，其中最具代表性的是趙鳳喈《中國婦女在法律上之地位》，〔註18〕該書對於在室女、已嫁婦及為人母者的法定權力與義務、一般女子之公民權及女子犯罪與處罰都有詳細的論述，而陳顧遠的《中國古代婚姻史》〔註19〕、《中國婚姻史》〔註20〕、陳鵬的《中國婚姻史稿》〔註21〕則針對有關婚姻的各種問題及禮、法上之規定有精闢的探討。大致說來，一般論及國史中婦女法律地位的研究，所談皆不出上述各書的範疇，誠然，透過上述作品，我們對中國婦女的權力、義務已有了相當程度之了解，但上述作品在談及婦女的法定責任或權利之時，均是以婦女為主角，直接討論婦女的法定地位，而較少同時探究與婦女相對應的男子的角色。本文之撰述即欲跳脫此一窠臼，考察在主犯為男子的情況下，婦女這個配角在那些狀況下需要緣坐？又緣坐那些刑罰？因為唯有透過兩性間的互動，才能更清楚、客觀地理解到兩性之間的實質存在情況及從屬角色之定位。人們常從學理上去解釋中國「男尊女卑」的思想因素，〔註22〕本文之撰述或可為這種思想之刑法上的落實提供部分證據，同時也希望藉此討論，能將婦女在本身犯罪受刑之外，因緣坐而擔負

〔註17〕有關魏晉南北朝以禮入律的情形，請參閱陳鵬生、程維榮編，《簡明中國法制史》（學林出版社，上海，1988年）

〔註18〕趙鳳喈，《中國婦女在法律上之地位》（食貨出版社，臺北，民國62年臺灣初版）。

〔註19〕陳顧遠，《中國古代婚姻史》（商務印書館，臺北，民國53年）。

〔註20〕陳顧遠，《中國婚姻史》（商務印書館，臺北，民國76年6月臺六版）。

〔註21〕陳鵬，《中國婚姻史稿》（中華書局，北京，1990年）。

〔註22〕參見鮑家麟，〈陰陽學說與婦女地位〉，收錄於氏編《中國婦女史論集》，頁37～54。

的刑事責任也做一個說明，俾使婦女的法定責任更為清楚，有助於建構中國古代女子的法律地位。

第二節　魏晉南北朝的婦女地位

　　中國從秦漢以後，因為禮教的形成，對於女子的限制日多，男尊女卑的觀念也逐漸深入人心。〔註23〕東漢末期，隨著政治力的瓦解、社會的失序，禮教日益加速崩潰。〔註24〕儘管如此，許多矮化婦女的兩性價值觀，早已在人們心中根深蒂固，並未因禮教的式微而被其他觀念所取代。這種卑視婦女的社會價值觀，主要是由文化價值觀所造成的。這除了與女教有關，〔註25〕也與多妻制度的形成有關。〔註26〕從三國至南北朝，社會上對兩性的看法，依舊是承襲秦漢以來重男輕女的觀念。這可以從三國時期對生女兒一事的鄙視略窺一、二：

　　　　後太祖為魏王，（楊）訓發表稱贊功伐，襃述盛德。時人或笑訓希世
　　　　浮偽，謂（崔）琰為失所舉。琰從訓取表章視之，與訓書曰：「省表，
　　　　事佳耳！時乎時乎，會當有變時。」琰本意譏論者好譴呵而不尋情
　　　　理也。有白琰此書傲世怨謗者，太祖怒曰：「諺言『生女耳』，『耳』
　　　　非佳語。『會當有變時』，意指不遜。」於是罰琰為徒隸，使人視之，
　　　　辭色不撓。〔註27〕

〔註23〕請詳閱鮑家麟，〈陰陽學說與婦女地位〉，收錄於氏編《中國婦女史論集》。

〔註24〕有關魏晉南北朝禮教之崩潰，請參閱余英時，〈名教危機與魏晉士風的轉變〉，收入氏著《中國知識階層史論（古代篇）》（聯經出版事業公司，臺北，民國69年）。

〔註25〕儒家在漢朝的得勢，使《周禮》、《儀禮》、《禮記》中諸多對女性言行的限制都實行起來，班昭的《女誡》更是對女權嚴重地打擊。有關此一問題，可參考鮑家麟，〈陰陽學說與婦女地位〉，收入氏編《中國婦女史論集》；劉增貴，〈論漢代婚姻關係中的禮法觀念〉，收入氏著《漢代婚姻制度》（華世出版社，臺北，民國69年）；張玉法，〈中國歷史上的男女關係〉《歷史月刊》第二期，民國77年3月；黃梨嫣，〈中國婦女教育之今昔〉，收入鮑家麟編，《中國婦女史論集續集》。

〔註26〕受了儒家宗法觀念的影響，傳宗承嗣成了婚姻中最重要的事，為了廣蓄子嗣，多妻制度也就應運而生。詳見蔡獻榮，〈中國多妻制度的起源〉，收入鮑家麟編，《中國婦女史論集續集》。

〔註27〕《三國志》（鼎文書局新校標點本，臺北，民國63年）《魏書》卷十二〈崔琰傳〉，頁369。

儒家對女性的卑視，使得婦女從一出生就受到不公平待遇。〔註28〕復因在農業社會中，需要大量勞動力的事實，使得先天上體能就較男子爲差的女性，〔註29〕被視爲賠錢的純消費者，周武王時的太公以爲養女太多，乃貧因之一。〔註30〕漢朝陳蕃亦云：「盜不過五女之門，以女貧家也。」〔註31〕此外，在宗法社會的組織上，女子雖具有延續宗族的能力，但不得躋身昭穆之祀，子昭孫穆是不列婦人的。〔註32〕對於婦女娘家而言，出適女乃異姓人，對於夫家而言，嫁入之後不得書名，但稱某氏，可是亦不得入祠承祀。種種由文化價值觀所造成對女性的不公，使得社會上普遍賤視這個性別，一旦生了女兒，語氣中便滿是輕蔑與無奈！曹操認定「耳」非佳語，只因它乃「生女耳」之感嘆詞，由此可見時人對於女性之歧視以及對於生女一事之沮喪。而女子本身因爲受了社會價值觀之影響，也往往對自己的性別自怨自艾。晉朝傅玄在其〈豫章行苦相篇〉中就對女子自怨性別及女性對多妻制度的無奈做了細膩的描述。

> 苦相身爲女，卑陋難再陳。兒男（一作男兒）當門戶，墮地自生神。
> 雄心志四海，萬里望風塵。女育無欣愛，不爲家所珍。長大逃深室，
> 藏頭羞見人。無淚適他鄉，忽如雨絕雲。低頭和顏色，素齒結朱脣。
> 跪拜無復數，婢妾如嚴賓。情合同雲漢，葵藿仰陽春。心乖甚水火，
> 百惡集其身。玉顏隨年變，丈夫多好新。昔爲形與影，今爲胡與秦。
> 胡秦時相見，一絕踰參辰。〔註33〕

這首詩對於女子性別在社會上之見輕，以及女子在多妻制度之下的種種無奈

〔註28〕《詩經》中「乃生男子，載寢之床，載衣之裳，載弄之璋。乃生女子，載寢之地，載衣之裼，載弄之瓦。」班昭將其解釋爲「古者生女，……臥之床下，明其卑弱，主下人也，弄之瓦磚，明其習勞，主執勤也；齋告先君，明當主繼祭祀也。三者蓋女人之常道，禮法之典教矣。」

〔註29〕據西方人類學者之研究，女人的力量大概只有男性力量的百分之五十五～六十五左右。

〔註30〕《太平御覽》（中華書局影印本，北京，1960年）卷四八五《引韜》曰：武王問太公曰：「貧富豈有命乎？」太公曰：「爲之不密，密而不富者，盜在其室。」武王曰：「何謂盜也？」公曰：「計之不熟一盜也，收種不時二盜也，取婦無能三盜也，養女太多四盜也，棄事就酒五盜也，衣服過度六盜也，封藏不謹七盜也，井灶不利八盜也，舉息就禮九盜也，無事燃燈十盜也。取之安得富哉？」武王曰：「善。」

〔註31〕《後漢書》（鼎文書局新校標點本，臺北，民國63年）卷六十六〈陳蕃傳〉，頁2160。

〔註32〕《南齊書》（鼎文書局新校標點本，臺北，民國64年）卷九〈禮志〉，頁131。

〔註33〕見郭茂倩編，《樂府詩集》（里仁書局，臺北，民國70年），頁502。

與哀怨，做了最好的描寫。事實上，女子也是可以光耀門楣的，但終究比不上生男討人歡欣。

> （南齊高昭劉皇后）后母桓氏夢吞玉勝生后，時有紫光滿室，以告壽之，壽之曰：「恨非是男。」桓曰：「雖女，亦足興家矣。」后每寢臥，家人常見上如有雲氣焉。〔註34〕

劉壽之僅僅是恨非生男，更有甚者，便是生女輒殺。

> （劉）湛初被收，歎曰：「便是亂邪。」仍又曰：「不言無我應亂，殺我自是亂法耳。」入獄見（劉）素，曰：「乃復及汝邪？相勸為惡，惡不可為；相勸為善，正見今日，如何！」湛生女輒殺之，為士流所怪。〔註35〕

《顏氏家訓·家治》云：

> 世人多不舉女，賊行骨肉。豈當如此，而望福於天乎？吾有疏親，家饒妓媵。誕育將及，隨遣豎守之。體有不安，窺窗倚戶。若生女者，輒持將去，母隨號泣，莫敢救之；使人不忍聞也。〔註36〕

有關女嬰的殺害，最早始於春秋戰國。〔註37〕而殺害女嬰的原因，除了災荒以及私生的原因之外，絕大多數都是出於經濟的考量和男尊女卑觀念的作崇。〔註38〕三國至南北朝是亂世，士流人物尚且會為男尊女卑的觀念殺害女嬰，一般貧無立錐之地的升斗小民，為了經濟原因殺害女嬰的想必就更多了。上述二例，一為南朝，一為北朝，可見殺女嬰之風是這整個時代的普遍現象。而為人母者，因為本身也得謹守三從之說，〔註39〕眼睜睜地看著女兒被人輒持將去，竟只能隨後號泣而不敢救，人間慘事，實在莫此為甚！

　　魏晉南北朝女性地位較男性為低的事實，表現在下面幾個事實上，可以

〔註34〕《南齊書》卷二十〈皇后傳〉，頁390。

〔註35〕《宋書》（鼎文書局新校標點本，臺北，民國64年）卷六十九〈劉湛傳〉，頁1819。

〔註36〕周法高，《顏氏家訓彙注》（中央研究院史語所專刊之四十一，臺北，民國49年）〈家治〉，頁13。

〔註37〕李長年，〈女嬰殺害與中國兩性不均問題〉，收入鮑家麟編，《中國婦女史論集》，頁217。

〔註38〕參閱李長年，〈女嬰殺害與中國兩性不均問題〉，收入鮑家麟編，《中國婦女史論集》，頁219～220。

〔註39〕三從者，未嫁從父，既嫁從夫，夫死從子。女子一生都是處於從屬地位，沒有獨立自主的可能。參見《中國婦女在法律上之地位》，頁1～2。

從中看出一些端倪。

　　在居家禮儀方面，男、女所處的位置，就是尊卑的表徵。

> （何）曾性至孝，閨門整肅，自少及長，無聲樂嬖幸之好。年老之
> 後，與妻相見，皆正衣冠，相待如賓。己南向，妻北面，再拜上酒，
> 酬酢既畢便出。一歲如此者不過再三焉。〔註40〕

帝王君臨天下，皆南面，大臣北面；何曾與妻相見，己南向，妻北面，正意
味著自己是一家之主，夫爲妻綱，妻子在家中的地位不但較丈夫爲低，並且
是從屬於夫的。

　　在墓葬方面，死者的身分直接影響到遷葬，這可以從北魏遷都之後對夫
妻合葬的規定來觀察。

> 有司奏，廣川王妃薨於代京，未審以新尊從於卑舊，爲宜卑舊來就
> 新尊。詔曰：「遷洛之人，自茲厥後，悉可歸骸邙嶺，皆不得就塋恆
> 代。其有夫先葬在北，婦今喪在南，婦人從夫，宜還代葬；若欲移
> 父就母，亦得任之。其有妻墳於恆代，夫死於洛，不得以尊就卑；
> 欲移母就父，宜亦從之；若異葬亦從之。……」〔註41〕

北魏遷洛以後規定：遷洛之人，墓葬不得北還。若夫妻中一葬在代北，一葬在
洛，倘要合葬，則視喪在洛陽者爲夫或妻而定；若爲妻，妻墳可北遷就夫，蓋
妻原本就從屬於夫也，又爲了鼓勵人們定居於洛，夫墳從代北遷洛就妻者亦可，
但若喪洛者爲夫，則不得遷葬代北，理由是不得移尊就卑。遷都洛陽是孝文帝
的既定政策，爲了落實這個政策，特下詔移夫代北墳，就妻洛陽墓是被允許的，
否則不得移尊就卑。這個規定，雖然只是一時的措施，但即使是墓葬，也要分
尊卑，一旦被賦予了性別之後，不論生前、死後，都是男尊女卑。

　　魏晉南北朝的女子教育大抵承襲漢代的女教，仍舊是以「事夫主義」爲
尚，女子在家中的工作主要仍是主中饋和致力女紅；在品行上則需柔順曲從，
以維繫家族中的和諧。這種觀念落實地反映在當時婦女的服飾上。

> 初作屐者，婦女頭圓，男子頭方。圓者順之義，所以別男女也。至
> 太康初，婦人屐乃頭方，與男無別，此賈后專妒之徵也。〔註42〕

〔註40〕《晉書》（鼎文書局新校標本，臺北，民國68年）卷三十三〈何曾傳〉，頁997。
〔註41〕《魏書》（鼎文書局新校標點本，臺北，民國68年）卷二十〈廣川王傳〉，頁
　　　　527～528。
〔註42〕《晉書》卷二十七〈五行志〉，頁824。

女子連在服飾上都要表現出對男子的柔順曲從。太康中，女屐頭方，這可能只是一種時代的流行風尚，史家卻信誓旦旦地認為此乃賈后專嫉的象徵，若女子屐頭果真能反映女人的心態，則方頭女屐或可視為禮法式微，女子欲與男子平等的象徵，而不必非認為是專嫉之徵，附會之說，實在無稽。雖然男尊女卑是中國兩性關係的一貫寫實，但在這個大原則之下，魏晉南北朝這個時代的男女關係，與其他時代相較也有一些特殊之處。

魏晉南北朝因為長期處於分裂狀況中，缺乏一個強有力又穩定的中央政府來推行教化，社會的動盪導致地方政府無法像東漢時那樣特重風教，加以胡人的入侵，胡風的影響更沖淡了名教的約束，使得父子、夫婦之間的關係，趨於由親密的情感代替了嚴峻的禮法。〔註 43〕而夫妻間的親暱，更是自然地表現在生活中的各種情況下。

> 荀奉倩與婦至篤，冬月婦病熱，乃出中庭自取冷還，以身熨之。
> 〔註 44〕

> 王安豐婦，常卿安豐。安豐曰：「婦人卿婿，於禮不敬，後勿復爾。」
> 婦曰：「親卿愛卿，是以卿卿；我不卿卿，誰當卿卿？遂恆聽之。」
> 〔註 45〕

如此親密的夫妻關係，在中國歷史上其他朝代極為少見，這種以放任自然的情感來取代禮法的趨勢，正是禮教趨於解體的最好明證。另外妒性的發達，也是禮法式微的另一寫照。南北朝女子妒性的發達，更是到達空前的地步。

> 凡今之人，通無準節。父母嫁女，則教之以妒；姑姊逢迎，必相勸以忌。持制夫為婦德，以能妒為女工。自云不受人欺，畏他笑我。王公猶自一心，已下何敢二意。夫妒忌之心生，則妻妾之禮廢；妻妾之禮廢，則姦淫之兆興。斯臣之所以毒恨者也。請以王公第一品娶八，通妻以備九女；稱事二品備七；三品、四品備五；五品、六品則一妻、二妾。限以一周，悉令充數，若不充數及待妾非禮，使妻妒加捶撻，免所居官。其妻無子而不娶妾，斯則自絕，無以血食

〔註 43〕參見徐秉愉，〈正位於內 —— 傳統社會的婦女〉，收入《中國文化新論社會篇吾土與吾民》，（聯經出版事業公司，臺北，民國 71 年），頁 156。有關夫妻關係之轉變，請參閱余英時，〈名教危機與魏晉士風的轉變〉收入氏著《中國知識階層史論》，頁 343～346。

〔註 44〕《世說新語校箋》（華正書局，臺北，民國 73 年）〈惑溺篇〉，頁 918。

〔註 45〕《世說新語校箋》〈惑溺篇〉，頁 922。

父母，請科不孝之罪，離遣其妻。〔註46〕

傳宗延嗣是中國多妻制度發生的主因之一，〔註47〕魏晉南北朝家妓制度盛行，娶妾之風十分普遍，尤其士大夫之流，動輒妻妾成群，已非傳承之需，而是著眼於縱情享樂，婦女處在這種情況之下，不滿怨望的心情可以想見。「嫉妒」是婦女惡德，為七出的條件之一，〔註48〕在禮法嚴明的時代，婦女為禮教所拘，即使心中不滿，仍以順夫為尚，即或有妒婦，亦非時代性的普遍特色，更不致於以制夫為婦德，以能妒為女工。這種父母教女以妒，姑姊妹勸之以嫉的情況，是魏晉南北朝的時代特色之一。南朝的公主以善妒出名，北朝婦女的妒風較南朝更普遍而有力。〔註49〕南北朝的君主雖也曾對妒婦有所懲戒，〔註50〕但終究扼制不了婦女妒性的發達。姑不論這種妒性是代表女權的提高，或僅是由不當的家庭教育所養成，妒性發達的風氣都是不可取的。魏晉南北朝除了夫妻間的關係有所變化之外，一般女子的社交機會也不少，出遊、訪友都是極普通的事。

《抱朴子》外篇卷二十五〈疾謬〉云：

> 今俗婦女……舍中饋之事，修周旋之好，更相從詣，之適親戚，承星舉火，不已於行，多將侍從，暐曄盈路，婢使吏卒，雜錯如市；尋道褻謔，可憎可惡。或宿于他門，或冒夜而反；游戲佛寺，觀視漁畋；登高臨水，出境慶引；開車褰幃，周章城邑；盃觴路酌，絃歌行奏。轉相高尚，習非成俗。

這是晉朝婦女的社交生活，完全是一幅自由浪漫的寫照，就中實難尋覓禮法的束縛。同篇又云：

> 無賴之子，白醉耳熱之後，結黨合群，遊不擇類……攜手連袂，以

〔註46〕《魏書》卷十八〈臨淮王傳〉，頁 423。
〔註47〕蔡獻榮，〈中國多妻制度的起源〉，收入鮑家麟編，《中國婦女史論集》，頁 88。
〔註48〕據陳顧遠，《中國婚姻史》云出妻：「《大戴禮》〈本命篇〉云婦有七去：……不順父母，為其逆德也；無子，為其絕世也；淫，為其亂族也；妒，為其亂家也；有惡疾，不可與共粢盛也；口多言，為其離親也；盜竊，為其反義也。惟何休註《公羊》則以無子、淫佚、不事舅姑、口舌、盜竊、嫉妒、惡疾為目次，並稱之為七棄；《孔子家語》同，稱曰七出；其目次乃後世禮律之所本。」頁 240～241。
〔註49〕參見楊聯陞，〈國史上的女主〉，收錄氏著《國史探微》（聯經出版社，臺北，民國 72 年），頁 108。
〔註50〕劉宋明帝命虞通之撰《妒婦記》作為公主們之殷鑑，明帝以袁慆、榮彥等人之妻善妒，賜死。

　　遨以集，入他堂室，觀人婦女，指玷修短，評論美醜，不解此等何
　　爲者哉！或有不通主人，便共突前。……其或妾媵藏避不及，至搜
　　索隱僻，就而引曳，亦怪事也。……然落拓之子，無骨髓而好隨俗
　　者，以通此者爲親密，距此者爲不恭，誠爲當世不可不爾。於是要
　　呼憒雜，入室視妻，促膝之狹坐，交杯觴於咫尺；絃歌淫冶之音曲，
　　以誂文君之動心。載號載呶，謔戲醜褻。

由此觀來，「男女之防」幾乎已蕩然無存，若非禮教衰廢，當不致此！

　　南北朝時，南、北之婦女地位又稍有不同：

　　江東婦女，略無交遊。其婚姻之家，或十數年間未相識者，惟以信
　　命贈遺，致殷勤焉。鄴下風俗，專以婦持門戶。爭訟曲直，造請逢
　　迎，車乘填街衢，綺羅盈府寺；代子求官，爲夫訴屈，此乃恆代之
　　遺風乎！〔註51〕

北朝婦女「持門戶」，除了傳統婦女的內部工作之外，還要打點家庭外交事宜，
顏之推云：此乃恆代之遺風，可見北朝婦女受胡風影響較大。此外，北朝婦
女之間還有結社之風。〔註52〕其活潑的社交是南朝婦女所不及的。

　　就整個魏晉南北朝時代的婦女地位而言，社會上對女性的觀點仍舊跳脫
不開中國素來重男輕女的大架構，但因爲時代環境的關係，禮教式微，使得
婦女束縛較少，社交也頗爲自由，北方婦女，因受胡風影響較深，女權尤高。
但是魏晉南北朝是個門閥主導的階級社會，因爲階級身分上的不同，婦女的
待遇也呈現兩極化的面貌。上層社會的婦女恃其門第，可以享受較多的行動
自由，也較有機會展現她們的才情；而下層女子社會階級低下，受限較多，
生活卑屈。就實際行動而言，高門女子雖然境遇較佳，社會賦予她們更多的
自由與權利，但在魏晉南北朝式微的禮教，往往靠著士族門風來維繫，許多
高門婦女雖然有較常人更優渥的環境，但禮法對她們的拘縛也較常人爲多，
尤其是北方大族，門風禮法更是嚴峻，許多節烈的事蹟都是發生在這些高門
婦女的身上，這些不絕如縷的節烈事蹟正是宋、明以後束縛婦女的不當禮教
思想能大行其道的原因之一。〔註53〕反觀下層社會女子，雖然階級地位較低，

〔註51〕周法高，《顏氏家訓彙注》〈風操篇〉，頁 26。

〔註52〕請參閱郝春文，〈北朝至隋唐五代間的女人結社〉，見《北京師範學院學報》（社
　　　　會科學版）第五期，1990 年，頁 16～19；楊聯陞，〈佛教寺院與國史上四種
　　　　籌錢的制度〉，收錄氏著《國史探微》，頁 276。

〔註53〕請參閱董家遵，〈歷代節烈婦女的統計〉，收錄於鮑家麟編，《中國婦女史論集》。

受限較多，但因為沒有門風禮法的束縛，行動反而較為自由，不必拘泥於無形的道德束縛。任何一個時代，正、反兩面的社會現象一定都是同時存在的，魏晉南北朝的婦女地位也反映出這樣的現象，高門女子在社會階級上較下層社會女子擁有較多權利，但實際行為卻反而較下層社會女子受限為多。反之，下層社會女子在社會階級上地位不如高門女子，所享有的權力也較高門女子為少，但實際的行動因為不必執著於嚴峻的禮法，反而遠較高門女子自由。這情形充滿了矛盾與對立，但卻又都是這個時代的婦女特色，實在很難以一句話來總結這個時代的婦女地位，也很難去把它們跟其他時代加以比較，然後評比出這個時期婦女地位的高低。因為比較一定要有一個準則，又該選擇那一個時代來做為比較基準呢？因此，將這個問題回歸到兩性之中，以男、女的互動來看這些變化似更恰當。

第三節　關於婦女緣坐的一些問題

「緣坐」一說「連坐」，二者所指都是因受牽連而遭受連帶之處罰。自秦以來，或用「坐」、「從坐」、「相坐」的文字，而「緣坐」一詞也間或使用，《書疏》云：殷周以後，其罪或相緣坐。唐以後，「緣坐」是指正犯的親屬或家屬被連帶處罰，而「連坐」則指正犯的同職或伍保負連帶責任。〔註54〕本文重點在於討論婦女受家人或親屬牽連的情況，故採緣坐一詞。又本文論及的內容實包括廣義和狹義的婦女緣坐，狹義的緣坐，是指刑責上的連帶責任，這也是本文的討論重點。除此之外，凡是婦女在特殊情況下受家人或親屬牽連的情形，本文也偶有涉及，這一部分則為廣義的緣坐。有關廣義緣坐的探討，不但可對狹義的婦女緣坐情形有更深一層的透視與了解，而且也可顯示在法的範圍之外，婦女在其他情況下受牽連的一些實況。

緣坐之制，先秦時代已有。〔註55〕為政者採用緣坐之制，一則是藉此收威嚇之效，以免人民輕蹈法網；一則是欲以此達到報復的目的，對於重罪者之家屬或親人連帶處罰，以報復其不當的行為。雖然歷代都有人提出「罪不及嗣」、「父子兄弟，罪不相及」、「罪不及汝孥」……等觀念。但從先秦至清代，緣坐之法不曾稍廢，隨著時代及法制的進步，人道的思想及人權的觀念也緩緩地在

〔註54〕參見戴炎輝，《中國法制史》（三民書局，臺北，民國55年），頁55～56。
〔註55〕參見戴炎輝，《中國法制史》，頁56。

中國人的觀念中萌芽。大致說來，緣坐之刑是愈到後代刑責愈輕，〔註56〕但緣坐之制的廢除，一直到光緒三十一年（1905）才付予施行。

緣坐是一種集體處罰方式，婦女只佔緣坐者的一部分。婦女緣坐在三國以前都是採雙重緣坐之制，〔註57〕意即出嫁女除了要緣坐夫家之罪以外，還要從坐娘家之戮。婦女以一人之身，坐二姓之罪，實在是有失公允。此制於三國時廢除，這是婦女緣坐制度上之一大進步。至晉，又規定許嫁女不坐娘家之戮，更擴大了免坐的範圍。其後，又明令三族刑不施於婦人。南北朝以後，婦女緣坐多以沒官為主，而少刑殺。這些都是在婦女緣坐上的長足進步。而這些在魏晉南北朝形成的婦女緣坐新規與共識，更是以後唐律訂定婦女緣坐規定時的重要依據，其影響至為深遠。

綜觀婦女緣坐之制的發展，魏晉南北朝是一個極重要的轉變期，因此本文將關懷重點置於此，來探討一下三國至南北朝時期的婦女緣坐情形。

本文共分為六章，首章說明研究的動機、取向、魏晉南北朝婦女地位的一般概況及有關緣坐的一些問題。第二章說明女子緣坐的刑法種類及其施行的實例探討。第三章討論官人犯謀反、大逆罪時婦女的緣坐情形及其轉變。第四章探討軍人在逃亡、叛降時婦女的緣坐情形，以及婦女在非法定緣坐情形下，實際受到牽連的廣義緣坐情況。第五章討論婦女在其他情況下的緣坐情形。第六章則總結全文，做一個摘要說明。希望透過本文的研究，能對魏晉南北朝女子緣坐的實況有多一層的了解，也對此時期婦女法律地位的重建提供一些意見，衷心期盼更多的史學工作者投入婦女史的研究工作，以俾婦女史的研究成果更豐碩。

〔註56〕參見載炎輝，《中國法制史》，頁 56。

〔註57〕有關漢朝的婦女雙重緣坐，請參閱杜正勝，〈漢法婦女雙重連坐〉，《大陸雜誌》七十七卷五期，頁 230，民國 77 年 11 月。

第二章　婦女緣坐的刑罰種類

在討論魏晉南北朝婦女緣坐實況之前，茲將婦女緣坐的受罰情形先做一個說明，其中大部分為刑罰明定的刑罰方式，例如死刑、流刑、沒官等，但也有部分並非法定的刑罰，而是在特殊狀況下的處置，例如軍賞、賜予人為妻、妾等，為了方便討論，將其略分為刑罰、沒官、賞賜三大類，今分別敘述如下：

一、刑罰類

（1）死　刑

婦女緣坐刑罰中最重的莫過於死刑了。曹魏時，死刑有三，但未言明是那三種，推想應為梟首、腰斬、棄市，蓋晉世亦如此。較諸漢律，減少了轘及磔。轘即車裂。磔亦為分裂肢體之刑，或許是因為過於殘酷，晉以後至南朝末均廢此二刑。北魏世祖時崔浩定律令，死刑有斬、絞、腰斬、轘四種，絞之入律自此始。〔註1〕高祖孝文時改定律令，死罪只存梟首、斬、絞三等。〔註2〕然而東魏孝靜帝天平年間，蕭凱犯惡逆，轘凱於東市，其妻梟首。〔註3〕可知轘刑實際未廢也。北齊死刑分四等：重者轘之，次者梟首，並陳屍三日。其次是斬刑，殊身首。再其次為絞刑，死而不殊。〔註4〕北周則分死刑為五，

〔註1〕　《魏書》卷一百一十一〈刑罰志〉云：「世祖即位，以刑禁重，神䴥中，詔司徒崔浩定律令。除五歲四歲刑，增一年刑。分大辟為二科死，斬死，入絞。大逆不道腰斬，誅其同籍，年十四已下腐刑，女子沒縣官。害其親者轘之。……」
〔註2〕　《魏書》卷一百一十一〈刑罰志〉，頁2874。
〔註3〕　《魏書》卷五十九〈蕭寶夤傳〉，頁1324～1325。
〔註4〕　《隋書》（鼎文書局新校標點本，臺北，民國68年）卷二十五〈刑法志〉，頁

即罄〔註5〕、絞、斬、梟、裂。〔註6〕

在有關婦女緣坐的案例中，絕大多數緣坐死刑的案例均只載「從戮」、「從誅」、「從夷」等字眼，至於真正的死法，實在無從得知，不過，以其為緣坐故，即使是死刑，通常都較主犯的死法為輕。除此之外，還有所謂「考竟」的例子，釋名曰：「獄死曰考竟，考竟者，考得其情；竟其命於獄也。」〔註7〕換言之，考竟亦可謂是一種死刑，只不過死的地點和方式不同罷了。刑死之外，還有賜死之例，這是君主特別優容體恤人犯，不忍見之受刑而死，故賜之死，是較受刑而死更輕的死法。除了上述的刑死和賜死之外，偶而也會有一些例外的死法。北魏高思好謀反，敗，投水自殺，帝命屠剝焚之，又命內參射其妃於宮內，仍以火焚之。這是在法定死刑之外的死法，這種例外的慘酷死法，都是取決於君主之意願。例如：北齊文宣帝「凡諸殺害，多令支解，或焚之於火，或投之於河。」〔註8〕故知人犯死法之決定，一般是有司按律處斷，而緣坐死刑者的死法，通常都是較主犯為輕的。但若皇帝有所指示或下詔，則以皇帝之意願為依歸。至於緣坐死刑的機會，一般是犯案愈重，緣坐刑責也相對加重，而隨著時代環境的不同，各代對於重罪的認定標準也稍有不同。三國時期，軍征士亡，妻子是要考竟的，但晉以後，則未見丈夫逃亡，考竟妻子之例。然而對於某些重罪，歷代的態度，則是一貫處以重刑的。其中又以罪大惡極的犯罪，如謀反、大逆、大逆不道、惡逆等等重罪的緣坐，方有可能緣坐死刑。尤其謀反、大逆的案例，重者夷五族、夷三族，輕者通常也要門誅、房誅。婦女緣坐死刑之例，絕大部分都是因緣坐謀反、大逆的結果。

（2）流　刑

流刑乃自由刑〔註9〕之一種，在北朝以前，並不在五刑〔註10〕之內，與鞭、扑、贖刑均為主刑之副。〔註11〕流刑之入五刑，或曰起於北魏，〔註12〕

705。

〔註5〕罄者，乃懸而縊殺之也。見陳顧遠，《中國法制史概要》（三民書局，臺北，民國53年），頁168。

〔註6〕參見《隋書》卷二十五〈刑法志〉，頁708。

〔註7〕《太平御覽》卷六四六〈刑法部〉，頁2894。

〔註8〕《北齊書》（鼎文書局新校標點本，臺北，民國64年）卷四〈文宣帝紀〉，頁68。

〔註9〕自由刑者，即國家制裁犯罪剝奪私人自由之謂也。

〔註10〕五刑云者，除一死刑之外，餘皆殘害身體之肉刑。但歷代五刑都不盡相同。

〔註11〕參見陳顧遠，《中國法制史概要》，頁182。

或曰始於北齊。按《魏書》〈刑法志〉中實則並未載明北魏之五刑名稱，雖然北魏刑律規定：非大逆及手殺人者，可減死徙邊。但徙邊之用意在於「謫守邊戍」，這與「流徙」是有所區別的。流徙是指流刑而言，乃屬於常刑；而謫守邊戍是介於死刑與流刑之間，相當於唐律中的加役流，〔註13〕二者是不同的。因此實在很難據此判定北魏時流刑已為五刑之一，故對於北魏是否已將流刑列為五刑之一？寧應持保留態度。不過，至遲到北齊時，流刑已入五刑，則是可以確定的。〔註14〕但北齊流刑並無道里之差，而北周流刑又有道里之差，〔註15〕是唐以後流刑有道里之差的依據。判流刑者，非有特詔是不准但歸的。

從三國至南北朝，在相關於婦女的緣坐案例中，不乏「徙某地」之處罰，若在北朝以前或南朝，則為主刑之副；若是在北朝，則是五刑之一。

二、沒官類

魏晉南北朝，有關婦女緣坐的案例中，絕大部分的婦女是被沒官，一旦沒官，人身就無自由可言，完全是屬於國家所有，但依據犯罪的不同及國家的需要，婦女沒官之後的境遇往往有別，有些淪為官奴婢，有些則被賞賜給大臣之家，還有的被送去補兵……。總之，凡為國家所沒者，本文將通稱之為沒官類。茲將緣坐婦女沒官後之處置略論如下：

（1）補　兵

《隋書》卷二十五〈刑法志〉：

> 自魏晉相承，死者重罪，妻子皆以補兵。

《宋書》卷六十四〈何承天傳〉：

> 吳興餘杭民薄道舉為劫。制同籍朞親補兵。

〔註12〕戴炎輝先生認為北魏五刑中已有流刑，陳顧遠先生亦云魏實創設死、流、徒、鞭、杖之五等刑名；惟流、徒則有時合稱而為刑。

〔註13〕參見寧漢林，《中國刑法通史》第四冊（遼寧大學出版社，瀋陽，1989年），頁360。

〔註14〕《隋書》卷二十五〈刑法志〉載北齊流刑云：「二曰流刑，謂論犯可死，原情可降，鞭笞各一百，髡之，投于邊裔，以為兵卒。未有道理之差，其不合遠配者，男子長徒，女子配舂，並六年」。

〔註15〕《隋書》卷二十五〈邢法志〉載北周流刑云：流刑五，流衛服，去皇畿二千五百里者，鞭一百，笞六十。流要服，去皇畿三千里者，鞭一百，笞七十。流荒服，去皇畿三千五百里者，鞭一百，笞八十。流鎮服，去皇畿四千里者，鞭一百，笞九十。流蕃服，去皇畿四千五百里者，鞭一百，笞一百。

又《隋書》卷二十五〈刑法志〉云梁制：

> 劫身皆斬，妻子補兵。

從三國至南北朝，因為戰事頻仍，兵源不足是個不爭的事實，各朝為了廣開兵源，發奴為兵、料隱為兵、罪謫為兵之事屢見不鮮。但婦女補兵則是值得商榷的。

《三國志》卷十六〈鄭渾傳〉裴注引張璠《漢紀》曰：

> 關西諸將，北接上黨、太原、馮翊、扶風、安定，自頃以來，數與胡戰，婦女載戟挾弓，弦弓負矢，況其悍夫。

北地婦女，因為身處戰地，數與胡族交戰，個個剽悍，大異江南女流，但此僅限於北方婦女，且女子較諸男子，氣小力弱，體能方面根本無法與男子比擬，若果真以女子上戰場與敵軍男子拼鬥廝殺，則戰事之勝敗可不想而知。因此，以女子充當兵源上前線作戰的可能性微乎其微。雖然三國至南北朝時期，的確是有女子參與作戰的記載，但都是在男丁不足的狀況下，勉強動員婦女參與戰事，且婦女所負之任務多為防禦、運輸等工作，未見與敵軍陣前廝殺之例。據此推想，上述史料所載的女子補兵之說，應當不是指遞補兵士缺額，上戰場作戰而言；而是指於軍營中服勞役，擔任運補、打雜、炊膳、甚至於軍妓。〔註 16〕再者，以婦女擔任運補、打雜之類的工作，可以節省正規軍隊的兵力，而將原本負責雜務的兵力也抽調出來投入戰場。

> 咸寧元年（275）十二月，詔曰：「出戰入耕，雖自古之常，然事力未息，未嘗不以戰士為念也。今以鄴奚官奴婢著新城，代田兵種稻，奴婢各五十人為一屯，屯置司馬，使皆如屯田法。」〔註 17〕

如此以女子代兵屯田，一則可將專事生產的田兵人力節省下來，投入戰事。再則可減輕一般兵士既要作戰，又需屯田的負擔。女子名為補兵，其實非兵，以其所負責的工作均與軍隊有關，直接受軍隊之管轄，故稱之為兵，實則並非上戰場作戰。

（2）官奴婢

中國是否為「奴隸社會」？這個問題曾引起學者們激烈的論戰，而各家

〔註 16〕 自漢朝以後就有營妓之設置，而擔任營妓之人，極可能是沒官之罪犯婦女或官奴婢，有關此一問題，請詳見王書奴，《中國娼妓史》（萬年青出版社，臺北，1971 年）或參閱拙作〈從慰安婦談中國的營妓〉，《歷史月刊》第五十三期，民國 81 年 6 月。

〔註 17〕 《晉書》卷二十六〈食貨志〉，頁 787。

說法不一。〔註18〕但在民國以前，中國一直有「奴婢」的存在，則是無庸置疑的，尤其是在魏晉南北朝，奴婢的數量是非常驚人的，而奴婢的來源大致有四：一為因戰爭而被虜掠者，二為因犯罪而被沒入者，三為因窮困而自賣或質身者，四是為人脅迫而掠賣者。〔註19〕其中一、二兩項是官奴婢的來源，三、四項則為私奴婢之主要來源。本文特別關注的，是以犯罪沒官之婦女奴婢。

　　沒官屬於勞役刑，事實上，犯罪之人絕大部分都是在官府中服役，在三國至南北朝時期，緣坐沒官之婦女任官奴婢者，有一部分是入宮服役，其他的則分發至各種公家機構服役。《三國志》吳書卷六十一〈陸凱傳〉：

> 臣聞五音令人耳不聰，五色令人目不明，此無益於政，有損於事者也。自昔先帝時，後宮列女，及諸織絡，數不滿百，米有畜積，貨財有餘。先帝崩後，幼、景在位，更改奢侈，不蹈先跡。伏聞織絡及諸徒坐，乃有千數，計其所長，不足為國財，然坐食官廩，歲歲相承，此為無益，願陛下料出賦嫁，給與無妻者。如此，上應天心，下合地意，天下幸甚。

《魏書》卷十二〈孝靜帝紀〉：

> （武定三年春正月）丁未（545），齊獻武王請於并州置晉陽宮，以處配沒之口。

同書卷一百一十一〈刑法志〉：

> 有司奏立嚴制：諸強盜殺人者，首從皆斬，妻子同籍，配為樂戶；其不殺人，及贓不滿五匹，魁首斬，從者死，妻子亦為樂戶；小盜贓滿十匹已上，魁首死，妻子配驛，從者流。

《隋書》卷二十五〈刑法志〉云北齊律：

> 盜及殺人而亡者，即懸名注籍，甄其一房配驛戶。

又同卷云北周律：

> 盜賊及謀反大逆降叛惡逆罪當流者，皆甄一房配為雜戶。

不論是在宮中或其他公家機關，官奴婢的勞力都佔有相當之比重，而入宮服役之官奴婢若有幸蒙君主青睞，從奴婢搖身一變，躍為后妃者也大有人在。

> 明元郭皇后，西平人也，世河右大族。黃初中，本郡反叛，遂沒入

〔註18〕參閱劉偉民，《中國古代奴婢制度史》（龍門書店，香港，1975 年），導論部分。
〔註19〕參閱劉偉民，《中國古代奴婢制度史》，頁 247～260。

宮。明帝即位，甚見愛幸，拜爲夫人。〔註20〕

吳主權潘夫人，會稽句章人也。父爲吏，坐法死。夫人與姊俱輸織室，權見而異之，召充後宮。〔註21〕

文成文明皇后馮氏，長樂信都人也。父朗，秦、雍二州刺史、西城郡公，母樂浪王氏。后生於長安，有神光之異。朗坐事誅，后遂入宮。〔註22〕

文成皇后李氏，梁國蒙縣人，頓丘王峻之妹也。……永昌王仁出壽春，軍至后宅，因得后。及仁鎮長安，遇事誅，后與其家人送平城宮。〔註23〕

宣帝朱皇后名滿月，吳人也。其家坐事，沒入東宮。帝之爲太子，后被選掌帝衣服。帝年少，召而幸之，遂生靜帝。〔註24〕

後主皇后穆氏，名邪利，本斛律后從婢也。母名輕霄，本穆子倫婢也，轉入侍中宋欽道家，姦私而生后，莫知氏族，或云后即欽道女子也。小字黃花，後字舍利。欽道婦妒，黥輕霄面爲「宋」字。欽道伏誅，黃花因此入宮，有幸於後主，宮內稱爲舍利太監。〔註25〕

其他類似的事例尚多，不一一列舉，不過就史料看來，從三國至南北朝，后妃是官奴婢出身者爲數不少，想必宮中女婢的數量一定很多，才可能有這麼高的比例，其中尤以北朝爲然。而兩晉至南朝，除東晉孝武文李太后（簡文帝后）以織坊宮人見幸外，〔註26〕餘則未見后妃出身官奴婢之記載。而李太后之見幸主要是出於諸姬絕孕，帝欲得子的考量，並非真的寵愛李太后。這或許緣於兩晉至南朝是門閥社會的成熟期，階級不同，不予通婚，流風所及，連帝王之家也不輕易踰越階級的藩籬。而北朝是胡人政權，入主中國以後才濡染門第觀念，對於門戶的矜持，自然不如漢人那麼根深蒂固，故北朝后妃出身官奴婢者眾。

　　至於官奴婢放遣之途徑主要有三：一爲依法放遣，二爲詔令放免，三則

〔註20〕《三國志》魏書卷五〈后妃傳〉，頁168。
〔註21〕《三國志》吳書卷五十〈妃嬪傳〉，頁1199。
〔註22〕《魏書》卷十三〈皇后傳〉，頁328。
〔註23〕《魏書》卷十三〈皇后傳〉，頁331。
〔註24〕《周書》（鼎文書局新校標點本，臺北，民國64年）卷九〈皇后傳〉，頁146。
〔註25〕《北齊書》卷九〈穆后傳〉，頁128。
〔註26〕參閱《晉書》卷三十二〈后妃傳〉，頁981。

是以贖放免。各代對於官奴婢的放遣都會有所規定，例如：

《三國志》魏書卷四〈三少帝紀〉裴松之注：

> 帝初即位，有詔「官奴婢六十以上免爲良人」既有此詔，則宜遂爲永制。

《北史》卷三十二〈崔挺傳〉：

> 依律，婦人年六十以上免配宮。

同書卷五十一〈齊宗室諸王傳〉：

> 依令：年出六十，例免入官。

官奴婢之放遣，一般皆依國家的規定年限辦理，年紀太大的官奴婢，體力已衰，能服的力役有限，而國家又需負擔其生活所費，殊不划算，倒不如放遣回去，一則可省所費，再則國家亦可得體恤、人道之名。若遇上皇帝特別下詔，也可按旨放免。

《宋書》卷六〈孝武帝紀〉：

> （大明三年秋七月）辛未（459），大赦天下。尚方長徒、奚官奴婢老疾者悉原放。

《北齊書》卷五〈廢帝紀〉：

> 詔諸元良口配沒宮内及賜人者，並放免。

《周書》卷四〈明帝紀〉：

> 元氏子女自坐趙貴等事以來，所有沒入爲官口者，悉宜放免。

同書卷六〈武帝紀〉：

> 詔曰：「以刑止刑，世輕世重。罪不及嗣，皆有定科。雜役之徒，獨異常憲，一從罪配，百世不免。罰既無窮，刑何以措。道有沿革，宜從寬典。凡諸雜戶，悉放爲民。配雜之科，因之永削。」

舉凡新皇登基、國有喜慶、皇帝崩殂……等重大事故時，皇帝最常下詔放免奴婢或科出宮女配嫁，這種德政，多少都與政治形象有關，絕大部分都是作態的一種手法罷了。

除了依法放遣、詔令放免之外，沒官之官奴婢亦可以贖放免。

《魏書》卷三十八〈王慧龍傳〉：

> （王）寶興少孤，事母至孝。尚書盧遐妻，崔浩女也。初王寶興母及盧遐妻俱孕，浩謂曰：「汝等將來所生，皆我之自出，可指腹爲親。」及婚，浩爲撰儀，躬自監視。謂諸客曰：「此家禮事，宜盡其美。」

及浩被誅，盧遐後妻，寶興從母也，緣坐沒官。寶興亦逃避，未幾得出。盧遐妻，時官賜度河鎮高車滑骨。寶興盡賣貨產，自出塞贖之以歸。

同書卷六十一〈張讜傳〉：

初，（張）讜妻皇甫氏被掠，賜中官爲婢，皇甫遂乃詐癡，不能梳沐。後讜爲劉駿冀州長史，因貨千餘匹購求皇甫。高宗怪其納財之多也，引見之，時皇甫年垂六十矣。高宗曰：「南人奇好，能重室家之義，此老母復何所任，乃能如此致費也。」皇甫氏歸，讜令諸妾境上奉迎。

《周書》卷五〈武帝紀〉：

（保定五年六月）辛未（565），詔曰：「江陵人年六十五以上爲官奴婢者，已令放免。其公私奴婢有年至七十以外者，所在官司，宜贖爲庶人。」

《南齊書》卷四〈鬱林王紀〉：

（永明五年八月）丙戌（487），詔曰：「近北掠餘口，悉充軍實。刑故無小，罔或攸赦，撫辜興仁，事深睿範。宜從蕩宥，許以自新，可一同放遣，還復民藉。已賞賜者，亦皆爲贖。」

綜言之，緣坐沒官爲官奴婢之婦女，若處刑有年限規定，則年限屆滿時，可依法放免，若無年限，則可依國家法定放免年齡，屆期放免，此外，若值皇帝詔赦，也可依詔放免，或是以贖放免，否則，就得終身淪爲官奴婢，並且其後代也得世襲奴婢身分了。

三、賞賜類

（1）軍　賞

婦女緣坐就狹義而言，是指刑罰上的連帶處罰，若以廣義而言，凡因事或因人致使婦女受牽連或連累者皆可謂之。三國至南北朝時期，屢有以婦女俘虜、賊妻賜爲軍賞之事。

桓玄既篡居天位，義旗以三月二日掃定京都，玄之宮女及逆黨之家子女妓妾，悉爲軍賞，東及甌、越，北流淮泗，皆人有所獲。[註27]

（太元）十四年（389）春正月癸亥，詔淮南所獲俘虜付諸作部者一皆散遣，男女自相配匹，賜百日廩，其沒爲軍賞者悉贖出之，以襄

〔註27〕《宋書》卷三十一〈五行志〉，頁 918～919。

陽、淮南饒沃地各立一縣以居之。〔註28〕

（建德五年十二月）（576）丙寅，出齊宮中金銀寶器珠翠麗服及宮
女二千人，班賜將士。〔註29〕

（大明三年）（459）秋七月己巳，剋廣陵城，斬（劉）誕。悉誅城
內男丁，以女口爲軍賞。是日解嚴。〔註30〕

不論是女性俘虜、賊妻，都是戰敗之方的女子，戰勝的一方將這些女子接收，
國家便完全掌控了他們的人身所有權，又因爲這一類擄獲的女子，往往人數
眾多，不易一一量刑，便常將他們充作軍賞，一則是因爲國家缺乏人力資源，
不管是軍士妻子或雜役女子，甚至於軍妓都十分缺乏的情況下，以這種方式
運用婦女的人力資源，不但消除了如何處置這些女子的煩惱，又可有效地運
用這些女性人力；再則也會提振軍士士氣，因爲將婦女作爲軍賞，是最直接
而實惠的戰利品，滿足了軍士們渴望行賞的心理。

（2）配嫁與賜妻

沒官之官奴婢，人身所有權屬於國家，故政府常將之任意集體配嫁，或
賜予特定的人爲妻。

（太和三年）二月辛巳（479），帝、太皇太后幸代郡溫泉，問民疾
苦，鰥貧者以宮女妻之。〔註31〕

（太和十三年）九月丁未（489），吐谷渾、武興、宕昌諸國各遣使
朝獻。出宮人以賜北鎮人貧鰥無妻者。〔註32〕

今諸王十五，便賜妻別居。然所配者，或長少差舛，或罪入披庭，
而作合宗王，妃嬪藩懿。失禮之甚，無復此過。〔註33〕

魏尚書僕射范陽盧道虔女爲右衛將軍郭瓊子婦，瓊以死罪沒官，高
祖啓以賜元康爲妻，元康乃棄故婦李氏，識者非之。〔註34〕

（庫狄）士文從妹爲齊氏嬪，有色，齊滅後，賜薛公長孫覽。〔註35〕

〔註28〕《晉書》卷九〈孝武帝紀〉，頁237。
〔註29〕《周書》卷六〈武帝紀〉，頁99。
〔註30〕《宋書》卷六〈孝武帝紀〉，頁123。
〔註31〕《魏書》卷七〈高祖紀〉，頁146。
〔註32〕《魏書》卷七〈高祖紀〉，頁165。
〔註33〕《魏書》卷四十八〈高允傳〉，頁1074。
〔註34〕《北齊書》卷二十四〈陳元康傳〉，頁343。
〔註35〕《北齊書》卷十五〈庫狄于傳〉，頁199。

乞伏保，高車部人也。父居，顯祖時為散騎常侍，領牧曹尚書，賜
爵寧國侯。以忠謹慎密，常在左右，出內詔命。賜宮人河南宗氏，
亡後，賜以宮人申氏，宋太子左率申坦兄女也。〔註36〕

這種罔顧個人意願，任意配嫁婦女或賜妻的情形在北朝尤多，這或許與胡人
向有賞賜生口的習慣有關，沒官婦女猶如國家財產，以之當成生口賞賜予人，
是天經地義的想法，且北朝諸王的婚姻尚且如此草草決定，身為俘虜、罪犯
或官奴婢之婦女，又豈能自主婚姻？如此匹配的婚姻，當然也就難免長少差
舛，婚姻不協了。整個魏晉南北朝，政府一方面旌表節婦門閭，〔註37〕一方
面又全然不顧婦女貞潔及意願，將婦女任意配嫁、賜妻，出現了道德標準兩
極化的做法，這種矛盾，使得此時期的配嫁婦女在心理上需要承受更多的衝
擊與調適，就一個因罪而沒官之婦女而言，配嫁、賜妻更使得這些婦女受到
了刑罰之外的二度傷害。

（3）賜予大臣之家

官奴婢及婦女俘虜，經常被賜予大臣之家或王公貴族，而與賜妻或配嫁
所不同者，這些被賞賜給大臣之家的婦女，其身分是奴婢、妓妾或是姜，而
非正妻。這些原為國家所有的沒官婦女，一旦賜予大臣之家以後，人身所有
權，也從國家的手中，轉入受賜者的私人之手；若是賜予他人為奴者，其身
分便由官奴婢轉為私奴婢；若是賜予他人為妓妾者，其實就是賜予人為家妓。
〔註38〕而賜予人為妾者，是受賜婦女中較幸運的，其地位也較妓妾為高，但
仍非正妻，在家中的地位也遠低於正妻。〔註39〕

魏晉南北朝的奴婢數量驚人，這與魏晉南北朝是個戰爭時代，動輒就有
大批俘虜，而俘虜又幾乎全數淪為官奴有很大的關係。在奴婢的數量上，除
了一部分官奴經由賞賜等途徑變為私奴之外，魏晉南北朝的門閥與經濟型
態，也是蓄養私奴的主因之一。〔註40〕南朝的莊園經濟需要大量的勞動人口，
若無數量龐大的奴婢，根本無法應付莊園的生產；北朝雖然承襲曹魏的屯田、
西晉的占田、課田而實行均田制，但由於奴婢亦可授田，且所受桑田身死不

〔註36〕《魏書》卷八十六〈孝感傳〉，頁1883。
〔註37〕魏晉南北朝旌表門閭或獎勵節婦的次數極多，有關此一問題，可參閱董家遵，
　　　　〈從漢到宋寡婦再嫁習俗考〉收錄於鮑家麟編，《中國婦女史論集》。
〔註38〕請參考王書奴，《中國娼妓史》，頁56。
〔註39〕參見趙鳳喈，《中國婦女在法律上之地位》，頁88～94。
〔註40〕參見劉偉民，《中國古代奴婢制度史》頁229～247。

還，與良人同，於是豪宗大姓，往往爲了多佔田畝，便大量蓄養奴婢，藉以間接廣積田宅。此外，魏晉南北朝門閥制度的成形，不但在政治上襲斷了仕進之路，社會上亦因此形成嚴密的階級社會，階級的鴻溝不易跨越，奴婢們只好世世代代爲奴，身分世襲，無形中又增加許多奴婢人數，而這些豪門大族的生活奢靡、競飾浮華、放蕩成風，亦需要豢養大量的奴婢服侍，所以魏晉南北朝的奴婢數量龐大，而國家也常以奴婢做爲獎賞，賜予大臣之家。

> （華）歆素清貧，祿賜以振施親戚故人，家無擔石之儲。公卿嘗並賜沒入生口，唯歆出而嫁之。〔註41〕

> 魏恭帝二年，羌東念姐率部落反，結連吐谷渾，每爲邊患。遣大將軍豆盧寧討之，踰時不剋。又令（于）寔往，遂破之。太祖手書勞問，賜奴婢一百口，馬一百疋。〔註42〕

> （司馬楚之）從征涼州，以功賜隸戶一百。〔註43〕

> 天興二年（399），文陳父子歸闕，太祖嘉之，以宗女妻焉，賜奴婢數十口。〔註44〕

> （宿石）從駕討和龍，以功賜奴婢十七戶。〔註45〕

這類的例子極多，不逐一列舉，除了賞賜奴婢之外，國家還經常賜女妓予大臣之家。

> （天和）五年（570），大軍東討，（宇文孝伯）拜内史下大夫，令掌留臺事。軍還，帝曰：「居守之重，無忝戰功。」於是加授大將軍，進爵廣陵郡公，邑三千戶，並賜金帛及女妓等。〔註46〕

> （王猛）軍還，以功進封清河郡侯，賜以美妾五人，上女妓十二人，中女妓三十八人，馬百匹，車十乘。〔註47〕

> 後高祖復與之（蕭歸）宴，齊氏故臣呃列長乂亦預焉。……高祖大悅，賜雜繒萬段、良馬數十匹，並賜齊後主妓妾，及常所乘五百里

〔註41〕《三國志》魏書卷十三〈華歆傳〉，頁403。
〔註42〕《周書》卷十五〈于謹傳〉，頁251。
〔註43〕《魏書》卷三十七〈司馬楚之傳〉，頁856。
〔註44〕《魏書》卷三十〈宿石傳〉，頁724。
〔註45〕《魏書》卷三十〈宿石傳〉，頁724。
〔註46〕《周書》卷四十〈宇文孝伯傳〉，頁717。
〔註47〕《晉書》卷一百十四〈符堅傳〉，頁2931。

駿馬以遺之。〔註48〕

女妓一稱妓妾，這種稱呼魏晉以後才有，〔註49〕其實就是家妓。魏晉南北朝是家妓最發達的時代，家妓的大量蓄養，除了與當時門第中人驕奢貪淫、虛慕浮華有關，亦與魏晉士族崇尚音樂有關。〔註50〕雖然政府屢有以身分來限制蓄妓的規定，〔註51〕但執行成效實在令人懷疑。

家妓有時雖被稱為妓妾，但與真正的妾是稍有不同的，家妓多半能歌善舞，主要是為娛樂主人，家妓和主人是主從關係，而不具婚姻關係，妾則與夫有婚姻關係。家妓的地位較奴婢為高，但較妾為低，處於二者之間。事實上，家妓和奴婢都彷彿是主人的財產，主人可全權處置，不但可以買賣，還可以饋贈，甚至於在主人死後，其子孫亦可嫁賣家妓，此風尤以北朝為然。魏晉南北朝大規模的家妓制度直接促成了日後唐代的「官妓」制度。乃狎妓之風的昌盛。〔註52〕

除了賜予大臣之家為婢、為女妓之外，運勢較佳者，亦有可能成為賜妾。

賜（崔）浩、（周）澹妾各一人，御衣一襲，絹五十匹，綿五十斤。〔註53〕

晉王以（賀若）弼先期決戰，違軍命，於是以弼屬吏。上驛召之，及見，迎勞曰：「剋定三吳，公之功也。」命登御坐，賜物八千段，加位上柱國，進爵宋國公，……雜綵二千段，女樂二部，又賜陳叔寶妹為妾。〔註54〕

賜（黃）權金帛、車馬、之裘、帷帳、妻妾，下及偏裨皆有差。〔註55〕

中國特別注重傳承，所謂「不孝有三，無後為大」，延續香火是妻子最重要的

〔註48〕《周書》卷四十八〈蕭詧傳〉，頁864。

〔註49〕劉增貴，〈魏晉南北朝時代的妾〉，載於《新史學》二卷四期，頁9。

〔註50〕請參考王書奴，《中國娼妓史》，頁56。

〔註51〕《南齊書》卷四十二〈王晏傳〉：（永明）六年（488）敕位未登黃門郎，不得蓄女妓。

〔註52〕有關此一問題，請參閱高邁，〈中國娼妓制度之歷史的搜究〉；宋德熹，〈唐代的妓女〉，均收錄於鮑家麟篇，《中國婦女史論集》。

〔註53〕《魏書》卷三十五〈崔浩傳〉，頁808。

〔註54〕《北史》（鼎文書局新校標點本，臺北，民國70年）卷六十八〈賀若敦傳〉，頁2381。

〔註55〕《三國志》魏書卷二〈文帝紀〉裴松之注，頁80。

責任，爲了子嗣的傳承，正妻無子者，是被允許娶妾的。但在魏晉南北朝，除了承嗣的考量外，縱情享樂也是置妾的主因之一，妾數的多寡，甚至於直接反映身分、地位。妾的地位較女妓爲高，但女妓有子者亦可升爲妾。妾是有名份的，一般也有嫁娶儀式，但儀式並不講究。《禮記》〈內則〉云：「聘則爲妻，奔則爲妾。」意指不經六禮、正當程序聘娶者謂妾。妾的責任以事奉其夫爲主，但在家中地位並不穩固。魏晉南北朝是門閥社會，婚姻講究的是門當戶對，可是對於妾的出身則不計較，妾不論是在家中或社會上，地位都不能和正妻相提並論，在禮、法上的權力也遠不及妻。晉時，國家更明令不得以妾爲妻。〔註56〕妾的地位實在沒有多大保障。

　　魏晉南北朝時期緣坐婦女的刑罰種類大致如上所述，這三類中除了緣坐死刑的婦女之外，其他類的婦女並不是全然無關，這些婦女所受的刑罰類型應該說是相互重疊的，比方說一位婦女被判徒刑，在執行徒刑時她是被配到公家機關去服役，那麼她既屬刑罰類，又符合沒官類。又如另一婦女，她被沒爲官奴婢，數年後，被賜予他人爲妓，則她既屬沒官類，又屬於賞賜類。事實上，緣坐婦女幾乎都是要經過刑罰先判定，才發配出去，所以說這些婦女的刑罰類型是相互重疊，而非獨立的。如此粗略的分類，只不過是方便討論而已。又在刑罰類中，只提及死刑與流刑，那是因爲在即將討論的婦女緣坐案例中，並不見獲判徒刑、鞭刑、耐刑、杖刑或其他五刑的例子，但據《隋書》〈刑法志〉云北齊刑律：「流刑，謂論犯可死，原情可降，鞭笞各一百，髡之，投于邊裔，以爲兵卒。未有道里之差。其不合遠配者，男子長徒，女子配舂，並六年。」〔註57〕可見，緣坐婦女一定也有受徒刑及鞭刑者，只不過史書所載的例子，未明確提及罷了。大體而言，三國時期除了大逆、謀反之外，因其他犯罪致使婦女緣坐死刑者較多。兩晉以後，這種情況逐漸減少，至南北朝時期除了謀反、大逆之外，婦女緣坐死刑之例已極少。婦女（尤其是妻子）在緣坐的角色上已不如三國、兩晉時期來得重要，有從緣坐主角淪爲配角之勢。相對於婦女緣坐死刑之減少，沒官之例卻明顯增加，沒官成爲女子緣坐最常見的處罰方式，同時將罪犯婦女配嫁、賜妻之例亦明顯增多，

〔註56〕《晉書》卷三〈武帝紀〉：（泰始十年正月）（274）丁亥，詔曰：「嫡庶之別，所以辨上下，明貴賤。而近世以來，多皆內寵，登妃后之職，亂尊卑之序。自今以後，皆不得登用妾媵以爲嫡正。」
〔註57〕《隋書》卷二十五〈刑法志〉，頁705。

致婦女除了緣坐的刑罰之外，還經常遭受二度傷害，由此可見罪犯婦女除了沒有自由權之外，亦無人身所有權，國家的配嫁、賞賜之舉更是罔顧婦女貞潔及意願，這對於國家不時旌表節婦、表彰烈女的政策而言，不啻是極大諷刺。綜言之，從三國至南北朝，婦女的緣坐處刑有愈來愈輕之趨勢，但不時的配嫁、賞賜之舉，卻讓緣坐婦女受到更多的傷害，幸與不幸，殊難定論！

第三章 緣坐之一——官人謀反、大逆之婦女緣坐

在南北朝以前，中國雖無十惡之名，[註1] 然而，屬於罪大惡極的犯罪，大致不出二類。一類為叛逆之犯罪行為，一類為背倫之犯罪行為。[註2] 而謀反、大逆即屬於第一類之犯罪行為。北齊始有十惡之條，自北齊至明清，謀反、大逆之罪皆列於十惡之首。所謂謀反是謀危社稷。[註3] 謀大逆，謂謀毀宗廟、山陵及宮闕。[註4] 此類罪犯，係對國家或皇室直接之顛覆危害，犯此罪者除了及身受戮之外，按律父母、妻妾、祖、孫、兄弟、姊妹乃至於部曲、同產皆應緣坐輕重不同之刑罰，是婦女在緣坐刑罰中最明確受刑的一類。

魏晉南北朝時期，因為政治上的分崩，經常數個政權同時存在，復因政治上的不安，致使政治互信減至最低程度，加上種族的紛雜，使得謀反、大逆之例極多。然而，或因連年的爭戰與遷轉流徙，史料大量的亡佚，導致整個魏晉南北朝除了刑律篇名和刑名尚稱完整外，適用刑罰的常規和相關罪名，都顯得零碎而語焉不詳，在有關刑律的史料中，經常只見對具體案件處

〔註 1〕 十惡之稱起於北齊，北齊列重罪十條，是為十惡：一曰反逆、二曰大逆、三曰叛、四曰降、五曰惡逆、六曰不道、七曰不敬、八曰不孝、九曰不義、十曰內亂。北周不立十惡之目，而重惡逆、不道、大不敬、不孝、不義、內亂之罪。隋興又立十惡之條：一曰謀反、二曰謀大逆、三曰謀叛、四曰惡逆、五曰不道、六曰大不敬、七曰不孝、八曰不睦、九曰不義、十曰內亂。唐十惡之條與隋同，以後歷代沿守，皆列於律首。
〔註 2〕 參見陳顧遠，《中國法制史概要》，頁 215。
〔註 3〕 長孫無忌，《唐律疏議》（臺灣商務印書館，臺北，民國 58 年 7 月）一〈名例〉，頁 15。
〔註 4〕 同上。

理的記載，而闕相關律條之記載。據此，實難窺此時法律之全貌。〔註5〕而有
關婦女的資料、記載更是多有湮滅；另外，或緣於史家個人的史觀，常對有
關婦女之記載多不重視，即或有之，也往往侷限在列女傳的格局中，〔註6〕而
無法對婦女一般的生活面貌有較詳細的記載，也因此在無數的謀反、大逆的
案例中，最多只能看到當事者及身受刑，或者是子、姪緣坐一類的記載。對
於其母親、妻、妾、姊妹、女兒等婦女之緣坐記載極少，而且也不夠詳盡，
往往只有夷三族、門誅、房誅之類的記載，文中並無特別突顯婦女緣坐之處。
因此，隱藏在正史文字記錄之後的婦女緣坐事實也常為人們所忽略。這對中
國婦女法律地位之探討和婦女生活現實狀況的研究，不啻是個極大的損失。
尤其是在魏晉南北朝這樣一個動亂的時代裡，有關婦女緣坐的記錄更是彌足
珍貴，因此，除了明確載有婦女緣坐之案例外，凡載有家屬沒官、族誅、門
誅、房誅之類的大逆、謀反案例，本文亦視為婦女緣坐的當然案例加以收錄。
其餘未記載婦女緣坐之同類案例，則不予以討論。

　　事實上，由於記載婦女緣坐的案例實在太少，族誅、門誅這一類的案例
反倒成為本文分析婦女緣坐情形的主要案例，這是本文先天的掣肘處，但從
這類案例的分析中，依舊可以掌握一些婦女緣坐情形的演變脈動。

　　因為刑制、法律史料之缺乏，除了三國、兩晉、宋、齊、梁、陳、北魏、
北周、北齊之外，諸胡族政權或載記中相關案例，均不在本文討論範圍之內。
在檢讀史書的過程中，得有關婦女緣坐的謀反、大逆案例四十七例，其中平
民的謀反、大逆案例僅有四例，餘則均為官人之謀反、大逆案例，為了方便
討論，本章中僅討論官人之謀反、大逆案例，平民的案例則置於第五章中討
論。今按時代斷限逐一分析如下：

第一節　三　國

　　三國中，以魏的法制地位最為重要。明帝時「命司空陳群、散騎常侍劉
邵、給事黃門侍郎韓遜、議郎庾嶷、中郎黃休、荀詵等刪約舊科，傍采漢律，
定為魏法，制新律十八篇、州郡令四十五篇、尚書官令、軍中令、合百八十

〔註5〕　參見寧漢林，《中國刑法通史》第四冊，頁12。
〔註6〕　參閱張敬，〈列女傳與其作者〉，收錄於張玉法、李又寧編，《中國婦女史論文
　　　　集》；逯耀東，〈魏晉對歷史人物評論標準的轉變〉，《食貨月刊》第三卷第一
　　　　期，民國62年4月。

餘篇。」〔註 7〕魏法以漢法為本悉去漢律不行於魏者。吳、蜀的法制應該也是以漢律為藍本。蜀有自行訂定的蜀科。〔註 8〕至於詳細內容，史無可稽。而孫吳於黃武五年（226）冬，令有司盡寫科條，〔註 9〕是孫吳編纂法典之始。吳於律文之外，另設有科。〔註 10〕在謀反、大逆方面，魏律中規定「以言語犯宗廟園陵，謂之大逆無道，要斬，家屬從坐，不及祖父母、孫。至於謀反大逆，臨時捕之，或汙潴，或梟菹，夷其三族，不在律令，所以嚴絕惡跡也。」〔註 11〕由此可知，律文中並未明定犯謀反、大逆者，處以何刑，而是隨事以皇帝詔令處之。至於吳、蜀則礙於史料缺乏，緣坐為何？不可詳知，推想亦應是隨事發詔處罰，至於實際執行情況，只能從實例中去判斷了。三國時期，共檢得十一個有關婦女緣坐的大逆、謀反案例，茲列表於下：

案號	時　間	罪　名	緣坐婦女身分	案　例　說　明	罪犯身分	資料出處
一	魏景初二年西元二三八年	謀　反	公孫晃妻	公孫晃之弟公孫淵謀反，晃曾於淵謀反之前數陳其變，及淵謀逆，帝不忍市斬，乃遣使齎金屑飲晃及其妻子	官	《三國志》魏書卷二十四〈高柔傳〉
二	魏正始十年西元二四九年	反　逆	三族婦女	曹氏與司馬氏正始年間的政爭在曹爽掌政十年後被司馬氏及擁他的世家大族階級扳倒，曹爽等人以大逆不道之罪名伏誅，並夷三族。	曹爽為宗室。其餘為官人。	《三國志》魏書卷九〈曹爽傳〉
三	魏嘉平元年西元二四九年	謀　反	楚王彪妃諸相連者之三族婦女	齊王芳受制於司馬懿，不堪主位，王淩與令狐愚欲迎立楚王彪都許昌，會令狐愚病死，兗州刺史黃華、將軍楊弘聯名將迎立之事告知司馬懿，事發，楚王彪自殺，妃及諸子皆免為庶人，徙平原，王淩	楚王彪乃宗室。餘皆官人。	《三國志》魏書卷二十〈武文世王公傳〉同書卷二十六裴注引《世語》

〔註 7〕《晉書》卷三十〈刑法志〉，頁 923。
〔註 8〕《三國志》卷三十八蜀書〈伊籍傳〉：「（伊籍）後遷昭文將軍，與諸葛亮、法正、劉巴、李嚴共造蜀科，蜀科之制，由此五人焉。」，頁 971。
〔註 9〕《三國志》吳書卷四十七〈孫權傳〉：「……於是令有司盡寫科條，使郎中褚逢齎以就遜及諸葛瑾，意所不安，令損益之。」頁 1132。
〔註 10〕《三國志》卷六十二吳書〈是儀傳〉：「權歎曰：『使人盡如是儀，當安用科法為？』」頁 1413。
〔註 11〕《晉書》卷三十〈刑法志〉，頁 925。

				飲藥死，諸相連及者皆夷三族。		
四	吳 建 興 二年 西 元 二五 三 年	謀 反	三族婦女	諸葛恪以大將軍領太子傅之尊，受孫權之託，囑以後事，恪先除掉了同受命輔政的中書令孫弘，尋拜太傅統攝國事，集隆寵於一身。建興元年（252）恪命眾作東興大隄，築城以備魏，十一月，魏攻吳，無功而還，東路之師爲諸葛恪大敗，恪遂有輕敵之心。次年三月，恪復發兵伐魏。攻守連月之後，兵疲民困，又因天暑，飲水不潔，病者大半，八月，引軍還。然已使得眾庶失望，怨聲載道。侍中孫峻因民多怨，遂構恪欲爲變，與孫亮謀，置宴請恪然後殺之，同月，峻拜丞相。恪家及其外甥張震、常侍朱思等並夷三族。	官	《三國志》吳書卷六十四〈諸葛恪傳〉
五	魏 嘉 平 六年 西 元 二五 四 年	謀 反	三族婦女	夏侯氏與曹氏世爲婚姻，曹爽被誅後，玄因爽故遭抑絀，甚不得意，張緝、李豐原欲推玄輔政，卻不料反落司馬師口實，趁此狠狠打擊了親曹勢力。李豐、夏侯玄、張緝、樂敦、劉賢等皆夷三族，其餘親屬徙樂浪郡，齊長公主乃先帝遺愛，特原其三子死命。	官	《三國志》魏書卷四〈三少帝紀〉、同書卷九〈夏侯玄傳〉
六	魏 正 光 二年 西 元 二五 五 年	大 逆	三族婦女	毌丘儉與夏侯玄、李豐等厚善，玄、豐等人先後被誅，儉與文欽於正元二年（255）矯太后詔，罪狀大將軍司馬景王，舉兵反。後兵敗，欽亡入吳，儉夷三族。	官	《晉書》卷三十〈刑法志〉
七	吳 五 鳳 三年 西 元 二五 六 年	謀 反	三族婦女	孫峻、孫琳均爲孫靜之曾孫。峻死，琳代峻爲孫亮之輔臣，引起呂據之不滿，與文欽、唐咨薦滕胤爲丞相。琳不聽，擒據而	宗 室	《三國志》吳書卷六十四〈孫琳傳〉

				殺之，並殺胤及將士數十人夷胤三族。		
八	魏甘露二年西元二五七年	謀反	三族婦女	諸葛誕在眼見至親鄧颺、夏侯玄等人之誅及王淩、毌丘儉之夷滅後，懼不自安，遂厚養親附及死士。太平二年（255），朝廷知誕有欲反之心，欲度之，徵為司空，誕接詔書，愈不自安，遂反，並向吳保城請降。司馬文王督軍討伐，司馬胡奮斬誕，傳首，夷三族，誕麾下數百人坐不降見斬，吳將唐咨、王祚等人面縛降。	官	《三國志》魏書卷二十八〈諸葛誕傳〉
九	吳永安元年西元二五八年	謀反	三族婦女	孫琳恃寵而驕，又不諳與主上相處之道，致孫亮心生嫌隙，乃藉公主魯育被殺之事欲謀誅琳，事為琳悉，廢亮，迎琅邪王孫休即位，是為景帝。琳又授己弟為將軍，一門五侯，吳國朝臣前所未有。琳權勢在握，愈益恣甚，後或告琳欲為變，琳恐，求出鎮武昌。旋施朔又告琳謀反有徵，休乃命武士於百官朝賀時，執琳而殺之，夷三族。	宗室	《三國志》吳書卷六十四〈孫琳傳〉
十	魏景元元年西元二六四年	大逆	成濟之婦女家屬	司馬昭為掩天下人耳目，轉移弒帝責任，遂將罪責歸咎成濟，太后雖「以為濟不得便為大逆」，然屈於司馬氏之威權，亦得聽如所奏。夷濟三族。	官	《三國志》魏書卷四〈三少帝紀〉
十一	魏景元五年西元二六四年	謀反	艾妻	蜀漢之平定，鄧艾居功厥偉，遂以艾為太尉，鍾會、胡烈、師纂等不滿艾承制專事，誣艾悖逆，詔書檻車徵艾。鍾會所憚惟艾，艾既被擒，會遂謀反。後兵亂，姜維、鍾會俱被殺。衛瓘曾與鍾會共誣艾，恐艾為變，乃遣人討艾，斬其父子，並徙其妻及孫於西域。	官	《三國志》魏書卷二十八〈鍾會傳〉

　　三國時期大逆、謀反的罪罰並未入律，而是隨事以皇帝詔令處置，但從上表中不難看出「夷三族」幾乎是三國時期犯此罪者的處罰通則。考諸中國族誅之刑，起於何時，不可確知，〔註12〕然典籍中最早有關族罪之記載則出於尚書甘誓「予則孥戮汝」。至於三族指的到底是那三族，則無定論。周初已有三族之刑，惟無三族之名，界說不一，一般有以父母、兄弟、妻子為三族者，亦有以父族、母族、妻族為三族者。〔註13〕姑不論三族究竟為何？三族刑中至少婦女的緣坐是確定的。若仔細研究上述案例，可以發現絕大部分都是政爭下的產物，在十一個案例中，曹魏個案共有九個，其中七個都和曹氏與司馬氏的政爭有關。孫吳的案例有二，亦均與孫氏的爭權有關。

　　曹魏的親曹勢力與司馬氏之政爭從正始年間的曹爽、司馬懿首開其端。這一場持續了二十五年的政爭，不僅是家天下的爭奪，也是士大夫階級與世家大族的政治領導權與利益之爭，〔註14〕其間還伴隨了施政理念之爭。〔註15〕此一問題，前輩已論述得極為精闢詳盡，〔註16〕故細節不再在此贅述。總之，曹爽、王淩、李豐、張緝等人的先後被誅，除了確立司馬氏在嘉平以後的掌政局面，也讓士大年階級的親曹勢力愈加彌不自安，極欲在政爭中扳倒司馬氏，而司馬氏在面對壁壘分明的政敵時，亦有如芒刺在背，欲除之而後快。於是，一波波的政爭就此展開。在二十餘年持續的政爭中，司馬氏一次次成功地剷除政敵，一步步邁向外禪的目的。〔註17〕為了徹底翦除政敵，大逆、謀反成了絕佳罪名；藉此罪名，司馬氏明正言順地實行誅殺異己之實，雖然三族刑是此類案例的處罰通則，但緣坐對象有時超過三族範圍。〔註18〕或偶

〔註12〕 參閱徐朝陽《中國刑法溯源》，（商務印書館，上海，民國22年），頁101。

〔註13〕 參見趙翼《廿二史箚記》（世界書局，臺北，民國47年），頁189。

〔註14〕 有關曹氏與司馬氏社會階級的差異，請參閱劉顯叔，〈魏末政爭中的黨派分際〉，《史學彙刊》第九期，民國67年10月；萬繩楠整理，《陳寅恪魏晉南北朝講演錄》（黃山書社，合肥，1987年）第一章。

〔註15〕 參閱張儐生，《魏晉南北朝政治史》（中國文化大學出版部，臺北，民國72年），頁118。

〔註16〕 下述多篇文章均曾論及此一問題：陳寅恪，〈隋唐制度淵源略論稿〉，收入《陳寅恪先生文集》（里仁書局，臺北，民國70年）；盧建榮，〈魏晉之際的變法派及其敵對者〉，《食貨月刊》第十卷第七期，民國69年10月；徐高阮，〈山濤論〉，《中央研究院史語所集刊》第四十一本第一分；劉顯叔，〈論魏末政爭中的黨派分際〉等。

〔註17〕 劉顯叔，〈魏末政爭中的黨派分際〉，頁17。

〔註18〕 案五張緝、李豐等人夷三族之外，其餘親屬徙樂浪。相緣坐之親屬遠較三族

有未誅三族者，這樣的免死案例，多緣於行爲人身分之特殊。

中國的舊律極富道德與人倫的色彩，因此，行爲人的身分與屬性對刑罪的加減常有決定性的影響，尤其對於宗室、官人及其親屬、賤民、特殊職業者、婦女、道僧等常施以特別的處罪方法。〔註19〕又曹魏雖正式將周禮之「八辟麗邦法」入律，成爲「八議制」。〔註20〕但八議之制至唐始詳備。唐律中規定犯十惡者，不在八議之限。〔註21〕魏律無十惡之名，但謀反、大逆等重罪也是不在八議之限的。故即使皇室犯謀反、大逆之罪，按律亦不得減死。但犯此罪者是以皇帝下詔懲處，若經皇帝特赦，免其死罪，犯者亦可不死。上述案例中具有皇族身分者多未夷三族，即或爲此。又王淩案中，其妹雖已適郭淮，卻仍緣坐，〔註22〕但淮上表司馬宣王，得宥。由此可知，不惟皇帝，權臣也往往有操控生死之權的。法治的背後，最終還是人治。而政爭勝利的一方，才是實際的掌控者。又此案證明婦女此時仍是承襲秦漢以來的雙重緣坐；即未嫁之前，坐娘家之戮，出嫁之後，除夫家之罪外，仍得緣坐娘家之戮。這種情形一直要到毌丘儉被誅之後才有所改變。

《晉書》卷三十〈刑法志〉：

> 及景帝輔政，是時魏法，犯大逆者誅及已出之女。毌丘儉之誅，其子甸妻荀氏應坐死，其族兄顗與景帝姻，通表魏帝，以匄其命。詔聽離婚。荀氏所生女芝，爲穎川太守劉子元妻，亦坐死，以懷妊繫獄。荀氏辭詣司隸校尉何曾乞恩，求沒爲官婢，以贖芝命。曾哀之，使主簿程咸上議曰：「夫司寇作典，建三等之制；甫侯修刑，通輕重之法。叔世多變，秦立重辟，漢又修之。大魏承秦漢之弊，未及革制，所以戮已出之女，誠欲殄醜類之族也。然則法貴得中，刑慎過制。臣以爲女人有三從之義，無自專之道，出適他族，還喪父母，

爲多。

〔註19〕戴炎輝，《中國法制史》（三民書局，臺北，民國55年），頁33。

〔註20〕八議：即議親、故、賢、能、功、貴、勤、賓。

〔註21〕參閱《唐律疏議》一〈名例〉，頁25。

〔註22〕《三國志》魏書卷二十六裴注引世語曰：（郭）淮妻，王淩之妹。淩誅，妹當從坐。御史往收。督將及羌、胡渠帥數千人叩頭請淮表留妻，淮不從。妻上道，莫不流涕，人人扼腕，欲劫留之。淮五子叩頭流血請淮，淮不忍視，乃命左右追妻。於是追者數千騎，數日而還。淮以書白司馬宣王曰：「五子哀母，不惜其身；若無其母，是無五子；無五子，亦無淮也。今輒追還，若於法未通，當受罪於主者，覬展在近。」書至，宣王亦宥之。

降其服紀，所以明外成之節，異在室之恩。而父母有罪，追刑已出
之女；夫黨見誅，又有隨姓之戮。一人之身，內外受辟。今女既嫁，
則爲異姓之妻；如或產育，則爲他族之母，此爲元惡之所忽。戮無
辜之所重，於防則不足懲姦亂之源，於情則傷孝子之心。男不得罪
於他族，而女獨嬰戮於二門，非所以哀矜女弱，蠲明法制之本分也。
臣以爲在室之女，從父母之誅；既醮之婦，從夫家之罰。宜改舊科，
以爲永制。」於是有詔改定律令。

荀顗以族兄之義，上表請活荀氏，荀氏又爲女乞命，願沒爲官奴婢以贖之。
按歷代贖刑大致可分二類。一類是以物爲贖，此屬財產刑。一類是以官爲贖，
稱爲官當，然此制始於南北朝，而確定於隋唐也。〔註23〕荀氏之贖女，是以
自沒爲官奴婢作爲交換條件，非上述二類之例，可視爲特例也。

　　荀氏自己爲族兄表活，但卻需離婚。據此，以脫離婚姻關係來保命可能
是荀氏獲宥的條件。類似的情形，不惟三國，在整個魏晉南北朝也所在多有，
且不限於大逆、謀反的緣坐。《晉書》卷四十三〈王戎傳〉：

　　（王）衍後歷北軍中候、中領軍、尚書令。女爲愍懷太子妃，太子
　　爲賈后所誣，衍懼禍，自表離婚。

又同書卷四十九〈羊曼傳〉：

　　（羊）聃初辟元帝丞相府，累遷廬陵太守。剛克粗暴，恃國戚，縱
　　恣尤甚，睚眦之嫌輒加刑殺。疑郡人簡良等爲賊，殺二百餘人，誅
　　及嬰孩，所財鎖復百餘。庾亮執之，歸于京都。有司奏聃罪當死，
　　以景獻皇后是其祖姑，應八議。成帝詔曰：「此事古今所無，何八議
　　之有？猶未忍肆之市朝，其賜命獄所。」兄子賁尚公主，自表求解
　　婚。詔曰：「罪不相及，古今之令典也。聃雖極法，於賁何有！其特
　　不聽離婚。」

《宋書》卷九十九〈二凶傳〉：

　　（劉）劭、濬及劭四子偉之、迪之、彬之、其一未有名，濬三子長
　　文、長仁、長道，並梟首大航，暴尸於市。劭妻殷氏賜死於廷尉，
　　臨死，謂獄丞江恪曰：「汝家骨肉相殘害，何以枉殺天下無罪人。」
　　恪曰：「受拜皇后，非罪而何？」殷氏曰：「此權時爾，當以鸚鵡爲
　　后也。」濬妻褚氏，丹陽尹湛之女，湛之南奔之始，即見離絕，故

免於誅。其餘子女妾媵，並於獄賜死。

《南齊書》卷五十〈明七王傳〉：

> （江夏王）寶玄娶尚書徐孝嗣女爲妃，孝嗣被誅離絕，少帝送少姬
>
> 二人與之，寶玄恨望，密有異計。

中國婦女受儒家學說之影響有所謂「三從之義」，〔註 24〕即在家從父、出嫁從夫、夫死從子。故女子的一生皆可謂附屬於男子之下。女子既因婚姻關係從夫家之姓，一旦離婚，與夫脫離婚姻關係，即與夫家無涉，故可不坐。中國出妻，禮法其要有三，一曰違律、二曰義絕、三曰七出。違律者，乃依律不得結婚而違律爲婚者。義絕者，據《白虎通・嫁娶》篇云：「悖逆人倫、殺妻父母，慶絕綱常，亂之大者，義絕，乃得去也。」蓋夫婦之義，有義則合，無義則離。〔註 25〕七出是指無子、淫佚、不事舅姑、口舌、盜竊、嫉妒、惡疾。〔註 26〕前二者是屬強制離婚，若有違犯，法律上是明定要離絕的。至於妻犯七出，夫有權去之，但亦可不去，全視夫意而定，與違律、義絕不同。上述三項是夫出妻的條件，反觀女子便沒有類似的權利，只能用「三不去」來消極的自我保護。《大戴禮》云：「婦有三不去：有所取無所歸，不去。與共三年喪，不去。前貧後富貴，不去。」可見中國古時在男、女離婚條件上的規定是極其不公平的。除了上述單方面所提出的離婚外，尚有屬於夫妻雙方均有權提出的離婚種類：協議離婚與呈訴離婚。協議離婚是經由雙方同意，既屬兩願，便不問原因。〔註 27〕而呈訴離婚既非出於當事人雙方之合意，亦非出於國家之強制；乃是由夫妻一方之要求，由官廳斷其離異。〔註 28〕

上述諸例應該屬於呈訴離婚，除了政治上的現實外，也是避禍的一種權宜之計，意謂與犯罪之家斷絕關係，劃清界線，以免受牽連。夫妻有義則合，無義則離，既經離絕，則義已絕。故婦女在大逆、謀反案中雖是雙重緣坐，但也不是完全沒有免坐的可能，只要適時提出離絕的要求，也是可以因此離而免坐夫家之戮的。反之，夫亦可因離絕而免坐妻家之罪。

毋丘儉案特別突顯出婦女承襲漢法雙重緣坐的不公。婦女婚前坐娘家之

〔註 24〕戴德，《大戴禮》卷十三〈本命篇〉，頁 5～6，收錄於《漢魏叢書》本。

〔註 25〕《漢書》（鼎文書局新校標點本，臺北，民國 63 年）卷八十一〈孔光傳〉，頁 3355。

〔註 26〕有關七出，請參閱陳顧遠，《中國婚姻史》，頁 240～241。

〔註 27〕參閱趙鳳喈，《中國婦女在法律上之地位》，頁 51。

〔註 28〕參閱趙鳳喈，《中國婦女在法律上之地位》，頁 54。

戮,那是身為女兒或同產的關係,但中國婦女有三從之義,透過婚姻的形式,已從屬於夫,並冠上夫家之姓,娘家則視之為異姓人,其在權利的享有上,亦不得比照在室女。〔註29〕但娘家若犯事,出適女卻仍需緣坐,夫家犯法,亦得從坐,這種以一人之身,坐二姓之罪的規定,非但是對出適女的不公,也顯示三從之說在刑法上並未落實。經過程咸上議,曹魏終於廢除婦女雙重緣坐之制。從此,未嫁之女坐娘家之戮,既醮之婦,僅坐夫家之罰,並懸之於律令,以為永制。法律就是發揚正義,維護公平。從公平的觀點來看,這實在是緣坐制度及法制史上的一大進步,同時也可視為三從之說在法律上之落實。

在婦女的緣坐刑罰方面,除了因夷三族而緣坐死刑之外,亦有數例是罰其「徙某地」。如案三、五、十一。三國時期,流徙只是正刑之副,並不是五刑之一,而所徙地點之選定,歷代往往是視其國防上之需要而定,換言之,這些被徙之罪犯,實際上還有徙邊充實國防之利用價值。

綜言之,三國時凡犯謀反、大逆之罪者,幾乎皆夷三族。也正因為如此,謀反、大逆的罪名遂經常在政爭中被當成翦除政敵的最佳手段。又因為罪刑是夷三族,所以三族之內,不論男女皆得受戮,婦女在緣坐刑責上與男子並無太大差異,惟毋丘儉案後,明令出嫁女可以不坐娘家之戮,與其說它是對婦女的優容,倒不如將之視為中國三從之說自古便將出嫁女子視為異姓或外人在法律上的落實。即使如此,從公平主義的觀點而言,這種在法制史上及緣坐制度上的進步,同時又有利於婦女的緣坐新法規,仍舊是值得喝采的。

第二節　兩　晉

司馬炎代魏,從孤兒寡母的手上奪取政權建立了晉朝。觀晉建國之初,內有承後漢以來的政風積弊,百廢待理;外有東吳未滅及戎狄之患。是時之所急者,實非立法,而為行政。〔註30〕然武帝患前代律令本注煩雜,遂下詔修法,命賈充、杜預等十四人就漢九章律增減改易,得律令二千九百二十六

〔註29〕 有關出嫁女及在室女財產的繼承問題,可參閱趙鳳喈,《中國婦女在法律上之地位》,頁11～14;Jennifer Holmgren "*The Economic Foundations of Virtue : Widow-Remarriage in Early amd Modern China*", The Australian Journal of Chinese Affairs 13 (Jan. 1985) , p.p. 1～27。

〔註30〕 呂思勉,《兩晉南北朝史》(臺灣開明書局,臺北,民國58年),頁11。

條，十二萬六千三百言，共六十卷，故事三十卷。〔註31〕於泰始四年（268）
頒行天下，是爲晉律，一稱「泰始律」。晉法秉持的是「事從中典」的原則，
〔註32〕並吸收了漢朝以來儒學家以經義注律的成果。法禮並重的情形下，對
於各類犯罪的法定刑，明顯的較晉以前有所減輕。〔註33〕然而，對於謀反、
大逆、大逆不道等重罪，仍多施以三族刑、族刑、污瀦、腰斬等酷刑，但卻
未作爲刑律中的常例，也未規定在刑律中，而是按不同情況，隨事以詔令處
置，〔註34〕各種刑罰亦有限制性的規定。〔註35〕至於在婦女緣坐的刑罰方面，
較諸前代，晉律中也有一些重要改革，今將兩晉的謀反、大逆案列表於下，
來觀察有關婦女緣坐刑罰上之變化。

案號	時　間	罪名	緣坐婦女身分	案　例　說　明	罪犯身分	資料出處
一	晉泰始八年西元二七二年	謀反	三族婦女	泰始八年（272），汶山白馬夷侵掠諸族，益州刺史皇甫晏出兵擊之，牙門將張弘懼畏故眾，遂誣晏反，殺之，並縱兵抄掠。廣漢太守發兵斬弘，夷其三族。	官	《晉書》卷三〈武帝紀〉
二	晉永平元年西元二九一年	謀反	三族婦女	太傅楊駿以國舅之親，武帝臨終前特囑託爲顧命大臣。惠帝后賈南風素忿怨楊皇太后，又忌后父楊駿執政，遂誣駿欲爲亂，並使楚王瑋與東安王繇誅駿，夷其三族，惟全后母高都君龐氏之命，聽就后居止，並廢楊皇太后爲庶人，詣金墉城。稍後，又將其母龐氏付廷尉行刑，並絕楊后膳，后因以崩。	官	《晉書》卷四十〈楊駿傳〉
三	晉永康元年西元三〇〇年	謀反	三族婦女	賈后廢太子遹，趙王倫、孫秀等人初欲迎太子復位，後又忌太子英明剛猛，遂使計勸賈后殺太子以絕眾望。賈后乃矯詔，使人殺廢太子遹於許昌，但礙於張華、裴頠等人，遂先翦除朝望，殺張華、裴頠等，并夷三族。	官	《晉書》卷三十六〈張華傳〉

〔註31〕《晉書》卷三十〈刑法志〉，頁927。
〔註32〕《晉書》卷三十〈刑法志〉，頁927。
〔註33〕參見《晉書》卷三十〈刑法志〉，頁927。
〔註34〕參見寧漢林，《中國刑法通史》第四冊，頁29。
〔註35〕參見《晉書》卷三十〈刑法志〉，頁929。

四	晉永康元年西元三〇〇年	謀反	解系妻解結女	張華、裴頠之被誅，孫秀以宿憾收解系、解結兄弟，解系之妻遭戮，解結之女亦坐死，據此，解氏兄弟至少也是族誅之刑。	官	《晉書》卷六十〈解系傳〉
五	晉永康元年西元三〇〇年	謀反	三族婦女	趙王倫殺張華、裴頠等人後，一依司馬宣王、文王輔晉故事，置掾屬二十人。至此，百官總己均聽命於倫，倫又與孫秀有異志，於是淮南王允乃陰養死士謀奪其兵權。倫、秀素忌憚允，永康元年（300）八月，轉允爲太尉，以示優崇。允稱疾不拜，秀乃矯詔稱允大逆不敬，允怒，率兵圍相府，昱日，帝遣伏胤持白虎幡以解鬥，伏胤被倫子虔收買，殺允。其子郁、迪亦見殺，坐夷滅者數千人。前衛尉石崇有愛妾綠珠，孫秀嘗求之，不得，遂有嫌隙。秀又嘗爲黃門郎潘岳之小吏，屢遭鞭撻，故而懷恨在心。而歐陽建爲石崇外甥，素與秀不合，秀趁機公報私怨，三人並見誅，夷三族。	官 司馬允爲宗室	《晉書》卷五十五〈潘岳傳〉
六	晉永康二年西元三〇一年	亂政	三族婦女	趙王倫、孫秀謀廢賈后之初，即以此事陰告通事令史張林，及倫滅淮南王允，加九錫後，張林亦並居顯要。永康元年（301），孫秀使義陽王威兼侍中，出納詔命，矯詔禪讓。左衛王輿與前軍司馬雅等人更率甲士入殿，喻令三部司馬不得動。其夜，張林並屯守諸門，由義陽王威及駱休等人逼奪天子璽綬予倫。倫僭位後，張林等諸黨皆登卿相，位列大封。可見張林實爲倫之黨羽，因與孫秀有隙而見殺，夷三族。	官	《晉書》卷五十九〈趙王倫傳〉
七	晉永寧元年西元三〇一年	謀反	三族婦女	淮南王允敗滅後，趙王倫加九錫，增封五萬戶，並以孫秀爲侍中、輔國將軍。倫旋又潛即帝位，改元建始。時齊王冏、河間王顒、成都王穎並擁強兵，各據一方，三王起兵討倫。倫才智素平庸，無計謀，受制於秀，政均由秀出。秀知眾怒難犯，「或欲收餘卒出戰，或欲焚燒宮室，誅殺不附己者，挾倫南就孫旂、孟觀等，或	司馬倫、司馬蕤爲宗室。王輿爲官。	《晉書》卷四〈惠帝紀〉

				欲乘船東走入海，計未決。」王輿反，率營兵七百人入宮，自往攻秀，左衛將軍斬秀以徇，輿又使倫爲詔迎惠帝入宮復位，倫及諸子付獄考竟，與倫逆謀大事者皆伏誅，王輿則以功免。倫既誅，論功行賞，齊王冏拜大司馬，都中外諸軍事，加九錫之命，備物典策，一如宣、景、文、武輔魏故事。成都王穎爲大將軍，錄尚書事，河間王顒爲太尉。及成都王顒以母疾歸藩後，冏於是輔政，然冏沈溺於酒色，不入朝見，選舉不均，惟寵親昵，驕咨日甚，致使海內大失所望。冏兄東萊王蕤遂與王輿謀廢冏，事泄，蕤免爲庶人，輿伏誅，夷三族。	
八	晉永寧二年西元三○二年	謀反	三族婦女	司馬冏當權後，驕恣日甚，翊軍校尉李含奔河間王顒，詐云受密詔，使顒誅冏，並導以利誘，顒遂從之，上表陳言欲勒兵十萬與州征並協忠義共會洛陽，請以長沙王乂廢冏還第，以穎代冏輔政。顒又以李含爲都督，率張方等趨兵討冏，後冏兵敗，被斬於閶闔門外，諸黨屬皆夷三族。朝局歸於成都、長沙二王之手。	宗　室	《晉書》卷五十九〈齊王冏傳〉
九	晉太安二年西元三○三年	謀反	三族婦女	陸機祖爲孫吳丞相陸遜，父乃名將陸抗，三世爲將。成都王穎與河間王顒發兵討長沙王乂，以陸機爲後將軍、河北大都督，督軍二十餘萬人，列軍自朝歌至河橋，軍容之壯，漢魏以來未之有也。長沙王乂與機戰於鹿苑，結果機屬下不受節度，機軍大敗，死傷無數，宦人孟玖遂譖機有異志，穎怒，收機而誅之，夷三族。	官	《晉書》卷五十九〈成都王穎傳〉
十	晉永嘉元年西元三○七年	謀反	三族婦女	陳敏是吳地廬江人，帝幸長安時，四方交爭不已，敏已有異心。及中州大亂，敏遂趁機據有江東，并假江東首望顧榮、周玘等四十餘人爲將軍、郡守，同時與甘卓爲婚姻，相爲表裡。僅賀循、朱誕等人不豫其事。華譚聞敏自相署置，榮等又悉授敏官，乃遣書與榮陳述陳敏與顧、周等	官	《晉書》卷五十八〈周處傳〉

			人階級性之不同,並剖析利弊得失,榮、玘等人一向懼禍,於是又說甘卓,卓遂叛敏。陳敏一旦失去了江東豪宗大族之支持,便失去了支持建立政權的力量,很快便為義兵所斬,母、妻、諸弟皆伏誅,同黨並夷三族。		
十一	晉咸和元年西元三二六年	謀反	司馬宗妻	南頓王司馬宗為汝南王司馬亮第四子,元帝渡江承制後,委宗為平東將軍。及明帝踐祚,轉左衛將軍,與虞胤俱為帝所昵,掌管禁旅。當時朝望以王導、庾亮居首,宗與導、亮志趣相異,遂連結輕俠,以為腹心,然宗以宗室故,帝每容之。及帝疾篤,亮流涕言宗、胤欲為亂,轉宗為驃騎將軍,胤為大宗正,宗遂形怨望於外,咸和初,鍾雅告宗謀反,為胤所殺。因宗具有宗室身分,姓的是天子家姓,為了懲其罪,除了加諸身上的具體刑罰外,更剝奪其家象徵身分階級榮譽的國姓,貶其族為馬氏。宗原為帝室近屬,其兄羕又為國族元老、先帝保傅,故宗雖以謀反之名遭誅,卻未夷三族,僅廢其家屬為庶人,並徙妻、子於晉安。	宗室	《晉書》卷五十九〈汝南王亮傳〉
十二	晉太和六年西元三七一年	謀逆	晃之婦女家屬、殷涓之家族婦女	桓溫廢海西公,立簡文帝,謀更進一步剪除朝中強宗及大臣勢力。殷浩死,溫使人弔唁,浩子涓不答,而與武陵王晞同遊。晞有武幹,頗為溫所忌,溫遂表晞聚納輕剽,苞藏亡命。當時廣州刺史庾蘊亦與溫有隙,而庾、殷俱強宗,溫遂使其弟桓秘逼新蔡王晃自陳欲與晞、殷涓、庾倩等人謀反。溫乃執諸人詣廷尉,三家家屬徙新安,晃廢為庶人,徙衡陽。	司馬晃及司馬晞為宗室。殷涓、庾倩等為官。	《晉書》卷六十四〈元四王傳〉

　　兩晉對於大逆、謀反的處刑一如三國,律文中並未有明確的規定,而是以詔令處置。但上表顯示西晉對於大逆、謀反的處刑,仍是以夷三族為主。其間或有未夷三族者,如司馬允、司馬蕤、司馬冏、司馬倫及司馬宗等,主因是他們都具有宗室的身分。雖然大逆、謀反之罪並不在八議之限,但皇帝

下詔時，不得不考量其爲皇宗，而對他們特別優容。東晉時，不見夷三族之案例，史文所載，僅見殷涓遭族誅，但未說明是夷幾族？姑不論其夷幾族，在東晉一百餘年的歲月中，只見此族誅之例，嚴格說來，殷涓一族是死在桓溫之手，並非晉帝之手，可見，東晉其實已幾乎未再夷三族，這其間的**轉變**頗值得注意。

在十二個大逆、謀反的案例中，西晉居十，東晉居二。而在十個西晉的案例中，有八個都是跟賈后及八王之亂的政爭有關，其中案四、案五及案九又都是公報私仇的產物。政爭中得勢的一方，往往趁機給失勢的一方按上個大逆、謀反的罪名，名正言順地將政敵剷除，以減少妨礙自己掌權的阻力，遂掌權之目的。然而，西晉儘管政爭頻繁，但領土大致尚稱完整，表面上也還能粉飾太平。永嘉亂後，北方半壁江山爲胡人所吞，東晉偏安江左延續晉室政權，靠的是中原南下世族及江左大姓的支持。〔註36〕尤其是江左大姓的支持，更是決定晉室能否在江東立足的關鍵。所以，晉室南渡之後，一改從前排擠、輕視吳人的作風，〔註37〕積極拉攏吳地大族，〔註38〕政策的制定與取向，也是以世家大族的利益爲依歸。故東晉時期，不管政治、社會、學術、經濟各方面實際的掌控者都是世家大族。在這種外有胡人壓境，內有世家大族掌控的情形下，東晉這個弱勢政權在政治上的表現也不免懦弱。

東晉朝廷爲了維持偏安的局面，尋求內部的和諧，也就較少用激烈的手段去剷除政敵。這也是爲了累積政治資本，以抗衡外敵的較佳選擇。西晉末年，懷帝於永嘉元年（307）正月詔除三族罪，〔註39〕其除三族罪眞正的原因史書未載，可能是有鑑於三族罪太過殘酷，牽連太廣，亦有可能是因爲當時民族問題日益嚴重，內政上的問題反倒顯得次要，〔註40〕爲了保留對抗外敵的政治資本，也爲了維繫國內的和諧，故廢除三族刑。而陳敏於同年二月兵敗，敏及其同黨卻皆遭夷三族，可知事實與行政命令是常有出入，名不符實的。

〔註36〕參閱陳寅恪，〈述東晉王導之功業〉，收錄於《陳寅恪先生論文集》（一）。

〔註37〕西晉時期，吳人在朝爲官者少，而且頗受排擠、輕視。《晉書》卷六十八〈賀循傳〉：著作郎陸機上疏薦（賀）循曰：「……臣等思臺郎所以使州，州有人，非徒以均分顯路，惠及外州而已。……至于荊、揚二州，戶各數十萬，今揚州無郎，而荊州江南乃無一人爲京城職者，誠非聖朝待四方之本心。……」

〔註38〕參閱陳寅恪，〈述東晉王導之功業〉，收錄於《陳寅恪先生論文集》（一）

〔註39〕《晉書》卷五〈孝懷帝紀〉，頁116。

〔註40〕參閱寧漢林，《中國刑法通史》第四冊，頁56。

在婦女緣坐方面，晉代有鑑於三國時毌丘儉案，特於律法中明定謀反、大逆案中緣坐之婦女於適養母及出嫁女不坐。〔註41〕解系兄弟被誅後，又進一步將免坐範圍擴及許嫁女身上。

《晉書》卷六十〈解系傳〉：

> 時孫秀亂關中，（解）結在都，坐議秀罪應誅，秀由是致憾。及（解）系被害，結亦同戮。女適裴氏，明日當嫁，而禍起，裴氏欲認活之，女曰：「家既若此，我何活爲！」亦坐死。朝廷遂議革舊制，女不從坐，由結女始也。

解系之女本明日當嫁，僅一日之差，身分上仍爲在室女，晉初雖已革適養母、出嫁女從坐之條，但許嫁女尚不包括在內，故解系之女仍應坐死。又其夫家裴氏原欲認活之，惟解女不肯，遂坐死。觀前述三國曹魏王淩案、毌丘儉案及此案，緣坐女眷若經相關親屬官蔭、表活，亦往往可以貸其死。本案之後，朝議：女不從坐。惟此規定是指在室女均不從坐，抑或僅許嫁女不從坐，尚有待考證。然觀唐、宋、明、清律中均有關於許嫁女不從坐之文，推想此案中之「女不從坐」，或當指許嫁女而言，又唐以後許嫁女不坐之規定，或即緣於此吧！若朝議果眞規定許嫁女可不必從坐，則這個新規定代表法律上承認許嫁（訂婚）的效力，女雖未婚，但身分已屬夫家，故娘家有罪，可以不坐。反之，夫家有罪，女亦不坐，蓋以其未成婚也。〔註42〕許嫁女因爲身分上的特殊，成爲夾縫中的實際受惠者，既不坐娘家之罪，亦不坐夫家之罰。

潘岳之誅，時在解氏兄弟之後，潘岳己出之女，無長幼一時俱害。可見其女不止一人，按《晉書》卷五十五〈潘岳傳〉並不見岳之出生年月，但傳云：「泰始中，武帝躬耕藉田，岳作賦以美其事。」〔註43〕時在泰始四年（268），若以潘岳年齡爲十八歲計算，至死（永康元年）（300）已年屆五十，又以其二十五歲生長女來推算，其長女於岳死時，至少已有二十五歲，早已過婚嫁之齡，〔註44〕據此研判，其女應已有適人者，若果眞如此，按律出嫁女及許嫁女均可不坐娘家之罪，但潘岳己出之女，長幼一時俱害，這顯示法律條文之具，只是通則，實際執行情形與律文常有不符之情形，亦可見政治上之迫

〔註41〕參見《晉書》卷三十〈刑法志〉，頁 927。

〔註42〕陳鵬，《中國婚姻史稿》，頁 635。

〔註43〕見《晉書》卷五十五〈潘岳傳〉，頁 1500。

〔註44〕魏晉以還，中原鼎沸，賦役繁苛，男女嫁娶，亦復不易。武帝令：「女年十七，父母不嫁者，使長吏配之。」

害往往是無所不用其極。

東晉明帝於太寧三年二月復三族刑，惟不及婦人，東晉百餘年間，僅見殷涓族誅，但礙於史料缺乏，殊難知殷涓之族誅是否爲三族刑，亦不知殷氏婦女之受刑情形。故對婦人不施三族刑的實際執行情形持保留態度。

總之，兩晉時期謀反、大逆的案例，仍是以三族刑爲主，間或有幾個個案未夷三族，然此類案件之犯案者的身分均爲皇親，以其爲宗室故，特見優容。上述十二個案例中，絕大多數都是政爭下的產物，由此可知兩晉時期一如三國，依舊經常將大逆、謀反的罪名用做政爭中翦除異己的最佳手段。東晉時，百餘年間僅殷涓族誅，可見三族刑已有明顯減少的**趨勢**。雖然西晉懷帝曾一度下詔廢除三族刑，實際上，卻未曾稍廢。故東晉明帝時再度復三族刑，惟不施於婦人，但實際執行情形卻史無可稽。

觀兩晉之世，前後一百五十餘年間，婦女緣坐從出嫁女不坐娘家之戮，至許嫁女不坐，再至不族三族刑於婦人，其進步的幅度不可謂不大，婦女在三族刑的緣坐刑責上，有逐漸減輕之**趨勢**，且已明顯地較男子爲優容，但實際的實行成果是否如詔令所示，則就有待商榷了，因爲實際情形與政令之間是常有出入的。但至少在條文上，婦女緣坐的刑責，在兩晉之世已有大幅度的減輕。

第三節 南 朝

東晉偏安江左，以清談相尙，故名法刑律之學在江東無甚發展。當此之時，中原之律學實南衰而北盛。劉氏篡晉之後，在刑律方面仍承晉故。陳律亦沿用晉律，南齊武帝嘗欲令王植之刪正晉張裴、杜預舊律，卻未施行，故唐志中所載之永明八卷不過是考證舊著，實則並未定律也。〔註45〕至於梁律，據隋書刑法志載乃「損益（王）植之舊本，以爲梁律。」〔註46〕而陳律雖「稍求得梁時明法吏，令與尙書刪定郎范泉，參定律令。又敕尙書僕射沈欽、吏部尙書徐陵、兼尙書左丞宗元饒，兼尙書左丞賀朗參知其事，制律三十卷，令律四十卷。」〔註47〕但究其實「篇目條綱，輕重簡繁，一用梁法。」〔註48〕

〔註45〕 程樹德，《九朝律考》，（臺灣商務印書館，臺北，民國52年），頁363。
〔註46〕 《隋書》卷二十五〈刑法志〉，頁697。
〔註47〕 《隋書》卷二十五〈刑法志〉，頁697。
〔註48〕 《隋書》卷二十五〈刑法志〉，頁697。

故程樹德謂「今以律目相較，梁律篇目均與晉同，惟刪去諸侯一篇，增置倉庫一篇。陳律篇目全與梁同，是梁、陳兩朝之律，質言之即晉律之張、杜舊本……梁、陳雖間有增改而大體仍晉律之舊。」〔註49〕換言之，宋、齊、梁、陳四朝的刑律均本諸晉律，無大更改。雖是如此，隨著時代環境之不同，在大逆、謀反的案件上，南朝的刑罰與三國、兩晉時期不乏同中有異之處。現就所搜集的案例來分析其中同異。

據史文觀之，南朝雖然不乏大逆、謀反的事實，但極少有提及婦女緣坐者。這可能是史家因個人的史觀差異，認為有關婦女的史實不足為要，故而失載，亦可能是在這些案例中，婦女的確未坐，不論原因為何？都使得許多的例子無法在此討論，亦無法推測在這些案例中，婦女的緣坐刑罰為何。今僅得與婦女緣坐有關的六個例子，且均為劉宋時期的案例，而闕齊、梁、陳的實例。或許僅以劉宋一朝的案例來代表南朝大逆、謀反案例的一般情形是有失嚴僅，但這些例子中至少可以對南朝大逆、謀反案例及婦女緣坐的粗略情況提供一個聊備一格的參考。

案號	時　間	罪名	緣坐婦女身分	案　例　說　明	罪犯身分	資料出處
一	宋元嘉廿二年西元四四五年	謀反	義康女	彭城王義康於元嘉六年（429）以後，因司徒王弘多疾，諸事多推讓義康，形成義康執政之局面，義康頗留心庶政，本可有一番作為，惟受劉湛左右，元嘉十三年（436）又枉殺劉道濟，更是令朝野失望。文帝羸疾經年，義康悉心營奉，內外大事皆取決義康，實貴不可言。自是，以兄弟至親，漸失人臣之禮，遂致上意不平，司徒左長史劉斌、大將軍從事中郎王履、主簿劉敬文、祭酒孔胤秀等人欲擁立義康，於是形成主相對立之勢。文帝採殷景仁建議欲裁抑義康，先後誅殺劉湛、劉斌、孔胤秀等八人，黜義康為江州刺史，義康至此僅虛有掌政之名。元嘉二十二年（445），范曄等人以為義康應為天子，謀於帝宴武帳岡時作亂，為徐湛之密告，帝乃命有司收范曄、謝綜等人誅之，免義康為庶人，徙安城郡。元嘉二十八年	義康為宗室。范曄等則為官。	《宋書》卷六十八〈武二王傳〉

	時間	罪名	緣坐對象	事略	身分	出處
				（451），魏軍寇瓜步，上慮異己者奉義康爲亂，遣人齎藥賜死，義康不肯服藥，遂以被捃殺之。		
二	宋元嘉三十年西元四五三年	大逆	家中婦女妃妾	太子劉劭、始興王濬與女巫嚴道育共爲巫蠱，文帝大怒，遣使切責劭、濬，但劭、濬仍暗中與道育往來，帝遂有廢劭殺濬之意。劭知悉後，與腹心陳叔兒、張超之等數十年弒帝及江湛、徐湛之於合殿。時江州刺史武陵王駿遂與沈慶之等人起兵討逆，並於三月己巳即皇位於新亭。五月丙子，劭兵敗被執，旋殺之，男女妃妾一皆從戮。	宗室	《魏書》卷九十七〈劉裕傳〉
三	宋大明三年西元四五九年	謀反	誕之朞親婦女	竟陵王誕，乃文王第六子，文武北伐時，諸路皆敗，唯誕進克弘農、關陝。太子劭弒帝，誕亦舉兵討逆，義宣之叛，誕力主不可奉迎，對穩定大局有非常之功。孝武素惡宗室弘盛，而誕恃其三建大勳，廣蓄甲兵，孝武深以爲忌。後誕鎮京口，孝武仍倍感威脅，頗有芒刺在背之感，復因孝武閨門無禮，穢聞頻傳，人心多向誕而輕孝武，大明三年，或言誕反，孝武欲除誕，一則令有司奏誕之惡，一則派垣閬，配以羽林軍，以鎮地方爲名，與給事中戴明寶謀襲誕，事爲誕所悉，擊殺垣閬，朝廷乃派沈慶之將兵討誕。七月二日，殺誕，傳首京師，葬廣陵，貶姓留氏，同黨、朞親並誅之，母、妻自殺，並殺城內男爲京觀，女口爲軍賞。屠戮至慘。	宗室	《宋書》卷七十九〈文五王傳〉
四	宋大明三年西元四五九年	謀反	峻妻	孝武即位以後，傾府藏大興土木，又重鑄四銖錢，但所鑄錢形式薄小，輪廓不成，致民間盜鑄風熾，雜以鉛錫，影響經濟甚巨。且孝武畏宗室弘盛，又不欲權落臣手，故繼文帝之後更大力削弱晉末以來極具權勢的尚書省，義宣之變後，孝武趁勢省錄尚書官，又於大明二年（458）下詔分吏部爲二，省五兵尚書，權勢漸漸移轉至中書舍人手中。孝武爲獨攬大權，以心腹戴法興、戴明寶、巢尚之等人爲中書通事舍人，三人權重一時。顏竣先後針對時弊屢屢上書，諫爭懇切而無所迴避，致使上意不悅，欲除之	官	《宋書》卷七十五〈顏峻傳〉

				而後快，竟陵王誕爲逆，孝武趁機陷害，於獄賜死，妻息宥之以遠。		
五	宋泰始二年西元四六六年	謀反	子勛母	前廢帝生性淫暴，又以爲文、武二帝皆行三，起兵而得國，故深惡同爲行三之晉安王子勛，遂遣朱景雲賜子勛死，子勛長史鄧琬知悉，乃與子勛決計以江、雍二州爲主起兵，以袁顗、鄧琬二人爲謀士。是時，民間謠傳湘中將出天子，廢帝乃欲誅湘東王彧，結果先爲壽寂之等人所殺，建安王休仁遂奉彧即帝位，是爲明帝。鄧琬乃傳檄建康，責明帝竊位，並奉子勛即帝位於尋陽。初時，各州刺史多附尋陽。湘東所保，僅丹陽、淮南等數郡。然而，鄧琬、袁顗實非幹才，鄧琬復賣官鬻爵，重事小人，致內外離心，後爲沈攸之所敗，斬子勛及其母，同黨亦皆夷滅。	宗室	《宋書》卷八十〈武十四王傳〉

上述五例，全部都是政爭下的產物，其中僅顏竣一案是因爲諫諍懇切，引起上意不悅而受刑。另外四例犯案者之身分都是宗室，這是宗室爭權的鬥爭。通常政局愈是動盪不安，國家爲鎮壓亂事，防範措施也愈爲嚴密，誅殺愈爲慘酷。南朝雖然政局不穩，卻不見三國、西晉時期動輒夷三族之例。這若非是史家失載，就是緣坐之刑已大幅較前減輕。在前一節中論及東晉以來鮮有族誅之刑，大逆、謀反之緣坐已明顯減輕，南朝承東晉以來之**趨勢**，但減輕之勢又較東晉更爲明顯。

劉宋以後，士族在軍權上已開始衰退，〔註50〕南朝皇帝鑑於東晉皇帝都無力直接駕御軍隊而勢弱，遂大量任命宗室子弟爲州牧，欲藉此掌握軍權。〔註51〕這或許就是上述政變多爲宗室子弟所發動的原因。又因其爲宗室故，夷三族之刑必定牽連其他無辜宗室子弟，在同爲皇族的考量下，因此不用三族刑。這只是推測的可能原因之一。總之，南朝在大逆謀反的緣坐刑責上，幾乎已不見三族刑，是緣坐之刑明顯地較前減輕了。而不施三族刑於婦人，

〔註50〕 毛漢光，《兩晉南北朝士族政治之研究》（中國學術著作獎助委員會叢書之十七，臺北，民國 55 年），頁 356。

〔註51〕 毛漢光，〈五朝軍權轉移及其對政局之影響〉，見《清華學報》（新）八卷一、二期，1970 年，收錄於氏著《中國中古政治史論》（聯經出版事業公司，臺北，民國 79 年）。

在南朝對婦女並無實際利益。

東晉太寧三年（325）明帝下詔復三族刑，惟不及婦人。三族刑尚且不及婦人，更遑論非三族刑的案子了。劉宋沿晉律，然觀案二及案三，劉劭家屬、妃妾一皆從戮，劉誕碁親並誅之，可見婦女亦不得免死，太寧三年的詔令在南朝極有可能並非定制，否則就是法律無法落實，再次證明法律之規定形同具文，而緣坐之刑往往因不同的時空、人物、政情而有輕重不同的處置。至於劉誕之反，牽連所及，誅殺城內男為京觀，女口為軍賞，此乃濫殺，是亂，已非法律規定內的緣坐，不可以緣坐視之。又晉安王子勛一案，雖然鄧琬等人是以子勛之名反，然子勛死時年僅十一，幼沖之齡當不致有太大的政治野心，極有可能是受人利用，以其年幼，其母為主，故鄧琬之敗，子勛母亦坐死。

按照正史文字上的記載來看，宋、齊、梁、陳四朝前後一百七十年中，不見族誅之刑的記載，但這並不意味著大逆、謀反的情事相對的減少。事實上，由於南、北政權的對立，這一類的事件及叛亡的情形較前更嚴重。這可以從南朝邊將入質情形之普遍看出端倪。人質制度往往是在政治互信不夠的情況下應運而生的一種權宜的保障措施。有關這個問題因不在本章的討論範圍內，故不在此討論，下文當詳論。總之，南朝的大逆、謀反事件並不見減少，然而四朝均可謂承襲晉朝的刑法體系，族誅之刑卻不記載，這並非開始意識到此種刑罰的殘酷、不人道。在南朝政權的爭奪戰中，弒父、弒兄都在所不惜，〔註52〕篡弒之事亦頻頻上演，政治倫理淪喪若此，又豈會顧及對待大逆、謀反等異己者的人道與否？最為可能的原因是刑法的減輕，當然為了對抗北方外族的入侵，安內也相對地重要起來，故在政敵的剷除上手段可能較前溫和，對付異己者，也儘量從寬，以爭取更多的政治資源。南朝後期，一再地對叛逆者施惠，〔註53〕可能就是為安撫政情，這或許就是南朝之所以絕少族誅的原因。在婦女的緣坐方面，因為三族刑在南朝的匿跡，婦女因緣坐致死的人數也相對地減少了。

〔註52〕《魏書》卷九十七〈劉裕傳〉：時人為之語曰：「遙望建康城，小江逆流縈，前見子殺父，後見弟殺兄。」
〔註53〕《陳書》卷五〈宣帝紀〉：（太建五年）（573）十二月壬辰朔，詔曰：「古者反噬叛逆，盡族誅夷，所以藏其首級，誡之後世。比者所戮止在一身，子胤或存，梟懸自足，不容久歸武庫，長比月支。惻隱之懷，有仁不忍。維熊曇朗、留異、陳寶應、周迪、鄧緒等及今王琳首，並還親屬，以弘廣宥。」

第四節　北　朝

　　北魏以遊牧部族，趁五胡擾攘之際，跨據中原。統一華北之後，實行漢化。在法制方面亦然，先後於太祖、世祖、高宗、世宗朝五次定律令。「北魏之初入中原，其議律之臣乃山東士族，頗傳漢代之律學，與江左之專守晉律者有所不同，及正始定律，既兼采江左，而其中河西之因子即魏晉文化在涼州之遺留及發展者，特為顯著，故元魏之刑律取精用宏，轉勝於江左承用之西晉舊律。」〔註54〕世祖定律實出於崔浩、高允之手，崔浩長於漢律，高允尤好春秋，而後律學又代有名家，太和中更是聚眾賢於一堂來修定律令。〔註55〕魏初承喪亂之遺，立制頗為嚴峻，高祖改律將死刑止於三等，永絕門誅之制，中葉以後，更明文禁屠孕婦，以為永制。〔註56〕較諸南朝刑律，北朝流徙具列刑名、死罪分斬、絞，並將十惡入律，此皆與南朝迥異者。元魏刑律實為北朝諸律之嚆矢。

　　大抵而言，北朝諸律優於南朝，其中又以齊律最為史家所稱，蓋承襲北魏刑律復加以演進所致。〔註57〕「清河三年，尚書令趙郡王叡等，奏上齊律十二篇：一曰名例，二曰禁衛，三曰婚戶，四曰擅興，五曰違制，六曰詐偽，七曰鬥訟，八曰賊盜，九曰捕斷，十曰毀損，十一曰廄牧，十二曰雜。其定罪九百四十九條，又上新令四十卷，大抵採魏晉故事。……是後法令明審，科條簡要，又敕仕門之子弟，常講習之。齊人多曉法律，蓋由此也。」〔註58〕至於不可定法者，特制權令二卷，其後又制別條權格，施用於須有約罪，而律無正條之情況，二者皆與律並行。〔註59〕北魏、北齊乃至隋唐律實為一系相承之嫡統，而與北周無涉。〔註60〕北齊律令今雖亡佚不載，然北齊律中諸多刑律之輕重與唐律同，故程樹德謂「讀唐律者即可因之推見齊律，而齊律於是乎為不亡矣。」〔註61〕至於周律，據隋書刑法志載「大統元年，命有司

〔註54〕陳寅恪，〈隋唐制度淵源略論稿〉，收錄於氏著《陳寅恪先生文集》（二），頁100。

〔註55〕參閱程樹德，《九朝律考》，頁309。

〔註56〕參閱程樹德，《九朝律考》，頁400。

〔註57〕陳寅恪，〈隋唐制度淵源略論稿〉，收錄於《陳寅恪先生文集》（二），頁112。

〔註58〕《隋書》卷二十五〈刑法志〉，頁705～706。

〔註59〕《隋書》卷二十五〈刑法志〉，頁706～707。

〔註60〕陳寅恪，〈隋唐制度淵源略論稿〉，收錄於《陳寅恪先生文集》（二），頁115。

〔註61〕參閱程樹德《九朝律考》，頁461。

斟酌今古通變，可以益時者，爲二十四條之制，奏之。七年，又下十二條制。十年，魏帝命尙書蘇綽，總三十六條，更損益爲五卷，班於天下。其後以河南趙肅爲廷尉，撰定法律。肅積思累年，遂感心疾而死。乃命司憲大夫託拔迪掌之。……至保定三年三月庚子乃就，謂之大律，凡二十五篇……大凡定法一千五百三十七條，班之天下。其大略滋章，條流苛密，比於齊法，煩而不要。」〔註62〕又據程樹德《九朝律考》云：「今以隋志所載者考之篇目、科條、（周律）皆倍於齊律，而祀享、朝會、市廛三篇爲晉魏以來所未見，意皆刺取天官、地官、春官諸文資其文飾，其餘則多又沿晉律，今古雜揉，禮律凌亂，無足道者。」誠然，較諸魏、齊律，周律無疑地是過於繁雜，然而周律中，許多民族習慣法的被採用，也是值得注意和研究的。

　　在北魏、北周、北齊三朝前後二百餘年的統治中，共有十五個跟謀反、大逆相關連的案例，可供研究婦女緣坐的情形。

案號	時　間	罪名	緣坐婦女身分	案　例　說　明	罪犯身分	資料出處
一	魏天賜六年西元四〇九年	大逆	紹　母	道武愛獻明皇后之妹，殺其夫而納之，生子紹。紹性兇狠險悖，不遵教訓，道武嘗懸之井中，垂死方出。而其母賀氏有譴，帝幽之於宮，欲殺之，會日暮，未決，是夜，紹與左右弒帝，朝野群情不安，先是太子嗣潛逃在外，聞變乃還，賜紹母子死殺亂黨數十人。	宗室	《魏書》卷十六〈道武七王列傳〉
二	年不詳西元四三〇年左右	謀反	三族婦女	時太武帝議伐蠕蠕，劉潔力主廣農積穀，以待其來。後太武探崔浩之議伐蠕蠕，劉潔恨其計不爲所用，乃矯詔令諸將不至，右不欲景穆擊蠕蠕，停軍鹿渾谷六日，致士卒多死漠中，並使計勸帝還師，太武不從，潔以軍行無功，欲歸罪於崔浩，然太武未釆其奏。旋矯詔事發，帝於五原幽之，復因圖讖事，遂與秋鄰、張嵩皆夷三族。	官	《魏書》卷二十八〈劉潔傳〉
三	魏太平眞君六年西元四四五年	謀反	婦女家屬	《魏書》列傳中無郝溫傳，礙於史料的缺乏，無法詳「郝溫反」之原因，只能含混地知道太平眞君六年（445）三月，郝溫反於杏城，爲縣吏蓋鮮率宗族討伐，溫棄城而走，後郝溫自殺，家屬伏誅。	官	《魏書》卷四〈世祖紀〉

四	魏太平眞君十一年西元四五○年	謀反	崔浩之族婦女、浩姻親之族婦女	清河崔氏在北方世族中可謂門望最高者，視之爲北方世族之龍首亦不爲過，而崔浩一房又是崔氏族中的顯房，因此，崔浩實爲北方漢人世族之代表，而浩歷仕道武、明元、太武三朝，是三朝皇帝甚所依重之人。有關誅浩的原因，據魏書盧植傳云：是浩欲「齊整人倫，分明姓族」。總之，崔浩之誅，牽連甚廣，河東大姓遭牽連坐夷滅者甚眾。先是，世祖下令「自浩已下，僮吏已上百二十八人皆夷五族。」幸賴高允冒死上奏，卒改爲浩滅族，餘皆身死。從崔浩之姻親「盡夷其族看來，崔浩之誅，緣坐者絕不在五族以下。」	官	《魏書》卷三十五〈崔浩傳〉
五	魏正平二年西元四五二年	大逆	三族婦女	太武帝雄才大略，奠下了北魏統一的基礎，正平二年（452）二月，太武暴崩，實爲中常侍宗愛所弑。尚書左僕射蘭延以高宗沖幼，欲立長子秦王翰。宗愛素惡秦王而與吳王余較近，乃設計殺蘭延及秦王翰，立余，余以愛爲大司馬、大將軍、太師、都督中外諸軍事，領中祕書，封馮翊王。而愛專咨日甚，余頗患之，欲謀奪其權，愛又使人弑余，殿中尚書源賀等人乃奉濬即位，執愛、周殺之，夷三族。	閹官	《魏書》卷九十四〈閹官傳〉
六	魏太和二十年西元四九六年	謀逆	穆泰妻	孝文決意南遷，而太子恂不樂南遷，欲奔代就穆泰，未果，被廢，尋賜死。穆泰、陸叡不自安，圖謀日亟，先後欲擁南安王、陽平王、樂陵王。後爲陽平王告變，事發，參與謀亂者竟達百餘人。本案中，元丕、陸叡都曾受不死之詔，故在案發後陸叡可免孥戮，然妻子徙遼西，而元丕後妻與二子可聽隨，隆、超母弟及餘庶兄弟則徙敦煌。	官	《魏書》卷四十〈陸俟傳〉同書卷十四〈神元平文諸帝子孫列傳〉
七	年不詳約西元五四○年後	謀逆	爾朱文暢一房婦女	爾朱文暢貴爲皇族，卻招致賓客，窮奢極侈，與丞相司馬任冑、主簿李世林、都督鄭仲禮、房子遠等深相愛狎，外示杯酒之交。又趁正月十五高祖觀打竹簇之戲時，謀逆爲亂，爲任氏家客薛季孝告高祖，問皆具伏。以其姊寵故，止坐文暢一房。	官	《北齊書》卷四十八〈外戚傳〉
八	年不詳約西元五五○年後	謀反	崔季舒之妻、女、子婦及他	崔季舒等人以壽春被圍，皇帝車駕將適晉陽，畏避南寇。爲避免人情騷動，季舒等人諫止向并，實無致死大罪，然而	官	《北齊書》卷三十九〈崔季舒傳〉

			婦女家屬	北齊政權胡化程度極深，對於漢人也頗爲鄙視，一旦扯上種族的複雜情緒，就變成了「未必不反」的政治事件。故季舒等六人處斬，家屬徙北邊，妻、女、子婦配奚官，小男下蠶室。		
九	周孝閔帝元年西元五五七年	謀反	趙貴、万俟幾通、叱奴興、王龍仁一家婦女，僧衍一房婦女	宇文泰病危時召姪子宇文護囑以後事，護派人諷魏恭帝，恭帝禪位於覺，是爲孝閔帝。故孝閔之得位，由護致耳！護大權獨攬，引起元老趙貴、獨孤信之不快，欲謀殺護，後爲護所除，與貴同謀者，万俟幾通、叱奴興、王龍仁各緣坐一家，長孫僧衍則緣坐一房。	官	《周書》卷三〈孝閔帝紀〉
十	齊天保八年西元五五七年	謀反	高淯妻、高渙妻	呂思勉在《兩晉南北朝史》中提及文宣忌黑，高渙以行七被徵，皆非眞史。可能的原因是剛肅王渙與簡平王浚皆雄才，爲諸王所傾服，他二人的存在大大地威脅到文宣帝，故欲除之而後快。在本案中高渙之妻被配予殺渙的文宣舊家奴馮文洛，而高淯之妻陸氏亦被配予害淯的文宣舊蒼頭劉郁捷。乾明元年（560），又贈予太尉。	宗室	《北齊書》卷十〈高祖十一王傳〉
十一	齊乾明元年西元五六○年	謀反	楊愔、子獻、渾天和等五家婦女	文宣帝高洋崩，太子殷立，常山王演與長廣王湛位地親逼，宰相楊愔以二王威權日重，爲鞏固王權，宜速去之，乃積極謀疏二王，奏以長廣王爲大司馬、并州刺史，常山王爲太師、錄尚書事。及二王拜職，假尚書省大會百僚，宴中設計執楊愔、可誅渾天和、宋欽道等人。後在太皇太后相逼之下，帝任其叔斬愔等五人，五家並各沒一房，孩幼兄弟除名。常山王演尋廢帝自立，是爲孝昭帝。	官	《北齊書》卷三十四〈楊愔傳〉
十二	年不詳約西元五六一年後	謀逆	皇甫謹姊	有關皇甫謹謀逆之始末，因史料闕如，詳情不得而知。唯可確定其姊雖已適他姓（元瑀之妻），仍得緣坐沒官，後賜予段韶。	官	《北齊書》卷十六〈段榮傳〉
十三	齊武平二年西元五七一年	謀反	斛律光族婦女	斛律光戰功彪炳，嘗與祖珽有隙，又因穆提婆求娶庶女，不許，由是與提婆積怨。北周將軍韋孝寬忌光英勇，乃造謠言散佈於鄴，祖珽更趁機與提婆協謀，譖光於帝前，並計誘光入涼風堂，由劉桃枝自後拉而殺之，尋帝發詔，盡滅其族。	官	《北齊書》卷三十九〈祖珽傳〉

十四	周建德二年西元五七三年	大逆	護　妻	魏主禪位于孝閔，變魏爲周，宇文護居功厥偉。在誅趙貴、獨孤信之後，護更是穩居執政之位。專權自恣，孝閔與左右欲除之，護乃先斬帝左右腹心，尋亦弒帝，迎世宗於岐州而立之。世宗聰睿，有識量，頗爲護所憚，護乃密遣膳部下大夫李安進食鴆帝，帝崩前口授遺詔，傳位於邕，是爲武帝。護久當權軸，用人失當，兼諸子殘暴，帝乃密與衛王直圖之，斬護於太后殿內，諸所親任者，皆除名，妻孥受戮。	宗　室	《周書》卷十一〈晉蕩公護傳〉
十五	齊武平五年西元五七四年	謀反	思好妻	後主荒淫，任群下亂政害人，思好以除君側之名起兵反。帝聞變，使唐邕等人先馳晉陽，帝勒兵續進。思好敗，自投水而死，後七日，帝命屠剝焚之，又令內參射其妃於宮內，仍以火焚之。	宗　室	《北齊書》卷八〈後主紀〉

　　上述十五個案例中與政爭有關的案例約佔二分之一，雖然爲數也頗可觀，但較諸三國、兩晉及南朝的比例有稍減的趨勢。

　　北魏初年，禮俗純朴，刑禁疏簡，宣帝南遷之後，諸犯罪者，皆臨時決遣。〔註63〕昭成建國二年（339）詔犯大逆者，親族男女無少長皆斬。〔註64〕世祖即位後，命司徒崔浩定律，大逆不道腰斬，誅其同籍，年十四已下腐刑，女子沒縣官。〔註65〕北齊時，高歸彥謀反，因須有罪約，律無正條，於是有別條權格，與律並行。〔註66〕但大逆、謀反的眞正刑責則無從得知。北周時，盜賊及謀反大逆降叛惡逆罪當流者，皆甄一房配爲雜戶。〔註67〕

　　由上述律文中可以發現有關大逆、謀反、大逆不道等罪之婦女緣坐的規定，如三國時明定出適女不坐娘家之戮、西晉時許嫁女亦不坐娘家之罪、東晉婦女不施三族刑等，北魏非但未沿襲入律，同時還對年十四以下小男實行殘酷的腐刑，並且規定年十四以下的女子沒縣官。沒官之制在三國、兩晉及南朝均不見施用於大逆、謀反之罪的緣坐婦女身上。北魏首開其端，北周、北齊亦採用此法。這顯示出在大逆、謀反的懲處上，立意偏向於絕犯罪者後

〔註63〕　《魏書》卷一百一十一〈刑罰志〉：「宣帝南遷，復置四部大人，坐王庭決辭訟，以言語約束，刻契記事，無囹圄考訊之法，諸犯罪者，皆臨時決遣。」

〔註64〕　《魏書》卷一百一十一〈刑罰志〉，頁2873。

〔註65〕　《魏書》卷一百一十一〈刑罰志〉，頁2874。

〔註66〕　《隋書》卷二十五〈刑法志〉，頁707。

〔註67〕　《隋書》卷二十五〈刑法志〉，頁708。

裔，所以才會有年十四以下男受腐刑之規定。而女子因爲無法承嗣，誅殺女子不再顯得如此重要，故以沒官代替，國家亦可利用緣坐女子之人力投入生產。唐以後謀反、大逆者之婦女親屬皆沒官，〔註68〕或即爲北朝之遺制。不論是腐刑或沒官，都較處死爲輕，所以北朝雖然刑罰殘酷，但在大逆、謀反的緣坐刑責上，是較三國、兩晉爲輕的。尤其是在婦女的緣坐上，更減死爲沒官，印證了魏晉南北朝的婦女緣坐刑責有逐漸減輕的趨勢。

　　北魏犯大逆、謀反者有族誅，亦有門誅。〔註69〕案四崔浩之誅，諸相連者至少在五族以上。永嘉亂後，北方世族未南徙者，大都轉與北魏政權合作，就北方世族而言，可因此藉胡人之統治力以實現其家世傳統之政治理想，進而鞏固其社會地位。就鮮卑政權而言，漢人之文化與經濟力都遠較胡人爲優，欲統治中國，勢必得與漢人大族合作。〔註70〕這種籠絡世族，收拾人心的「以漢制漢」政策，〔註71〕無疑地將北魏初期對漢人的統治衝突降至最低。北魏政權也藉著重用北方世族的政策，爲往後的北朝政權奠下了與漢人合作的模式，同時更實際地得到了若干統治上的好處。當然，北魏政權與漢人世族的合作，也或多或少地在胡人族群中種下了一些反彈的因素。這個案例並非是一個單純的刑事案件，而是一個政治事件。事實上，謀反、大逆一類的案例，往往是有別於其他單純的刑事案例的，它經常被政爭中獲勝的一方設計做爲明正言順剷除政敵的手段，或當權者剷除異己的刑法工具，實際上被誅殺者卻未必有謀反之情事。同樣地，崔浩的案例也跳不出此窠臼，只不過更雜揉了民族情感、階級意識、文化型態……等諸多複雜的因子在內，〔註72〕在這個事件中，漢人北方世族遭受了空前未有的打擊，北方世族政治生態的結構也或多或少地改變了。

〔註68〕《唐律疏義》卷十七〈賊盜〉：「諸謀反及大逆者皆斬，父子年十六以上皆絞，十五以下及母、女、妻、妾、祖、孫、兄弟、姊妹，若部曲資財田宅並沒官，男夫年十及篤疾、婦人年六十及廢疾者並免，伯叔父兄弟之子皆流三千里，不限籍之同異。」

〔註69〕北魏孝文帝太和五年（481）法秀謀反後，法秀、張求等百餘人門誅。詳見《魏書》卷八〈高祖紀〉，頁150。

〔註70〕陳寅恪，〈崔浩與寇謙之〉，收錄於《陳寅恪先生文集》（一），頁126。

〔註71〕參閱傅樂成，《中國通史》（大中國圖書公司，臺北，民國72年），頁287。

〔註72〕有關崔浩之誅的論文極多，可參閱孫同勛，《拓跋氏的漢化》（臺大文史叢刊，臺北，民國49年）；逯耀東《從平城到洛陽》（聯經出版事業公司，臺北，民國74年）；陳寅恪，〈崔浩與寇謙之〉，收錄於《陳寅恪先生文集》（一）；王伊同，〈魏書崔浩傳箋注〉，中央研究院史語所集刊第四十五期第四分。

　　除了慘酷的族誅之刑外，北魏宮刑也多用於謀反、大逆之子孫，蓋絕其後裔，較門誅爲減等。北魏或許是胡族政權的關係，頗多酷刑，有關宮刑之記載，隨處可見：

> 高宗時，坐宗人劫賊被誅，（楊）範宮刑，爲王琚所養，恩若父子，往來出入其家。〔註73〕

> 平季，字雅穆，燕國薊人。祖濟，武威太守。父雅，州秀才，與沙門法秀謀反，伏誅。季坐腐刑，入事宮掖。〔註74〕

> 王質，字紹奴，高陽易人也。其家坐事，幼下蠶事。〔註75〕

> （王）琚以泰常中被刑入宮禁，小心守節，久乃見敍用。〔註76〕

> 初緱氏宗文邕聚黨反於伊闕謀反，逼脅孟舒等。文邕敗，孟舒走免，宗之被執入京，充腐刑。〔註77〕

> 李堅，字次壽，高陽易人也。高宗初，因事爲閹人。〔註78〕

上舉之例雖然都是閹官的例子，但都是因家犯事而受刑，從漢廢宮刑以來，三國至南朝都不見宮刑之記載，北魏宮刑卻極普遍，北齊亦有宮刑，但北朝宮刑只施用於男性緣坐者身上，女子緣坐未見坐宮刑者。

　　又減請、八議及一般的特赦通常都是不適用於大逆、謀反案的。案六較特殊的是元丕等曾先蒙皇帝許以不死之詔，彷彿先發了一張保命符，這與一般特赦是有所不同的。而「許以不死之詔」在三國、兩晉乃至南朝都未曾見，惟北魏有此做法，且被許以不死之詔者，身分上並沒有特殊限制，故上至皇親貴族，下至宦官，都可獲許此詔。〔註79〕或許這也是胡族政權有別於漢人政權的一種特殊獎勵方式吧！

　　案八中崔季舒之家屬男女皆徙北邊，按北齊律「流刑，謂論犯可死，原情可降，鞭笞各一百，髡之，投于邊裔，以爲兵卒。未有道里之差。其不合遠配者，男子長徒，女子配舂，並六年。」〔註80〕可知北齊的流刑已可視爲

〔註73〕《魏書》卷九十四〈閹官傳〉，頁2029。
〔註74〕《魏書》卷九十四〈閹官傳〉，頁2032。
〔註75〕《魏書》卷九十四〈閹官傳〉，頁2025。
〔註76〕《魏書》卷九十四〈閹官傳〉，頁2015。
〔註77〕《魏書》卷九十四〈閹官傳〉，頁2018。
〔註78〕《魏書》卷九十四〈閹官傳〉，頁2026。
〔註79〕《魏書》卷九十四〈閹官傳〉，頁2025。
〔註80〕《隋書》卷二十五〈刑法志〉，頁705。

獨立的刑種，而不再只是如北魏一般，只用於家屬緣坐。〔註81〕復因犯者是
「論犯可死，原情可降」，雖減爲流邊，仍不免鞭笞一百，並髠之。據律文的
內容看來，北齊邊地的兵卒有一部分是來自於流刑的罪犯，這與亟需兵源有
關，而且流刑並無道里之差及年限之期，除非獲特赦，否則就得累世爲兵了。
又不合遠配者，男子長徒，女子配舂，並六年。至於「不合遠配」的條件爲
何則無從得知。然本案中的婦女「不合遠配者」另有規定要配奚官；即沒爲
官奴婢，刑期當然也不止於六年，事實上，季舒等六人妻，未幾，以年老放
免。〔註82〕後因南安王思好案又再追入官。〔註83〕

　　上述各例中有關宗室謀反之例居四，約佔三分之一左右，比例頗高，通
常宗室犯此罪者，皇帝爲顧及同宗之義，在刑責上都會較爲減輕。北齊律中
對宗室尤其優容，按律宗室犯法是不注盜、不入奚官及不加宮刑的。〔註84〕
故案十三中高浟、高渙之妻以宗室成員的身份未配奚官，但卻賞配給殺夫仇
人，其境遇遠比入奚官更加難堪。北朝將罪犯婦女配予他人的風氣，遠較三
國、兩晉、南朝爲甚。這對於緣坐婦女而言，無啻是刑法之外的二次傷害。
但總較處死爲輕。

　　北齊、北周雖有房誅，但已很少族誅，案十三是北齊所僅見唯一的滅族
之例，北周則不見族誅之例。大體而言，北周、北齊對大逆、謀反罪的量刑
是較北魏爲輕的。

　　綜言之，北朝的謀反、大逆案件極多，但不似三國、兩晉時期幾乎全爲
夷三族，亦不像南朝全無族誅之刑，在上述記錄到婦女緣坐的十五個案例中，
有四例是族誅，但除了族誅之外，北朝又有房誅、門誅，亦有僅謀逆者死，
女子沒官之例。這種處罰北朝以前不見施用於大逆、謀反的婦女緣坐者身上。
另外北朝又有腐刑，且多用於大逆、謀反案例之家屬緣坐之刑，但僅施用於
男子身上，北朝所呈現的刑法輕重無一定則，而有關婦女在大逆、謀反案例
中的緣坐之刑也極紊亂。不過，三國以來出嫁女、許嫁女不坐娘家之數，婦
人不施三族刑等規定並不見於北朝律文，又北朝大逆、謀反之刑偏向於絕人
後裔，因爲婦人無法承嗣，誅殺女子就顯得不是那麼迫切，故婦女緣坐死刑

〔註81〕參閱寧漢林，《中國刑法通史》第四冊，頁479。
〔註82〕《北齊書》卷三十九〈祖珽傳〉，頁513。
〔註83〕《北齊書》卷三十九〈祖珽傳〉，頁513。
〔註84〕《隋書》卷二十五〈刑法志〉，頁706。

有減少的**趨勢**，而代之以沒官，〔註 85〕女子至北朝時期在緣坐的刑責上不但越來越輕，且已明顯較男子受優容。唐以後大逆、謀反之婦女緣坐都是沒官，即或承北朝遺緒。

第五節　小　結

　　魏晉南北朝官人之大逆、謀反，實包括一般官吏及宗室兩種身分之謀反。此外北朝亦有一例罪犯身分爲閹官。茲將三國兩晉南北朝宗室及官吏的謀反比例列表如下：

時　代	宗室案例	百分比	官人案例	百分比	閹　官	百分比	總　數
三　國	四	三十六	七	六十四	○	○	十一
兩　晉	五	四十二	七	五十八	○	○	十二
南　朝	四	八十	一	二十	○	○	五
北　朝	四	二十七	十	六十七	一	六	十五

　　專制政權爲了鞏固其統治，對直接威脅其政權的大逆、謀反等罪處罰極重，除身誅外，還累及親人，在緣坐的刑罰中，婦女遂不能幸免。但在魏晉南北朝時期，官人大逆、謀反的案例中，婦女緣坐似有減輕之勢。

　　不論犯大逆、謀反罪者身分爲何？絕大多數的案例都是政爭下的產物，三國、兩晉時期大逆、謀反之處刑是以夷三族爲通則。政爭中獲勝的一方，常以大逆、謀反之罪名來剷除政敵，合法地誅戮異己。但碰上眞正的大逆、謀反案例時，這些嚴酷的處罰又常是制裁犯罪的有效利器，更是嚇阻百姓不致輕蹈法網的安定保障。在官人大逆、謀反的婦女緣坐方面，三國毋丘儉案廢除婦女雙重緣坐之制，規定既醮之婦，僅坐夫家之罰，不坐娘家之戮，這

〔註85〕北齊婦女沒官之例極多，除正史中所見之外，趙萬里編，《漢魏南北朝墓誌集
　　　　釋》（鼎文書局，臺北，民國 64 年）卷二中亦收集了不少實例，如：
　　　　〈大監劉阿素墓誌〉（圖版二九）
　　　　〈大監劉華仁墓誌〉（圖版三一）
　　　　〈女尚書馮迎男墓誌〉（圖版三二）
　　　　〈第一品張安姬墓誌〉（圖版三三之二）
　　　　〈傅姆王遺女墓誌〉（圖版三四）
　　　　〈女尚書王僧男墓誌〉（圖版三五之二）
　　　　〈內司楊氏墓誌〉（圖版三六）

無異是女子三從之說在刑法上之落實，也打破漢朝以來婦女雙重連坐的慣例，縮小了女子緣坐對象的範圍。

晉初定律，更明定出嫁女及適養母不坐娘家之戮。西晉時因解系案復規定許嫁女不坐娘家之罪，婦女免坐的範圍擴及許嫁女身上，這也是法律上承認訂婚效力的明證。唐以後許嫁女不從坐之規定，或即緣於此。東晉明帝太寧三年，下詔三族刑不及婦人，至此，婦女的緣坐之刑已較男子為輕，在緣坐範圍及刑責上也較三國時期的女子緣坐有縮小、減輕的趨勢。

南朝承晉之刑法體系，然而卻不見三族刑，同時宗室犯謀反、大逆罪之比例升高，這顯示出南朝政局之不安定。南朝時，士族對軍事上的掌控力降低，宗室子弟被大量任命為州牧，因為握有兵權，要謀反、奪權都較容易，這或為政變多為宗室子弟發動的原因之一。南朝在對待謀反、大逆罪之婦女緣坐者，並未切實遵守不施三族刑於婦人的規定，顯示法律與現實並不完全相符，但因為三族刑之匿跡，婦女因緣坐致死的人數相對地減少了。

北朝並未將三國以來出適女、許嫁女不坐娘家之戮的規定採行入律，並且多施用宮刑於大逆、謀反罪之緣坐小男，至於女性，除了緣坐死刑之外，也採行沒官之制，此制未見於北朝以前緣坐大逆、謀反罪之女子身上。這或許是因為大逆、謀反罪之刑罰，立意偏向絕人後裔，而女子因不能承嗣，所以誅殺婦女變得不那麼重要，反而是採行沒官，還可以善用婦女的人力資源。唐以後謀反、大逆者之緣坐婦女皆採沒官，即為北朝遺緒。但腐刑或沒官，都較死刑為減，由此益可見北朝大逆、謀反罪的緣坐刑責，不論男、女都似有漸減之勢，尤其是女子的緣坐刑責，減輕的幅度又較男子的為多。

北朝對犯謀反、大逆者之處刑頗為紊亂，有族誅、門誅、房誅、身死等各種不同的處置。一般說來，北周、北齊的處刑較北魏為輕。又北齊時流刑正式成為五刑之一，施用於緣坐者身上。北朝對於罪犯婦女的配嫁、賜予亦遠較三國、兩晉南朝為甚，對緣坐婦女而言，無異是刑責之外的二次傷害，但較諸處死，仍為減輕。

魏晉南北朝在官人謀反、大逆的緣坐刑責上，不論男、女都似有減輕之勢，而女子從雙重緣坐進步到出嫁女及適養母不坐娘家之戮，再進步到許嫁女不坐，緣坐範圍較前大為縮減；而婦女的緣坐刑責，從死刑到沒官，減輕的幅度尤巨。綜觀魏晉南北朝的婦女緣坐，不論在範圍上，刑責上都有縮小、減輕之趨勢。

第四章　緣坐之二──軍士逃亡、叛降之婦女緣坐

　　在前一章中，已談了十惡之首──大逆、謀反的諸多案例，透過這些案例，也略窺了婦女在這一類案例中的緣坐情形。現在，再來探究另一類也被列爲十惡之內的謀叛、降罪，〔註1〕及其婦女緣坐情形。所謂謀叛是指背國從僞，〔註2〕降是指投降敵方。因在所收集的案例中，犯此罪者均爲軍人，以其身分上的特殊，故特闢一章專門討論這類案例。魏晉南北朝時期，不論南、北，承平的時日絕少，長年處在戰事下的各個政權，對於兵源的掌握、逃亡、叛降事件的防堵，尤其重視。故在討論將領的叛降時，亦同時討論一般士兵逃亡時婦女的緣坐情形，以及各政權爲了防範這類事件的發生所採行的一些與婦女相關的措施。今依時代斷限討論於後。

第一節　逃亡、叛降之婦女緣坐

（一）三　國

　　在現存史料之中，以魏的刑法體系最稱完備，〔註3〕尤其是在軍法方面，很難得地保存了部分魏武的軍令。〔註4〕包括了魏武軍令、魏武軍策令、魏武

〔註 1〕唐以後的十惡不列降罪，但北齊時則將降罪列於大逆之後，是屬於十惡之內的大罪。

〔註 2〕參見《唐律疏義》一〈名例〉，頁 16。

〔註 3〕有關曹魏的刑法體系可參閱栗原益男〈曹魏の法令について〉，收錄於《中國律令展開と國家・社會の關係》(唐代史研究會報告第五集，東京，1984 年)。

〔註 4〕參見程樹德，《九朝律考》，頁 252。

船戰令、魏武步戰令、郵驛令、變事令……等等，內容多為戰時的相關規定及注意事項，就中特別引人注意的是魏軍中明確地實行連坐法，〔註5〕並規定「卒逃歸，斬之。一日家人弗捕執，及不言於吏，盡與同罪。」〔註6〕這是在曹魏的軍令中唯一發現有關士兵逃亡，若家人不捕執或告吏時，便與之同罪的規定。但令中只規定不捕執及言於吏，要與逃亡者同罪；卻未說明捕執或言於吏之後是否就無罪了。根據正史中看到的一些例子來做研判，一旦士卒逃亡，家屬便要緣坐，而且多為婦女緣坐。

《三國志》魏書卷二十四〈高柔傳〉：

> 舊法，軍征士亡，考竟其妻子。太祖患猶不息，更重其刑。（宋）金有母妻及二弟皆給官，主者奏盡殺之。（高）柔啓曰：「士卒亡軍，誠在可疾，然竊聞其中時有悔者。愚謂乃宜貸其妻子，一可使賊中不信，二可使誘其還心。正如前科，固已絕其意望，而猥復重之，柔恐自今在軍之士，見一人亡逃，誅將及己，亦且相隨而走，不可復得殺也。此重刑非所以止亡，乃所以益走耳。」太祖曰：「善。」即止不殺金母、弟，蒙活者甚眾。

此舊法究竟始於何時已不可考，可能是沿用漢法。釋名曰：「獄死曰考竟。考竟者，考得其情；竟其命於獄也。」〔註7〕換言之，軍征士亡，妻子是要緣坐死刑的。舊法規定可謂甚為嚴峻，而曹操猶患不息，欲更重其刑。可見，從漢末以降，連年爭戰，士卒疲於征伐，逃亡情形必定頗為嚴重，而軍國多事，用法深重。〔註8〕操欲以重刑遏止逃亡，是極自然之事。

《三國志》魏書卷二十二〈盧毓傳〉云：

> 時天下草創，多逋逃，故重士亡法，罪及妻子。亡士妻白等，始適夫家數日，未與夫相見，大理奏棄市。（盧）毓駁之曰：「夫女子之情，以接見而恩生，成婦而義重。故詩云『未見君子，我心傷悲；亦既見止，我心則夷』。又禮『未廟見之婦而死，歸葬女氏之黨，以未成婦』。今白等生有未見之悲，死有非婦之痛，而吏議欲肆之大辟，則若同牢合巹之後，罪何所加？且記曰『附從輕』，言附人之罪，以輕者為比

〔註5〕杜佑《通典》（中華書局校點本，北京，1988年），頁3811。
〔註6〕杜佑《通典》，頁3812。
〔註7〕參見《太平御覽》卷六四七，頁2896。
〔註8〕《三國志》卷二十五〈高隆堂傳〉，頁712。

也。又書云『與其殺不辜，寧失不經』，恐過重也。苟以白等皆受禮
聘，已入門庭，刑之爲可，殺之爲重。」太祖曰：「毓執之是也。又
引經典有意，使孤歎息。」由是爲丞相法曹議令史，轉西曹議令史。
上引史料中，白適夫家數日，尚未廟見，〔註9〕亦未與夫相見，夫逃亡，大理
寺卻奏棄市。後雖經盧毓力爭，認爲「殺之爲重」，卻仍判個「刑之爲可」。
至於是何種緣坐之刑？則不得而知。前述二例中除了反映出士卒逃亡要罪及
妻子外，亦可看出執法者有相當的權限可以在法律之下兼顧情理做出適當判
決。事實上，在三國初，儘管有法律可爲依據，但地方長官的生殺權是很大
的。〔註10〕曹操有鑑於此，用人不重德行的他，亦特重選任明達法理之人任
軍中用法之人：

> （建安十九年）（214）十二月，公至孟津。天子命公置旄頭，宮殿
> 設鍾虡。乙未，令曰：「夫有行之士未必能進取，進取之士未必能有
> 行也。陳平豈篤行，蘇秦豈守信邪？而陳平定漢業，蘇秦濟弱燕。
> 由此言之，士有偏短，庸可廢乎！有司明思此義，則士無遺滯，官
> 無廢業矣。」又曰：「夫刑，百姓之命也，而軍中典獄者或非其人，
> 而任以三軍死生之事，吾甚懼之。其選明達法理者，使持典刑。」
> 於是置理曹掾屬。〔註11〕

曹操拔擢了多少明達法理者來典軍法，實情不得而知，但可以確定的是在文
帝時，若士卒逃亡，妻子只須沒爲官奴，而罪不至死了。
《三國志》魏書卷二十四〈高柔傳〉：

> 頃之，護軍營士竇禮近出不還。營以爲亡，表言逐捕，沒其妻盈及
> 男女爲官奴婢。盈連至州府，稱冤自訟，莫有省者。乃辭詣廷尉。（高）
> 柔問曰：「汝何以知夫不亡」盈垂泣對曰：「夫少單特，養一老嫗爲
> 母，事甚恭謹，又哀兒女，撫視不離，非是輕狡不顧室家者也。」
> 柔重問曰：「汝夫不與人有怨讎乎？」對曰：「夫良善，與人無讎。」
> 又曰：「汝夫不與人交錢財乎？」對曰：「嘗出錢與同營士焦子文，
> 求不得。」時子文適坐小事繫獄，柔乃見子文，問所坐。言次，曰：

〔註 9〕 所謂廟見，是擇日而祭於禰，乃成婦之義。參見趙鳳喈《中國婦女在法律上
之地位》，頁48～49。
〔註10〕 《三國志》卷十八〈李通傳〉：「是時生殺之柄，決於牧守」。
〔註11〕 《三國志》卷一〈武帝紀〉，頁44。

「汝頗曾舉人錢不？」子文曰：「自以單貧，初不敢舉人錢物也。」柔察子文色動，遂曰：「汝昔舉實禮錢，何言不邪？」子文怪知事露，應對不次。柔曰：「汝已殺禮，便宜早服。」子文於是叩頭，具首殺禮本末，埋藏處所。柔便遣吏卒，承子文辭往掘禮，即得其屍。詔書復盈母子為平民。班下天下，以禮為戒。

實禮為焦子文所殺，營以為亡，遂沒其妻盈及男女為官奴婢。盈未考竟，但其子女卻一併沒為官奴，在上述諸例中，此例是唯一緣坐及於子女者，餘皆以妻子為緣坐對象，關於這一點，實無法推斷是緣坐範圍擴大了？抑或是「家人未執捕及言於吏」的關係，但較諸曹操時代，軍士亡法，婦女緣坐之刑是較前減輕了。三國是個戰爭時代，國家對軍士的需求甚殷，一昧地以嚴法憚壓，極可能適得其反，適度地懷柔及人性化的對待，才是軍士樂見的。同時代的孫吳，對待亡叛軍士，妻子緣坐之刑也無獨有偶地較前為減。

> 督將亡叛而殺其妻子，是使妻去夫，子棄父，甚傷義教，自今勿殺也。〔註12〕

在此之前，孫吳督將亡叛是要殺其妻子的。孫權雖下詔，爾後勿殺亡叛將領之妻，並不表示其妻或家屬就毫無刑責，極可能是判沒官一類較輕的緣坐之刑。事實上，孫吳末年步闡據城降晉，非但妻子緣坐，還夷三族。

《三國志》吳書卷四十八〈三嗣主傳〉：

> 鳳皇元年（272）秋八月，徵西陵督步闡。闡不應，據城降晉。遣樂鄉都督陸抗圍取闡，闡眾悉降。闡及同計數十人皆夷三族。

步闡降晉，數十家遭夷三族之命運，處刑之重，不下大逆、謀反案例，這也與孫權不殺亡叛督將之妻的詔令有極大出入。至於蜀漢的降、叛之將，其妻亦得緣坐，但緣坐之刑責則不清楚。

《三國志》蜀書卷四十三〈黃權傳〉：

> 先主為漢中王，猶領益州牧，以（黃）權為治中從事。及稱尊號，將東伐吳，權諫曰：「吳人悍戰，又水軍順流，進易退難，臣請為先驅以嘗寇，陛下宜為後鎮。」先主不從，以權為鎮北將軍，督江北軍以防魏師；先主自在江南。及吳將軍陸議乘流斷圍，南軍敗績，先主引退。而道隔絕，權不得還，故率將所領降于魏。有司執法，

〔註12〕《三國志·吳書》卷四十七〈吳主傳〉裴注引〈江表傳〉載（孫）權詔書，頁1146。

白收權妻子。先主曰：「孤負黃權，權不負孤也。」待之如初。

黃權降魏，有司執法，收權妻子，後雖經劉備下詔，待之如初，但此乃特例，不得以常情待之。一般將領之叛、降，妻子應當都是要緣坐的，至於刑責爲何？礙於史料缺乏，無法確實得知，按理推想，應當與魏、吳二國相去不遠。

除了逃亡、叛、降之外，曹魏軍士還得爲其征戰結果負責任。

　　（建安八年三月）（203）己酉，令曰：「司馬法『將軍死綏』，故趙
　　括之母，乞不坐括。是古之將者，軍破于外，而家受罪于內也。其
　　令諸將征，敗軍者抵罪，失利者免官爵。」〔註13〕

戎，乃國之大事，軍敗於外，而家受罪於內，自古即然。魏武更下令敗軍者抵罪，失利者免官爵。家屬極可能要緣坐輕重不同之刑，家中婦女也是當然的緣坐者。

綜上引史料可知三國時期不論軍士逃亡或叛降，婦女——尤其是妻子，是主要的緣坐者。這或許是基於婦女有三從之義，出適之女，從屬於夫，故緣坐之責多由妻子承擔。但是緣坐之刑似有減輕趨勢，且這種緣坐偏重婦女的情況，兩晉以後逐漸開始轉變。

（二）兩　晉

在歷經漢末、三國長時期的動盪之後，到西晉初年，百姓渴望安定之心如大旱之望雲霓，戰時的兵源折損，加上三國之間長年對峙的防禦工事，軍士之疲累，可以想見一般，尤其是在邊區，爲了避役，普遍存在著養子不舉的情形。

《晉書》卷四十二〈王濬傳〉：

　　（王濬）除巴郡太守。郡邊吳境，兵士苦役，生男多不養。濬乃嚴
　　其科條，寬其徭役，其產育者皆與休復，所全活者數千人。

中國因爲宗法觀念的影響，素重生男。自古以來，多爲生女不養，大概只有戰亂之時，男子苦於役，生活資源又嚴重匱乏的情況下，方有生子不養的情形。尤其是在邊區，因爲戰事頻仍，兵士苦役，養子不舉只不過是避役的手段之一，在兵苦於役的情形下，軍士的逃亡必定也極爲嚴重。

兩晉在軍士叛降、逃亡方面對家屬緣坐的規定，因史料的缺乏，無法確實得知法條內容，不過仍可從幾個零散的資料上求得與緣坐相關的一些蛛絲

─────────────
〔註13〕《三國志》卷一〈武帝紀〉，頁23。

馬跡。

　　在與敵軍交戰方面，有一則資料是守城不滿百日而降者，家屬要緣坐伏誅。

　　　初，霍弋之遣（楊）稷、（毛）炅等，與之誓曰：「若賊圍城未百日
　　　而降者，家屬誅；若過百日救兵不至，吾受其罪。」〔註14〕

關於「守城未滿百日，家屬伏誅」的這個規定應承自於魏。〔註15〕只不過魏
法中只規定守城滿百日，雖降，家屬不坐；卻未言明若降，家屬伏誅。這極
可能是楊稷、毛炅為激勵士氣，特加重其刑，以家人性命相脅，令將士死守
的權變之計。不過，守城百日的做法是承自於魏，應當不錯。

　　對於軍士逃亡的防範上，領軍將領可能有相當的權限規定相關事宜，其
最常採用的法子便是以家屬質作。

　　　殷仲堪領晉陵太守，居郡禁產子不舉，久喪不葬，錄父母以質亡叛
　　　者，所下條教甚有義理。〔註16〕

質任制度，由來已久，有關這個問題將留待第二節再加以詳論，先在此略過。
從上引史料中，可以看出除了國家對亡叛的軍士在法律上會有所處置外，各
個領兵將領也會對所御兵士有所規定，以減少亡叛。殷仲堪任晉陵太守，晉
陵是在荊州之內，〔註17〕北與前秦接壤，因為地處邊區，又身屬軍家必爭之
地的荊州。〔註18〕人民苦於役，必竭盡所能地避役。殷仲堪嚴禁產子不舉、
久喪不葬。蓋產子不舉，則國家無兵源，久喪不葬，則是欲以戴孝之身逃避
國家的徵召，二者皆嚴重妨礙兵源的順利取得，故得嚴格禁止。這也是確保
國家兵源的基本措施。而在防範兵源的叛逃方面，則是錄父母為質任。

　　人質制度可以視為一種廣義的緣坐。晉以後，社會上特別重視孝道的實
踐；〔註19〕所以在質任羈押方面，也從妻子轉到父母身上，因為在重孝的風
氣之下，父母可能較妻子更有牽制力。即使如此，母親仍是女性緣坐者。這
種做法是以消極的緣坐方式取得士卒的效忠。

───────────

〔註14〕《晉書》卷五十七〈陶璜傳〉，頁 1559。
〔註15〕《三國志・魏書》卷四〈三少帝紀〉裴注引《魏略》曰：「……然魏法，被攻
　　　　過百日而救不至者，雖降，家不坐也。」
〔註16〕《晉書》卷八十四〈殷仲堪傳〉，頁 2194。
〔註17〕《晉書》卷十五〈地理志〉，頁 455。
〔註18〕詳見傅樂成，〈荊州與六朝政局〉，收入氏著《漢唐史論集》（聯經出版事業公
　　　　司，臺北，民國 66 年）。
〔註19〕參見唐長孺，〈魏晉南北朝的君父先後論〉收入氏著《魏晉南北朝史論拾遺》
　　　　（三聯書局，北京，1955 年）。

　　三國時爲防止軍士叛降、逃亡，主要是以重法、家屬緣坐——尤其是妻子緣坐，來防遏茲事的發生，國家是站在被動立場，以事後的處罰來消極的防範。然而，重法不足以止亡。至兩晉，已傾向事前質任軍士家屬，三國時雖也有質任之事，但主要用在將領身上。至兩晉，一則是因國家對兵源的控制力薄弱，〔註20〕一則是政治互信不夠；不惟將領，連一般士卒也常被迫質任家屬來換取效忠的保證。國家於是一改往例，改採積極的事前防堵來阻止叛降、逃亡事件的發生。這是三國到兩晉在措施上較大的轉變，但不論是重法或質任，家屬都是連帶的受害者，尤其是婦女，在三國是軍士亡、叛的主要緣坐對象。兩晉時期，在質任的家屬中婦女亦佔有相當比例。

（三）南　朝

　　兩晉以來，雖採用質任制度來防遏士卒的逃亡，但時至南朝，這種逋逃情況似乎並沒有因此好轉。

《宋書》卷六〈孝武帝紀〉：

> （永初二年）（421）冬十月丁酉，詔曰：「兵制峻重，務在得宜。役身死叛，輒考傍親，流遷彌廣，未見其極。遂令衣冠之倫，淪陷非所。宜革以弘泰，去其密科。自今犯罪充兵合舉戶從役者，便付營押領。其有戶統及我止一身者，不復侵濫服親，以相連染。」

又同書卷三〈武帝紀云〉：

> （大明二年六月）（458）丙申，詔曰：「往因師旅，多有逋亡。或連山染逆，懼致軍憲；或辭役憚勞，苟免刑罰。雖約法從簡，務思弘宥，恩令驟下，而逃伏猶多。豈習愚爲性，怙惡難反；將在所長吏，宣導乖方。可普加寬宥，咸與更始。」

由前二條史料中，可以看出軍士逃亡的情形，非但未曾稍歇，且有連山染逆，日趨嚴重的情形。又役身死叛，家屬緣坐，可能多爲流遷補兵。以罪犯補兵，這又是集權政府另一種開拓兵源的措施。晉末以來，不惟採以罪犯補兵，更普遍存在著侵濫服親、以相連染的情形，若非兵源嚴重不足，當不致此。宋武開國之初，特下詔禁止侵濫服親、舉戶被迫從役的情形，收攬並安定民心，可能是主要原因。劉宋一朝爲開拓兵源，以罪犯補兵、延長士卒服役年限，甚至一人逋逃，闔宗補代之事，屢見不鮮，並未因武帝之詔而有所改變，政

〔註20〕東晉偏安江左，靠的是江左大族及南渡世族的支持，晉室本身根本缺乏武力。
　　　　請參閱陳寅恪，〈述東晉王導之功業〉，收錄於《陳寅恪先生文集》（一）。

令與事實之間並不相符。

《宋書》卷六十〈王韶之傳〉：

> 有司奏陳東冶士朱道民禽三叛士，依例放遣，（王）韶之啓曰：「尚書金部奏事如右，斯誠檢忘一時權制，懼非經國弘本之令典。臣尋舊制，以罪補士，凡有十餘條，雖同異不棄，而輕重實殊。至於詐列父母亡，誣罔父母淫亂，破義反逆，此四條，實窮亂抵逆，人理必盡，雖復殊刑過制，猶不足以塞莫大之罪。既獲全首領，大造已隆，寧可復遂拔徒隸，緩帶當年，自同編戶，列齒齊民乎。……愚謂此四條不合加贖罪之恩。」侍中褚淡之同韶之三條，卻宜仍舊，詔可。

同書卷一百〈自序〉云：

> 又啓陳太祖陳府事曰：「伏見西府兵士，或年幾八十，而猶伏隸，或年始七歲，而已從役。衰耗之體，氣用湮微，兒弱之驅，肌膚未實，而使伏勤昏雅，驚苦傾晚，於理既薄，爲益實輕。書制休老以六十爲限，役少以十五爲制，若力不周務，故當粗存優減。」詔曰：「前已令卿兄改革，尋值遷回，竟是不施行耶，今更敕西府也。」

同書卷七十〈沈攸之傳〉：

> 又（沈）攸之自任專恣，恃行慘酷，視吏若讎，遇民如草，峻太半之賦，暴參夷之刑，鞭國士，全用虜法。一人逃亡，闔宗補代。

沈攸之以闔宗補代來牽制軍士的逃亡，可能是特例，但劉宋爲廣開兵源，規定可以罪補士者，竟多達十餘條。其中甚至包括犯詐列父母亡、誣罔父母淫亂及破義、反逆等重罪者，由此可見，劉宋需求兵源之殷切。又以罪補兵，承自魏晉以罪人妻子補兵之制：

> 自魏晉相承，死罪其重者，妻子皆以補兵。〔註21〕

這有可能專指兵家女子，亦有可能是一般百姓都適用。女子雖名爲補兵，但不可能眞的讓女子上戰場與敵軍廝殺拼鬥。較可能的是配置在軍營服勞役、當軍妓或是配嫁給士卒。

劉宋爲捕擒逃亡士卒，特規定凡以罪補士者，只需擒三叛士，則依例放遣。如此一來，凡以罪補士者，爲求放遣，必竭力捕亡，或多或少都可以替國家截回一部分已流失的兵源。在兵源嚴重短缺，而軍隊又求兵若渴的情況

〔註21〕《隋書》卷二十五〈刑法志〉，頁709。

下，老、少不符役齡之人也提前徵召或延緩徐役，沈亮在西府所見年八十及七歲的兵士，絕不是惟一的例子。從詔書內容看來，這種情形必定已行之有年，而其他軍隊中沈毫不及見的類似情形，想必亦多。不論提前徵召或延緩徐役，老耄兵士及年幼孩童在戰鬥力及體能上，均抵不過正常役齡的成年男子，老、少兵士的役使，成果實在令人懷疑。另沈攸之為確保兵源，不惜採用一人逃亡，闔宗補代的強硬措施來防邊兵士逃亡。實事上在闔宗緣坐補士的威脅下，兵士逋逃之風是否稍歇？則不得而知了。

由劉宋實際存在的以罪補兵、延長服役年限、一人逃亡，闔宗補代種種的情況看來，從漢末、三國、兩晉以來的戰禍，已經使民間賠上了太多社會成本，百姓厭戰思安、士卒逃亡情形嚴重、兵源嚴重不足，這些都只不過是一個表象而已，牽連所及，又豈是緣坐的家屬而已，政權的存歿，才是最後的歸結點。

齊在軍士的叛降方面，仍採用家屬緣坐制。「齊武帝敦睦九族，優借朝士，有犯罪者，皆諷群下，屈法申之。百姓有罪，皆案之以法，其緣坐則老幼不免，一人亡逃，則舉家質作。」〔註22〕魏晉南北朝是一個門第社會，〔註23〕政權之存續，與世族門第的支持與否有極大關係，齊武帝優借朝士，法律之前，凡事以敦睦士族為原則，絕不輕言傷害這些既得利益者，而升斗小民則一切依法處置，一人亡逃，舉家質作，這種「急於黎庶，緩於權貴」〔註24〕的作法，頗致民怨。

《南齊書》卷四十一〈張融傳〉云：

> 泰始五年（269），明帝取荊、郢、湘、雍四州射手，叛者斬亡身及家長者，家口沒奚官。元徽初，郢州射手有叛者，（張）融議家人家長罪所不及，亡身刑五年。

射手叛亡，父母要緣坐受斬，家口也要沒入奚官為奴。然而，執行上與規定卻有極大出入。張融議家人、家長罪所不及，亡身刑五年，所依據的應是齊律中之規定，換言之，律文中對於射手之叛，量刑可能並非斬亡身及家長、家口沒奚官。這或許是因為射手在軍隊中可以算得上是學有專長的專門人

〔註22〕《隋書》卷二十五〈刑法志〉，頁700。
〔註23〕有關中古時期門第的問題，請參閱何啓民《中古門第論集》（學生書局，臺北，民國67年）。
〔註24〕《隋書》卷二十五〈刑法志〉，頁701。

才，功能上，如同今日的特遣隊一般，屬於先發部隊，專司射箭；數量上，亦遠較一般士卒為少。以其職責重要，明帝為了牽制射手逃亡，特加重罪責，使勿輕蹈法網。亦有可能是張融為顧及亡身的專長，特採懷柔政策，議家人家長罪所不及，亡身刑僅五年。但不管事實如何，以家人來牽制軍士之逃亡，是南朝常用的手段。而婦女是家中的一份子，自然也得緣坐受刑。

　　陳對軍士亡叛時的處置，史莫可稽，然而，將領叛變，家人是要緣坐的。

　　（錢）道戢告變，乃遣儀同章昭達討紇，屢戰兵敗，執送京師，伏

　　誅，時年三十三。家口籍沒。子詢以年幼免。〔註25〕

錢道戢叛變，除了自己抵罪受斬之外，家口還要籍沒入官。

　　南朝對於軍士叛、亡的處置，除了及身受刑之外，家屬也需緣坐。但就史料上來看，南朝的緣坐不似三國偏重在妻子，而是以家屬為主。但在家屬中婦女也佔有相當比例，故婦女緣坐是絕對可以肯定的，不過，就緣坐對象而言，趨向兩性平等，不再偏重女性緣坐了。

（四）北　朝

　　北魏在入主中原前，征服兼併了不少北方的遊牧部族，如何將這些部族及北方的漢人，掌控在拓跋氏的政權之下，就成了一個非常重要的課題。北朝統治者對於境內少數北方民族的政策或採設鎮壓制，或是遷移他們去戍邊。〔註26〕而在統治方面，是採領民酋長制來控制統屬各部族。〔註27〕這些遊牧民族長年馳騁北地，剽悍善戰，戰鬥力極強，將這些為數不少的北地健兒投入戍邊、作戰的行列，不但解決了部分兵源問題，而且也成為北朝最主要的戰鬥力來源。因為他們的加入，北朝的兵源荒遠不如南朝嚴重，雖是如此，北朝仍極力廣開兵源，以罪犯徙邊、戍守更是常制，無異是變相補兵。

　　和平末，冀州刺史源賀上言：「自非大逆手殺人者，請原其命，謫守

　　邊戍。」詔從之。〔註28〕

自源賀上書，爾後非犯大逆、手殺人之罪者多恕死徙邊，垂為定制，終魏世不易。〔註29〕又魏故事「捉逃役流兵五人，流者聽免。」〔註30〕魏以捕亡五

〔註25〕《陳書》卷九〈歐陽頠傳〉，頁159。
〔註26〕周一良，〈北朝的民族問題與民族政策〉，頁129。燕京學報三十九期。
〔註27〕周一良，〈領民酋長與六州都督〉，史語所集刊二十卷一期，頁75～92。
〔註28〕《魏書》卷一一一〈刑法志〉，頁2875。
〔註29〕參見程樹德，《九朝律考》，頁432。
〔註30〕《魏書》卷九十三〈恩倖傳〉，頁2007。

人，可聽免流，較諸劉宋，需多捕亡二人。減死流邊之人爲求放遣，人人竭力捕亡，無異替國家設了一道捕亡網，在國家、流犯兩蒙其利的情況下，著實替國家省下了不少捕亡的人力。在以北地遊牧民族戍邊、減死徙邊與大力捕亡等多重措施之下，北朝的兵源是較南朝豐沛而穩定的，也因此，以軍士逃亡，妻子或家口捕兵的情形在北朝未見。

　　在將領叛降方面，北魏除了斬亡身之外，家屬亦得緣坐。

《魏書》卷八十〈侯淵傳〉：

> 及（樊）子鵠平，詔以封延之爲青州刺史。（侯）淵既不獲州任，情又恐懼，行達廣川，遂劫光州庫兵反。遣騎詣平原，執前膠東刺史賈璐。夜襲青州南郭，劫前廷尉卿崔光韶，以惑人情。攻掠郡縣。其部下督帥叛拒之，淵率騎奔蕭衍，途中亡散，行達南青州南境，爲賣漿者斬之，傳首京師，家口配沒。

又同書卷八十三〈外戚傳〉：

> （李）惠素爲文明太后所忌，誣惠將南叛，誅之。惠二弟，初、樂，與惠諸子同戮。後妻梁氏亦死青州。盡沒其家財。惠本無釁，故天下冤惜焉。

侯淵南叛，家口緣坐配沒爲官奴。李惠受誣南叛，與子同戮，後妻亦坐死。同是叛罪，家屬緣坐之刑卻輕重有別。李惠未叛，卻誣之叛，實際操控者乃文明太后，故此案雖名屬叛罪，實係政治事件，家屬緣坐之刑可能亦無法持平量刑。而侯淵之叛，無他人介入，家口緣坐沒官之刑可能較能反映北魏對待一般叛降事件的實情。

　　北齊叛降將領之家屬亦得緣坐配沒：

> （高）慎前妻吏部郎中崔暹妹，爲慎所棄。暹時爲世宗委任，慎謂其構己，性既狷急，積懷憤恨，因是罕有糾劾，多所縱舍。高祖嫌責之，彌不自安。出爲北豫州刺史，遂據武牢降西魏。慎先入關。周文帝率眾東出，高祖破之於邙山。慎妻子將西度，於路盡禽之。高祖以其勳家，啓慎一房配沒而已。〔註31〕

高慎因爲勳家，故只配沒一房，如若不然，應該也是家口配沒。北齊刑律主要承自北魏，據此推想，北魏、北齊在叛降將領的刑責上，家屬緣坐之刑應當是配沒。法律雖然對於軍士叛、亡有所規定，但領軍將領的權限往往也是

〔註31〕《北齊書》卷二十一〈高乾傳〉，頁293。

極大的。以下相願之例就反映出這個事實。

《周書》卷十二〈齊煬王憲傳〉：

> 俄而（齊任城王）湝陣於城南，（齊煬憲王）憲登張耳冢以望之。俄
> 而湝所署領軍尉相願僞出略固陣，遂以眾降。相願，湝心腹也，眾
> 甚駭懼。湝大怒，殺其妻子。

相願降周，任城王湝怒殺其妻，相願爲湝心腹，卻率眾降周。湝殺其妻，就
中或含怒氣成分，當非依律處斷也。

北周律明定逃亡者均死，家口籍沒。〔註32〕叛降者的緣坐家屬中，按律
要甄一房配爲雜戶。〔註33〕然而在所收集到的史料中，卻未見甄一房配爲雜
戶之例。故無法據此了解實際的配沒情形。

《周書》卷二十八〈景宜傳〉：

> 梁定州刺史李洪遠初款後叛，景宣惡其懷貳，密襲破之，虜其家口
> 及部眾。洪遠脫身走免。自是酋帥懾服，無敢叛者。

又同書卷九〈皇后傳〉：

> （大象）二年（580）九月，隋文帝以后父（司馬消難）擁眾奔陳，
> 廢后爲庶人。

李洪遠叛，雖然脫身走免，但家口部眾被虜，史書並未載明被虜之後的處置，
推想是極有可能沒爲官奴婢。而司馬消難擁眾奔陳，其女則以皇族身分，被
廢爲庶人。北齊律中規定宗室犯法不入奚官。北周雖不見此律文，但北周在
刑律上對皇族仍舊有頗多優容，〔註34〕以其在其他罪刑上對皇室之優容來推
斷，亦當不致於讓宗室入奚官，所以皇后僅被廢爲庶人而不配沒。北朝規定
叛、亡之軍士除了叛、亡者死，家口亦要緣坐籍沒，不論在緣坐對象或緣坐
刑責上，男、女都是平等的。

綜觀魏晉南北朝軍士、將領逃亡、叛降方面的緣坐刑責：三國時不論叛、
降、逃亡，除了當事者受戮之外，通常妻子亦要緣坐死刑的。更有甚者，有
以此夷三族者。兩晉時，不論將領、士卒普遍採用質任制度來防止逃亡、叛
降，而所質任之人以父母、妻子爲主。南朝士卒逃亡者眾，爲防止逃亡，竟

〔註32〕《隋書》卷二十五〈刑法志〉，頁710。

〔註33〕《隋書》卷二十五〈刑法志〉，頁708。

〔註34〕《隋書》卷二十五〈刑法志〉：「凡死罪枷而拲，流罪枷而梏，徒罪枷，鞭罪
桎，杖罪散以待斷。皇族及有爵者，死罪已下鎖之，徒已下散之。獄成將殺
者，書其姓名及其罪於拲，而殺之市。唯皇族與有爵者隱獄」。

有一人逃亡，闔宗補代之事。而在叛亡方面，叛亡者受斬，家口沒奚官。北朝對逃亡、叛降者，亦施以斬亡身，家口配沒之制。就婦女緣坐刑罰而言，從死刑到配沒；有愈來愈輕的趨勢。但從緣坐範圍而言，則從妻子一人到全家家口，則有愈坐人數愈多的情況。姑不論緣坐對象是妻子一人，或全部家口，婦女一直是在魏晉南北朝軍士逃亡、叛降緣坐刑罰中一個重要的角色。

第二節　婦女配嫁與人質制度

在談及軍人逃亡、叛降問題的同時，另外發現了兩個與婦女息息相關的軍士問題：一為婦女配嫁，一為人質制度。這些問題非刑法上明文規定的緣坐刑責，且或多或少地含有政治緣坐的意味。但卻與婦女緣坐及軍士有著密切關係，本節中將予以討論，期能對第一節的軍士逃亡、叛降問題有所補充。

（一）婦女配嫁

如前所述，婦女在軍士叛、降、逃亡的緣坐對象上，一直扮演著重要的角色，但除了法律上的緣坐之外，婦女也常在各種其他情況下遭受牽連或受波及，這種廣義的緣坐情形經常表現在國家政策或特殊的政治考量上。

在檢讀史料的過程中，發現從三國至南北朝皆有大量配嫁婦女的情形，除了北魏較常將婦女配嫁給鰥貧者及奴隸、俘虜外，餘皆是將婦女配嫁給將士：

《三國志》魏書卷五〈后妃傳〉：

> 后姊子孟武還鄉里，求小妻，后止之。遂敕諸家曰：「今世婦女少，當配將士，不得因緣取以為妾也。宜各自慎，無為罰首。」

《三國志》魏書卷三〈明帝紀〉裴注引《魏略》曰：

> 太子舍人張茂以吳、蜀數動，諸將出征，而帝盛典宮室，留意於玩飾，賜與無度，帑藏空竭；又錄奪士女前已嫁為吏民妻者，還以配士，既聽以生口自贖，又揀選有姿色者內之掖庭，乃上書諫曰：「……吏屬君子，士為小人，今奪彼以與此，亦無以異於奪兄之妻妻弟也，放父母之恩偏矣。又詔書聽得以生口年紀、顏色與妻相當者自代，故富者則傾家蕩產，貧者舉假貸賃，貴買生口以贖其妻；縣官以配士為名而實內掖庭，其醜惡者乃出與士。……」

《三國志》蜀書卷三十四〈二主妃子傳〉裴注引《漢晉春秋》曰：

魏以蜀宮人賜諸將之無妻者，李昭儀曰：「我不能二三屈辱。」乃自
殺。

同書卷九十八〈王敦傳〉：

永嘉初，（王敦）徵爲中書監。于時天下大亂，敦悉以公主時侍婢百
餘人配給將士，金銀寶物散之於眾，單車還洛。

《梁書》卷五十六〈侯景傳〉：

（侯）景既據壽春，遂懷反叛，屬城居民，悉招募爲軍士，輒停責
市估及田租，百姓子女悉以配將卒。

《北齊書》卷十一〈文襄六王傳〉：

傾覆府藏及後宮美女，以賜將士，籍沒内參千餘家。

同書卷四〈文宣帝紀〉：

（天保七年）冬十月丙戌，契丹遣使朝貢。是月，發山東寡婦二千
六百人以配軍士，有夫而濫奪者五分之一。

《周書》卷六〈武帝紀〉：

（建德五年十二月）丙寅，出齊宮中金銀寶器珠翠麗服及宮女二千
人，班賜將士。

從上述史料中，不難發現配嫁女子的身分除了一般百姓女子之外，還有寡婦、
敵方降人女子及宮女，而宮女應當又包括了揀選入宮的民間女子及以罪沒入
官之官奴婢。換言之，除了皇室及上層階級的女子外，各種身分的婦女似乎
都有被政府配嫁的可能。從人身所屬權的觀點來看，百姓無異於國家的財產，
國家對其有任意支配的權力。而所配嫁的對象幾乎皆爲將士，這與魏晉南北
朝亟需兵源有關。

　　漢末以降內戰頻仍，軍閥各擁兵自重，據地自雄。造成中原殘破蕭條，
民生凋弊的窘況。〔註35〕百姓爲了避禍，顛沛流離；戰爭的消耗，折損了無
數的生命。迨三國，人口已大量銳減。至東晉，人口尚不及漢朝一個大都。
〔註36〕南朝梁元帝時，人數寡少，尤其可憐；人戶著籍尚不滿三萬。〔註37〕
北朝正光以前，人口雖數倍於晉，孝昌以後，亦耗損且將大半。〔註38〕終南

〔註35〕當時非但民生物質匱乏，連軍食亦奇缺，曹操的軍隊最後還是靠屯田才解決
　　　　民生問題的。

〔註36〕《晉書》卷九十八〈桓溫傳〉，頁2574。

〔註37〕《南史》卷八〈梁本紀〉，頁144。（鼎文書局新校標點本，臺北，民國70年）

〔註38〕呂思勉，《兩晉南北朝史》，頁935。

北朝之世，人口寡少殊甚。在人口嚴重不足的情況下，國家爲鼓勵生育人口，普遍提倡早婚。故魏晉南北朝堪稱國史上兩性最早婚的時代。〔註39〕然而，在戰禍綿延，賦役繁興的時代裡，一般百姓尚且婚姻失時，何況身在軍營的將士。又魏晉南北朝是個門閥社會，婚姻講究的是門當戶對，蓋門閥社會的維繫力主要靠婚姻。高門大族往往靠出身、聘財〔註40〕等條件來規範高門與寒族、士與庶之別，演變至後來，就造成了嚴格的階級社會。士卒在魏晉南北朝的社會中，地位是極其低賤的。〔註41〕因此絕大多數的人均不願當兵，所以歷代對逃兵者的家屬都施以緣坐之刑，藉此牽制士卒的逃亡。因爲士卒的社會地位低下，復長年身處軍營；或征戰，或戍守，加上娶妻時的大筆聘財花費，士卒無力娶妻的情形是可以想見的。魏晉南北朝是個戰爭時代，兵源及軍心的穩定，直接攸關戰事的成敗，故朝廷對士卒的婚姻問題也就格外重視。朝廷爲解決軍士婚姻失調的問題，就不得不隨時配嫁婦女予士卒。就朝廷而言，它對人民擁有絕對的所有權，配嫁婦女是以政治力達到分配社會資源的目的，避免社會上因婚姻失調而產生過多的失婚人口，並開發婦女的社會勞動力，讓婦女成爲名符其實的生產者。同時，藉由配嫁婦女，可以穩定軍心，增加軍隊的穩定性並增強保家衛國的意志力，更對增加國家人口有直接助益。然而，這也是只有在集權社會中方可見到罔顧婦女意願、忽視人權的做法。其中又以寡婦的配嫁最令人詬病。

寡婦再嫁，在唐以前都是不會受人非難的。〔註42〕魏晉南北朝時，寡婦再嫁雖不能像節婦一般接受旌表，但在人口銳減，寡婦又爲數不少的情況下，政府其實是鼓勵寡婦再嫁的，以免造成人力資源的浪費。三國時地方官甚至於每年都要將所轄區內寡婦的名冊呈報中央，以利朝廷的配嫁。

《三國志》魏書卷十六〈杜畿傳〉裴注引《魏略》曰：

> 初（杜）畿在郡，被書錄寡婦，是時他郡或有已自相配嫁，依書皆錄奪，啼哭道路。畿但取寡者，故所送少，及趙儼代畿而所送多。
>
> 文帝問畿：「前君所送何少，今何多也？」畿對曰：「臣前錄皆亡者

〔註39〕 參閱孫曉，《中國婚姻小史》（光明日報出版社，北京，1988年），頁90。

〔註40〕 魏晉南北朝重視財婚。有關此一問題，可參閱陳鵬，《中國婚姻史稿》，頁129～142。

〔註41〕 參見唐長孺，〈晉書趙至傳中所見的曹魏士家制度〉收入氏著《魏晉南北朝史論叢》。

〔註42〕 參見董家遵〈從漢到宋寡婦再嫁習俗考〉，收入鮑家麟編，《中國婦女史論集》。

妻，今儼送生人婦也。」帝及左右顧而失色。

地方長官呈報寡婦名冊以利朝廷配嫁，而呈報人口的多寡也成了評斷地方官政績的一個指標，致不肖地方官長為求績效，不惜錄奪生人婦。又寡婦之配嫁對象主要是將士，但士卒妻寡者，也是得配嫁他人。

> 聽君父已沒，臣子得為理謗，及士為侯，其妻不復配嫁，（鍾）毓所創也。〔註43〕

自此以後，侯妻不復配嫁，也算是朝廷慮及軍士對朝廷之貢獻而善意地回應的一種優遇吧！

除了配嫁將士外，北魏亦將寡婦配嫁給俘虜。〔註44〕姑且不論配嫁何人，朝廷配嫁婦女，甚至強迫性地配嫁寡婦，這對宋以後寧願「餓死事小，失節事大」的中國女性來說，簡直是不可思議，在魏晉南北朝，政府屢屢褒揚節婦和主張「婦女不踐二庭」〔註45〕的政策，也與其實際行逕背道而馳，是在現實需求下，政令不一的具體表現。這除了反映出兩個時代對貞潔的認知不同外，亦可以想見當時各個政權急需增加人口之殷切。而朝廷對老百姓的人身有最高的支配權，為了朝廷政策的實行，往往罔顧個人意願，婦女在朝廷利益為前提的政策之下，也不得不遵守朝廷之配嫁。這並非法律上之緣坐，且婦女在身體上也並未受到刑傷，但心理上的傷害有時並不亞於刑責上的處罰。對於罪犯婦女而言，這種配嫁之舉是刑罰以外的二次傷害，對於一般百姓女子而言，此種措施固然是有助於部分的人解決婚姻失調的問題，但對大多數的婦女來說，無異是朝廷罔顧道德及人權的受害者。

（二）人質制度

人質制度，由來已久。〔註46〕三國至南北朝更是普遍地採行此制度，究其用意，即政治互信不夠，藉著質押對方家屬或宗人，而達到牽控對方的目的或謀取對方的效忠。不論是質押家屬或宗人，婦女都是被質押者的其中一分子，雖然質押對象不必皆為婦女，但羈押婦女的例子亦不在少數，魏晉南北朝期間最常於下列情況下採行人質制度，今分別列舉數例以為代表：

〔註43〕 《三國志》魏書卷十三〈鍾繇傳〉，頁400。
〔註44〕 《三國志》魏書卷十二〈孝敬帝紀〉，頁308。
〔註45〕 《宋書》卷六十二〈王微傳〉，頁1671。
〔註46〕 請參閱楊聯陞，〈國史上的人質〉，收入氏著《國史探微》（聯經出版事業公司，臺北，民國72年）。

1. 求助：以人質做質押達到己方欲要求對方幫忙的目的。

《三國志》魏書卷十五〈張既傳〉：

> 是時，武威顏俊、張掖和鸞、酒泉黃華、西平麴演等並舉郡反，自
> 號將軍，更相攻擊。俊遣使送母子詣太祖爲質，求助。

《梁書》卷二十九〈高祖三王傳〉：

> 太清中，侯景內寇，义理聚賓客數百，輕裝赴南兗州，隨兄會理入
> 援，恆親當矢石，爲士卒先。及城陷，又隨會理還廣陵，因入齊爲
> 質，乞師。

《周書》卷二十一〈司馬消難傳〉：

> 隋文帝輔政，（司馬）消難既聞蜀公迥不受代，遂欲與迥合勢，亦舉
> 兵應之。以開府田廣等爲腹心，殺總管長史侯莫陳杲、邙州刺史蔡
> 澤等四十餘人。所管鄖、隨、溫、應（土）、順、、沔、環、岳九州，
> 魯山、甑山、沌陽、應城、平靖、武陽、上明、（滆）水八鎮，並從
> 之。使其子泳質於陳以求援。

2. 政治結盟：因政治互信程度太低，經由重要人質的質押，而達到某種政治聯結或是向強國稱臣，以求軍事上互不相犯之目的。

《魏書》卷一〈序紀〉：

> 文皇帝諱沙漠汗，以國太子留洛陽，爲（曹）魏賓之冠。聘問交市，
> 往來不絕，魏人奉遺金帛繒絮，歲以萬計。

又《三國志》蜀書卷四十〈劉彭傳〉：

> 上庸太守申耽舉眾降，遣妻子及宗族詣成都。先主加耽征北將軍，
> 領上庸太守員鄉侯如故，以耽弟儀爲建信將軍、西城太守，遷封爲
> 副軍將軍。

3. 屈降人：經由控制對方人質，讓對方有所顧忌，進而達到要求對方妥協或屈迫對方投降之目的。

《宋書》卷七十四〈沈攸之傳〉：

> 初，（沈）攸之招集才力之士，隨郡人雙泰眞有幹力，召不肯來。後
> 泰眞至江陵賣買，有以告攸之者，攸之因留之，補隊副，厚加料理。
> 泰眞無停志，少日叛走，攸之遣二十人被甲追之，遂討甚急，泰眞
> 殺數人，餘者不敢近。欲過家將母去，事迫不獲，單身走入蠻，追
> 者既失之，錄其母而去。泰眞既失母，乃出自歸，攸之不罪，曰：「此

孝子也。」賜錢一萬，轉補隊主，其矯情任算皆如此。

又《梁書》卷三十九〈楊華傳〉：

> （楊）華後累征伐，有戰功，歷官太僕卿，太子左衛率，封益陽縣侯。
> 太清中，侯景亂，華欲立志節，妻子為賊所擒，遂降之，卒於賊。

4. 牽制將士或地方官吏，以求效忠：為防範軍士或將領之叛變或逃亡，藉著納質而達到遙控將士，威脅換取其忠誠的保障。

《三國志》蜀書卷三十二〈先主傳〉：

> 先主徑至關中，質諸將并士卒妻子，引兵與忠、膺等進到涪，據其城。

《南齊書》卷二十六〈王敬則傳〉：

> 公林，敬則族子，常所委信。公林勸敬則急送啟賜兒死，單方星夜還都。敬則令司馬張思祖草啟，既而曰：「若爾，諸郎在都，要應有信，且忍一夕。」

又《魏書》卷九〈蕭宗紀〉：

> 蕭衍將元樹逼壽春，揚州刺史李憲力屈，以城降之。初留州、郡、縣及長史、司馬、戍主副質子於京師。

上述各種納質情形，又以將士及地方官的納質最制度化。龐聖偉在〈論三國時代之大族〉一文中對三國之納質制度論述甚詳，在談及士兵之納質問題時，龐氏認為魏有「士家制度」，[註47] 孫吳有「領兵制度」，[註48] 雖無保質之名而有人質之實。劉備施行人質最遲，蓋備雖為人心所歸附，但早期無固定根據地，實難以取保質也。[註49] 至於將領或外任官，也是要納質的。

《三國志》吳書卷四十八〈三嗣主傳〉裴注引《搜神記》曰：

> 吳以草創之國，信不堅固，邊屯守將，皆質其妻子，名曰保質。童子少年，以類相與嬉戲者，日有十數。

由此觀之，三國邊將除了要納質外，人質也是採集中居住，以便管理監控。將領郡守之眷屬往往徙置於三國都城附近。[註50] 而吏卒家屬則是隨軍入

〔註47〕參閱唐長孺，〈西晉趙至傳中所見的曹魏士家制度〉，收入氏著《魏晉南北朝史論叢》。

〔註48〕有關孫吳的領兵制度，請參閱唐長孺，〈孫吳建國及漢末江南的宗部與山越〉，收入氏著《魏晉南北朝史論叢》。

〔註49〕龐聖偉，〈論三國時代之大族〉新亞學報六卷一期，1964年，頁174。

〔註50〕龐聖偉，〈論三國時代之大族〉，頁175。

營，藉此一則可安定軍士情緒，以免因對家人的牽掛思念而鬧情緒。再則，與敵軍作戰時，因顧慮家人安危，迫使士卒拚命守禦，此外，還可防止其叛亡，故吏卒將家屬入營，遂成爲兩晉南北朝不易之制度。〔註51〕

《三國志》吳志卷三〈孫皓傳〉裴注引《吳錄》曰：

> （孟仁）初爲驃騎將軍朱據軍吏，將母在營，既不得志，又夜雨屋漏，因起涕泣，以謝其母。

《晉書》卷九十八〈王敦傳〉：

> 臣前求迎諸將妻息，聖恩聽許，而劉隗絕之，使三軍之士莫不怨憤。

將家屬入營是常規，而劉隗不許王敦將士卒妻息入營，可能是欲以將士家屬牽制王敦的大軍，反觀三國，以家屬、人質牽制軍隊，早已有先例了。

> （王）肅曰：「昔關羽率荊州之眾，降于禁於漢濱，遂有北向爭天下之志。後孫權襲取其將士家屬，羽士眾一旦瓦解。今淮南將士父母妻子皆在內州，但急往禦衛，使不得前，必有關羽土崩之勢矣。」
> （司馬）景王從之，遂破（母丘）儉、（文）欽。〔註52〕

儘管三國至南北朝普遍施行人質制度，但三國至南北朝的將士納質制度並非完全不變，至少，在人質的角色上，不同的時代有不同的趨勢。三國時，將士納質以妻子爲主。〔註53〕晉初，武帝曾下詔解除部曲督以下質任。〔註54〕然而，前舉王敦、殷仲堪之例都顯示了晉朝士卒仍然是要納質的；且納質對象除了妻息，還有父母。這或許緣於晉以後，十分重視家庭倫理，因爲社會風氣普遍重孝；所以錄父母爲質，對士卒的牽制尤大。又東晉的軍權自始至終都掌握在士族手中，而部曲數量的多寡，更決定了士族軍權的掌握程度。朝廷既對士族沒辦法掌握，倘能質納士卒家屬，或許還尚可藉此對士族操控一、二。南朝以後幾乎不見士卒納質的史料，這或許與劉宋以後，軍權集中，已不再控制於士族手中，且南朝皇帝對掌兵的都督、刺史控制遠較東晉嚴格。〔註55〕國家不再需要質納士卒家屬，僅需牽制領軍將軍即可，故南朝邊將及

〔註51〕龐聖偉，〈論三國時代之大族〉，頁175。
〔註52〕《三國志》魏書卷十三〈王朗傳〉，頁419。
〔註53〕唐長孺，〈王敦之亂與所謂刻碎之政〉一文中云：按三國時魏、吳諸將鎮皆以妻子作質，稱爲質任。收入氏著《魏晉南北朝史論叢》。
〔註54〕《晉書》卷三〈武帝紀〉，頁70。
〔註55〕參閱毛漢光，〈五朝軍權轉移及其對政局之影響〉，清華學報（新）八卷第一、二期。

外任官納質的史料比比皆是，只不過質任的對象又有所轉變。大多數均是質納兄弟或子姪，也有以全家人爲質的情形。

《南齊書》卷二十四〈柳世隆傳〉：

> （沈）攸之大怒，召諸軍主曰：「我被太后令，建義下都，大事若剋，
> 白紗帽共著耳；如其不振，朝廷自誅我百口，不關餘人。……」

亂世之中，誰握有軍權，誰就擁有權力。南朝爲防止東晉以來軍權掌控在士族手中的局面，除了大量讓宗室子弟出鎮重要州郡的牧守、並儘量眾建州郡以少其力之外，還實行典籤制度，以監控主帥。〔註56〕對於士族邊將，也變相地以其在京爲官的家屬或居住京師的宗人爲質押對象，以牽制他們不致輕舉妄動。至於一般將領，則以人質制度來保證他們的忠誠。南朝之所以對外任將領如此處心積慮的防範，實在是南朝以後，政情丕變，政局已不再像兩晉般要靠世家大族來支持，反而是軍權的掌握關係到政權的興替，爲穩固政權，南朝君主無不竭力地防止將領的反叛。

北魏初期的軍事集團是以部落貴族的基礎建立起來的，爲緩合內部的矛盾，豪族良家子弟常被視爲質子，來牽制諸部大人。〔註57〕爾後更兼留州、郡、縣、長吏、司馬、戍主副等各級將帥的質子於京師。北齊、北周雖亦有人質制度，但乏各級領軍將領的納質情形，故制莫能詳。僅有侯景一例可供參考，侯景反前致書文襄帝謂：

> 來書曰，妻子老幼悉在司寇，以此見要，庶其可反。〔註58〕

總之，北朝仍行人質制度是不會錯的。三國時魏、吳諸將征鎮以妻子作質，晉以後已除其法。人質主要是以兒子爲主，但以母親、妻子等婦女爲質的例子，依然不少。

《宋書》卷四十二〈劉穆之傳〉：

> 諸葛長民果有異謀，而猶豫不能發，乃屏人謂（劉）穆之曰：「悠悠之言，皆云太尉與我不平，何以至此？」穆之曰：「公泝流遠伐，而以老母稚子委節下，若一毫不盡，豈容如此邪？」意乃小安。

《南齊書》卷五十九〈氐羌傳〉：

〔註56〕 參閱毛漢光，〈五朝軍權轉移及其對政局之影響〉，清華學報（新）八卷第一、二期。

〔註57〕 參見唐長孺，〈拓跋國家的建立及其封建化〉，收入氏著《魏晉南北朝史論叢》。

〔註58〕 《北齊書》卷三〈文襄帝紀〉，頁36。

（隆昌）四年，僞南梁州刺史楊靈珍與二弟婆羅、阿止珍率部曲三
萬餘人舉城歸附，送母及子雙健、阿皮於南鄭爲質。

《梁書》卷十三〈范雲傳〉：

（范）雲爲軍人所得，（沈）攸之召與語，聲色甚厲，雲容貌不變，
徐自陳說。攸之乃笑曰：「卿定可兒，且出就舍。」明旦，又召令送
書入城。城內或欲誅之。雲曰：「老母弱弟，懸命沈氏，若違其命，
禍必及親，今日就戮，甘心如薺。」長史柳世隆素與雲善，乃免之。

《陳書》卷九〈侯瑱傳〉：

侯景將于慶南略地至豫章，城邑皆下，瑱窮蹙，乃降於慶。慶送瑱
於景，景以瑱與己同姓，託爲宗族，待之甚厚，留其妻子及弟爲質。
遣瑱隨慶平定蠡南諸郡。

《魏書》卷三十二〈崔逞傳〉：

（崔）逞七子，二子早亡，第三子禕，禕弟諲，諲弟禕，禕弟嚴，
嚴弟頤。逞之內徙也，終慮不免，乃使其妻張氏與四子留冀州，令
歸慕容德，遂奔廣固。

《周書》卷二十八〈權景宣傳〉：

初，梁岳陽王蕭詧將以襄陽歸朝，仍勒兵攻梁元帝於江陵。詧叛將
杜岸乘虛襲之。景宣乃率騎三千，助詧破岸。詧因是乃送其妻王氏
及子禁入質。

此正足以證明兩晉以後，質押婦女爲質雖非定制，卻依然流行。三國至兩晉
時期，朝廷爲防止軍士的逃亡、叛降，加強軍士對朝廷的效忠，不但積極地
採行人質質押做事前的防範，並採行緣坐制度以爲事後消極的懲罰，同時爲
了安撫軍士情緒，更間以採行婦女配嫁，以解決其婚姻問題。這種種的措施
無非是爲了鞏固政權，而在這許多措施中，婦女都扮演了極重要的角色，就
法律上的婦女緣坐而言，緣坐的對象從偏重婦女到全家家口，有男女日趨平
等之傾向。在刑責上，從緣坐死刑減至沒官，婦女緣坐有愈坐刑責愈輕的趨
勢。在法律之外的廣義緣坐上，三國、兩晉時期的人質是以女性爲主，降至
南北朝，雖然仍有質錄女性的例子，但比例上已大減，反而以男子質任的情
形增多，女子的質押已不如男子來得重要。

第五章　緣坐之三——其他情況的婦女緣坐

本章將要言及有關婦女緣坐的其他情況。這些案例絕大部分仍是法有定制的緣坐情況，少部分則爲某一、二個朝代特有的狀況或是臨時的處置。現將類似的案例或法規歸併爲一類，剩餘單獨的個案或特殊的案例則併爲其它類，全章共分爲七大類。這樣的分類法並無嚴格的界定，只是方便類似情況的討論和比較，茲分別敘述如下：

（一）平民謀反、大逆：平民作亂或危害政權之存在。

在第三章中已探討過官人的大逆、謀反案例，但未言及平民大逆、謀反的例子，現共檢得四例，分述於下：

1. 張昌作亂

《晉書》卷一百〈張昌傳〉：

> 是歲，詔以寧朔將軍、領南蠻校尉劉弘鎮宛，弘遣司馬陶侃、參軍蒯桓、皮初等率眾討（張）昌於竟陵，劉喬又遣將軍李楊、督護尹奉總兵向江夏。侃等與昌苦戰累日，大破之，納降萬計，昌乃沈竄于下儁山。明年秋，乃擒之，傳首京師，同黨並夷三族。

晉惠帝永安元年（304）五月頒「壬午詔書」，徵發「壬午兵」赴益州鎮壓李流，而民咸不樂西征，郡縣長官不得已，皆躬自驅民，致民怨沸騰。時大稔，義陽蠻張昌趁機改名李辰，以宗教召募群眾，置百官，立山都縣令丘沈爲天子，易名劉尼，建元神鳳。張昌則自封爲相國，擾攘江夏、義陽。江沔眾庶亦起而響應，旬月之間，眾至三萬，據荊、揚五州，朝廷遣陶侃征昌，次年

秋，斬昌，同黨皆夷三族。〔註1〕

這個案例的處罰原則一如三國、西晉的通則是夷三族，張昌同黨之三族婦女都是當然的緣坐者。

2. 法秀作亂

《魏書》卷七〈高祖紀〉：

> （太和五年春二月）（481）庚戌，（高祖）車駕還都。沙門法秀謀反，伏誅。……詔曰「法秀妖詐亂常，妄說符瑞，蘭臺御史張求等一百餘人，招結奴隸，謀爲大逆，有司科以族誅，誠合刑憲。且矜愚重命，猶所弗忍。其五族者，降止同祖；三族，止一門；門誅，止身。」

沙門法秀於太和五年於平城聚眾起義，爲禁兵所擒殺，連同蘭臺御史張求在內的一百餘人，都受到有司量刑族誅。至於是三族？五族？則不一定。考諸北魏的族誅之刑，最早的五族刑應始於太祖。〔註2〕至高祖延興四年（474）罷門房之誅，然大逆、謀反、干紀、外奔則不在此限。〔註3〕沙門法秀等人因事涉謀反，本不在宥列，故有司仍科以族刑，高祖亦再次下詔，本著德化精神，矜愚無辜，特將夷五族降止同祖；三族者，止一門；門誅者，止身。

3. 法慶作亂

《魏書》卷十九〈京兆王傳〉：

> 時冀州沙門法慶既爲祅幻，遂說勃海人李歸伯，歸伯合家從之，招率鄉人，推法慶爲主。法慶以歸伯爲十住菩薩。……又合狂藥，令人服之，父子兄弟不相知識，唯以殺害爲事。於是聚眾殺阜城令，破勃海郡，殺害吏人。刺史蕭寶夤遣兼長史崔伯驎討之，敗於煮棗城，伯驎戰沒。凶眾遂盛，所在屠滅寺舍，斬戮僧尼，焚燒經像，云新佛出世，除去舊魔。詔以元遙爲使持節、都督北征諸軍事，帥步騎十萬以討之。法慶相率攻遙，遙並擊破之。遙遣輔國將軍張虯等率騎追掩，討破，擒法慶並其妻尼惠暉等，斬之，傳首京師。後

〔註1〕 張昌之亂與西晉末年的天師道活動有關，請參閱萬繩楠整理《陳寅恪魏晉南北朝講演錄》（新華書店，合肥，1987年）第四篇。

〔註2〕 《魏書》卷十五〈昭成子孫列傳〉：及平中山，發晉驎柩，斬其尸，收議害觚者高霸、程同等，皆夷五族，以大刄剉殺之。

〔註3〕 《魏書》卷七〈高祖紀〉，頁140。

擒歸伯，戮於都市。

這次的亂事，法慶及勃海大族李歸伯等雖自稱「大乘」，實則是一次以彌勒信仰組織起來的暴動，〔註4〕唐長孺將其歸類為農民起義，姑不論暴動的性質為何，它確實含有濃厚的宗教色彩及宗教狂熱，而其在刑名上觸犯的是謀反罪應該是毫無爭議的。後法慶及其妻惠暉被斬，傳首京師，因為史料有限，實難判定惠暉是因緣坐被斬，抑或是因參與叛亂而以從犯的身分受斬。

4. 張乾王作亂

《魏書》卷九十四〈閹官傳〉：

> 抱嶷，字道生，安定石唐人，居於直谷。……幼時，隴東人張乾王反叛，家染其逆。及乾王敗，父（抱）睹生逃逸得免，嶷獨與母沒內京都，遂為宦人。小心慎密，恭以奉上，沈跡冗散，經十九年，後以忠謹被擢，累遷為中常侍、安西將軍、中曹侍御、尚書，賜爵安定公。

有關張乾王反叛事件，因史料缺乏，無法詳其始末，抱睹生雖染其逆，但逃脫得免，然而抱嶷與其母卻無法免去緣坐。抱嶷身受腐刑，這是北魏經常施用在大逆、謀反之小男緣坐者身上的酷刑。在這方面，是婦女緣坐者較男子受刑為輕的地方。

魏晉南北朝平民謀反的例子並不少，雖而史文中載有婦女緣坐的卻很少，從上述四例看來，平民謀反與官人謀反刑責是差不多的，但卻少了政爭的成分，由此可見，大逆、謀反的罪名，固然常在政爭中被當成合法翦除政敵的手段，但也是打擊真犯罪及維繫國家安定的保障。

（二）為劫：搶奪他人財物。

三國時期未見因劫而緣坐之例。為劫者，家屬緣坐之制，殆始於晉。

《宋書》卷六十六〈何尚之傳〉云：

> 義熙五年（409），吳興武康縣民王延祖為劫，父睦以告官。新制，凡劫身斬刑，家人棄市。睦既自告，於法有疑。時（何）叔度為尚書，議曰：「設法止姦，本於情理，非謂一人為劫，闔門應刑。所以罪及同產，欲開其相告，以出為惡之身。睦父子之至，容可悉共逃

〔註4〕唐長孺，〈北朝的彌勒信仰及其衰弱〉，收錄於氏著《魏晉南北朝史論拾遺》，頁204。

> 亡，而割其天屬，還相縛送，螫毒在手，解腕求全，於情可愍，理
> 亦宜宥。使凶人不容於家，逃刑無所，乃大絕根源也。睦既糾送，
> 則餘人無應復告，並合從原。」從之。

按《晉書》〈刑法志〉所載，所謂新制，應為晉武帝泰始四年（268）頒佈的
「泰始律」，〔註 5〕從上引史料中，可確切地知道泰始律中明文規定劫身受
斬，家人也要緣坐棄市。《九朝律考》云：「晉律劫僅棄市刑，新制蓋加重之。」
〔註 6〕據此推斷，三國時為劫可能不需緣坐。而晉律新制加重其刑的出發點
則是欲以家人緣坐為手段，鼓勵相告，使劫身無所遁形。又《宋書》〈何承
天傳〉中載：晉制，為劫，同籍朞親補兵。

> 吳興餘杭民薄道舉為劫。制同籍朞親補兵。道舉從弟代公、道生等
> 並為大功親，非應在補讁之例，法以代公等母存為朞親，則子宜隨
> 母補兵。（何）承天議曰：「尋劫制，同籍朞親補兵，大功不在此例。
> 婦人三從，既嫁從夫，夫死從子。今道舉為劫，若其叔尚存，制應
> 補讁，妻子營居，固其宜也。但為劫之時，叔父已沒，代公、道生
> 並是從弟，大功之親，不合補讁。今若以叔母為朞親，令代公隨母
> 補兵，既違大功不讁之制，又失婦人三從之道。由於主者守朞親之
> 文，不辨男女之異，遠嫌畏負，以生此疑，懼非聖朝恤刑之旨。謂
> 代公等母子並宜見原。」〔註 7〕

這是一個十分值得重視的案例，本案的關鍵在於道舉的嬸母到底是大功親？
抑或是朞親？若道舉的叔父不亡，其嬸母應為朞親是毫無疑問的，但道舉犯
案之時，其叔父已亡，按照中國儒家的禮制，婦人有三從之義，夫死「禮」
當從子，禮制上而言，道舉之嬸母應當從子，而為大功親，故可不緣坐。這
不僅顯示出中國婦女終其一生都是附屬在男子之下，同時也透露了中國古代
社會經常都是禮、法相互援引使用的情形十分普遍。〔註 8〕也因此，禮制的規
範有時竟比法律還難踰越。若綜合前述二例，可得如下結論：晉制，劫身斬
刑，家人棄市，同籍朞親補兵。

南朝的刑法體系承自於晉，故為劫，仍有緣坐之刑，但家人的緣坐之刑

〔註 5〕 參閱《晉書》卷三〈刑法志〉，頁 927～928。
〔註 6〕 程樹德，《九朝律考》，頁 306。
〔註 7〕 《宋書》卷六十四〈何承天傳〉，頁 1733。
〔註 8〕 請參閱陳顧遠，《中國法制史概要》第三篇第一章。

較晉為輕。

《宋書》卷九十九〈二凶傳〉：

> 有女巫嚴道育，本吳興人，自言通靈，能役使鬼物。夫為劫，坐沒
> 入奚官。

嚴道育之夫為劫，她因而坐沒入奚官。〔註9〕由是觀之，劉宋為劫者，家屬應
沒為官奴婢，較諸晉制：家人棄市，是減輕多了。齊世，家奴客為劫，主人
亦得緣坐。〔註10〕梁制則明令劫身皆斬，妻子補兵。遇赦降死者，黥面為劫
字，髠鉗，補冶鎖士終身。〔註11〕

　　北魏為劫，緣坐之刑較南朝嚴苛得多，不但家屬要緣坐，連宗人也得緣
坐。

《魏書》卷八十九〈酷吏傳〉：

> 其靈丘羅思祖宗門豪溢，家庭臨險，多止亡命，與之為劫。顯祖怒
> 之，孥戮其家。

又同書卷九十四〈閹官傳〉：

> 楊範，字法僧，長樂宗人也。高宗時，坐宗人劫賊被誅，範宮刑，
> 為王琚所養，恩若父子，往來出入其家。

羅思祖為劫，觸怒顯祖，下詔孥戮全家。這可能較一般刑責為重。楊範則以
宗人為劫，身遭腐刑。兩晉劫罪，大功之親尚且不坐，何況宗人？又兩晉雖
有家人棄市，同籍朞親補兵之制，但朞親以外的親屬則不坐。北魏群行剽劫，
首謀門誅。〔註12〕若論緣坐範圍，北魏劫罪的緣坐範圍遠較兩晉、南朝為廣；
若論刑責，北魏的緣坐之刑亦較兩晉、南朝為重。這種緣坐範圍及刑罰原則，
較諸謀反、大逆罪之緣坐亦不遑多讓，但北魏也明定「其為劫賊應誅者，兄
弟子姪在遠，道隔關津，皆不坐。」〔註13〕這一點是與謀反、大逆之緣坐不
同之處，〈源賀傳〉又云：「竊惟先朝制律之意，以不同謀，非絕類之罪，故
特垂不死之詔。若年十三已下，家人首惡，計謀所不及，愚以為可原其命，

〔註9〕　嚴道育與天師道有極密的關係，劉劭之弒逆，即由於信惑女巫嚴道育。有關
　　　　此問題可參考陳寅恪，〈天師道與濱海地域之關係〉，收錄於《陳寅恪先生文
　　　　集》（一）。

〔註10〕《南齊書》卷三十九〈陸澄傳〉：建元元年（497），驃騎諮議沈憲等坐家奴客
　　　　為劫，子弟被劾，憲等晏然，左丞任遐奏（陸）澄不糾，請免澄官。

〔註11〕《隋書》卷二十五〈刑法志〉，頁699。

〔註12〕《魏書》卷一百一十一〈刑法志〉，頁2877。

〔註13〕《魏書》卷四十一〈源賀傳〉，頁920。

沒入縣官。」〔註14〕歷代刑律中常對老、小有所優容，至於老、小的年紀，歷代規定均不太相同，源賀於此是以十三歲為小，若不涉計謀，可減死沒為官奴。其後，源賀又上書，謂自非大逆、手殺人之罪，皆可恕死徙邊。〔註15〕高宗納之，爾後，入死者，皆減死徙邊。太和五年（481），又除群行剽劫，首謀門誅之制。〔註16〕劫身，及其家人，不復死刑。總之，為劫，在兩晉、南朝及北魏除劫身受刑之外，親屬、宗人也得緣坐輕重不同之刑，而婦女當然也是其中的緣坐者。

（三）為 賊

魏晉南北朝各朝並未對賊之定義做明確之解釋，就所收集的例子來研判，實包括盜賊及聚眾作亂兩種情形。若是前者，與為劫有些類似；若屬後者，無異就是平民謀反，但其處刑又與謀反、大逆之處刑不盡相同，故對賊之定義，持保留態度，不宜遽下論斷。

三國、兩晉之現存刑律條文中，未見對為賊之處置法規，但根據實例，取賊妻息是最普遍的做法。

《三國志》魏書卷十六〈鄭渾傳〉：

> 時梁興等略吏民五千餘家為寇鈔，諸縣不能禦，皆恐懼，寄治郡下。議者悉以為當移就險，（鄭）渾曰：「興等破散，竄在山阻。雖有隨者，率脅從耳。今當廣開降路，宣喻恩信。而保險自守，此示弱也。」乃聚斂吏民，治城郭，為守禦之備。遂發民逐賊，明賞罰，與要誓，其所得獲，十以七賞。百姓大悅，皆願捕賊，多得婦女、財物。賊之失妻子者，皆還求降。渾責其得他婦女，然後還其妻子，於是轉相寇盜，黨與離散。

《晉書》卷四十三〈王戎傳〉：

> 巴蜀流人散在荊湘者，與土人忿爭，遂殺縣令，屯聚樂鄉。澄使成都內史王機討之。賊請降，澄偽許之，既而襲之於寵洲，以其妻子為賞，沈八千餘人於江中。

同書卷六十六〈陶侃傳〉：

> 初，賊張奕本中州人，元康中被差西征，遇天下亂，遂留蜀。至是，

〔註14〕 《魏書》卷四十一〈源賀傳〉，頁920。
〔註15〕 《魏書》卷四十一〈源賀傳〉，頁920～921。
〔註16〕 《魏書》卷一百一十一〈刑法志〉，頁2877。

率三百餘家欲就杜弢，爲（陶）侃所獲。諸將請殺其丁壯，取其妻
息，（陶）輿曰：「此本官兵，數經戰陣，可赦之以爲用。」侃赦之，
以配輿。

三國至兩晉對爲賊者之處置似乎並無定制，取賊妻似是最普遍的做法，但這
種做法「以其人之道還諸其人之身」的報復意味頗濃，應該不是刑律中的規
定，質錄賊人家口可能才是符合刑律精神的緣坐方式。

（義熙七年）（411）十一月己卯，公（劉裕）至江陵，下書曰：……
原五歲刑已下。凡所質錄賊家餘口，亦悉原放。〔註17〕

劉裕至江陵，特下書放遣賊家餘口，可見質錄賊家人口必定是常規，而所質
錄的賊家人口，應該是沒爲官奴。

陳時「獲賊帥及士人惡逆，免死付冶，聽將妻入役，不爲年數。」
〔註18〕

制雖規定「聽將妻入役」，但將賊妻沒爲官奴婢之事亦有之，如：

賊皎妻呂，春徒爲戮，納自奚（官），藏諸永巷，使其結引親舊，規
圖戕禍。〔註19〕

北魏故事，斬者皆裸刑伏質。〔註20〕即受斬之人需裸體受斬，以其身犯重罪，
除了受死之外，死時還要遭受裸體之羞辱，做爲對其惡行的懲罰。雖然律文是
如此規定，但卻未如此施行。太和元年（477），司徒元丕等人奏請僅「大逆及
賊各棄市祖斬。」〔註21〕具爲之制。北周律則規定「盜賊及謀反大逆降叛惡逆
罪當流者，皆甄一房配爲雜戶。其爲盜賊事發逃亡者，懸名注配。」〔註22〕

從三國至南北朝，賊罪，除了北魏將之與大逆者並列，裸斬之外，在緣
坐方面主要是將家口或親屬沒官，未見緣坐死刑的例子。但三國、兩晉卻屢
見取賊妻子的事例，不過，這應該不是刑律中的規定，從刑責的處量上來看
賊罪是較劫罪稍輕的。

（四）惡逆、不孝：對尊長不敬是為不孝；傷害尊長是為惡逆。

中國文化中特別重視孝道的闡揚與實踐，百善莫先於孝者。孝道在中國文

〔註17〕《宋書》卷二〈武帝紀〉，頁 29。
〔註18〕《隋書》卷二十五〈刑法志〉，頁 702。
〔註19〕《陳書》卷四〈廢帝紀〉，頁 70。
〔註20〕《魏書》卷一百一十一〈刑法志〉，頁 2876。
〔註21〕《魏書》卷一百一十一〈刑法志〉，頁 2877。
〔註22〕《隋書》卷二十五〈刑法志〉，頁 708。

化中的地位，猶如宗教之於西方文化一般。〔註23〕漢朝以來，朝廷便提倡以孝治天下，東漢末，門閥業已形成，孝道成為家族間的基本道德，而當時盛行的鄉閭清議，主要也是以孝、悌二種道德行為的實踐來當作評斷標準。〔註24〕然而，晉以前，在忠孝不能兩全的情況下，仍是鼓勵「移孝作忠」的。司馬氏篡魏，首先在「忠」字上站不住腳，只能以提倡孝道來掩飾篡奪之實。司馬氏是儒學大族，孝道的提倡對維護本身的利益有絕對好處，故晉朝以後，孝道的實踐與倡導在社會上具有相當程度的政、經作用，孝先於忠的觀念也由是形成。〔註25〕總之，兩晉至南北朝是特別重視孝道的，這種觀念落實在社會上，從刑律中也可看出端倪。北齊以前雖無十惡之名，但曹魏、兩晉、北魏均有不孝的律目，北齊列重罪十條，惡逆、不孝均在其內。〔註26〕北周雖不立十惡之目，但重惡逆、不道、大不敬、不孝、不義、內亂之罪。〔註27〕由此可知，惡逆與不孝在魏晉南北朝均是屬於惡行重大的犯罪，據《唐律疏義》名例云：「告言詛罵祖父母、父母，及祖父母、父母在，別籍異財，若供養有闕，居父母喪，詐稱祖父母、父母死」〔註28〕是為不孝。「毆及謀殺祖父母、父母，殺伯、叔、父母、姑、兄、姊、外祖父母、夫之祖父母、父母者」〔註29〕是為惡逆。二者均是屬於犯上的行為，但惡逆是屬於身體上的實質傷害，傷害的對象除了直系血親的父母、祖父母外，尚包括外祖父母、夫之祖父母及伯、叔、兄、姊等其他親屬。不孝則是以行為損及父母、祖父母。在犯罪的程度上而言，惡逆顯然要較不孝嚴重得多；在刑罰的處置上，惡逆也較不孝為重。又同樣是犯惡逆，毆與謀殺的判刑應該也是相差很大的。南朝陳制：縉紳之士惡逆，免死付冶，聽將妻入役，不為年數。按南朝刑律皆是源自晉律。晉律：子賊殺傷毆父母梟首，罵詈棄市，謀殺夫之父母亦棄市，會赦，免刑補冶。〔註30〕晉律中罵詈父母即

〔註23〕 曾昭旭，〈骨肉相親・志業相承——孝道觀念的發展〉，頁 211。收錄於《中國文化新論思想篇二》。

〔註24〕 參閱唐長孺〈魏晉南朝的君父先後論〉，收錄於氏著《魏晉南北朝史論拾遺》，頁 240。

〔註25〕 參閱唐長孺，〈魏晉南朝的君父先後論〉，收錄於氏著《魏晉南北朝史論拾遺》，頁 243～244。

〔註26〕 《隋書》卷二十五〈刑法志〉，頁 706。

〔註27〕 《隋書》卷二十五〈刑法志〉，頁 708。

〔註28〕 長孫無忌《唐律疏義》，頁 19。

〔註29〕 長孫無忌《唐律疏義》，頁 16。

〔註30〕 《南史》卷二十七〈孔靖傳〉，頁 727。

棄市，更遑論謀殺父母了。兩相比較，陳制在惡逆方面的量刑是較輕的，但陳制中所言的縉紳之士惡逆，當指犯罪情節輕者，謀殺父母者應不在其內才對。晉時，曾有一案例，乃民殺官長，遇赦，議者以爲應止徙送，劉秀之卻認爲地方官長，比之父母，若殺官長遇赦便止徙送，則與一般殺人無異，故行害之身，雖遇赦，直長付尚方，窮其天命，家口補兵。〔註31〕地方官長乃地方之父母官，殺官長者，宜比照殺父母之惡逆犯，而不得以一般之殺人犯視之，故雖遇赦，只貸其死，卻不得停止徙送，應按律付冶。晉律律文不顯民殺官長之旨，故刑責的判定應該是援引惡逆之刑責以爲參考，由此推想，晉若犯謀殺父母的惡逆罪，家口應當是要緣坐補兵的。

北魏謀殺父母處刑極重，非但身死，還受轘刑。

《魏書》卷五十九〈蕭寶夤傳〉：

> （蕭）凱妻，長孫稚女也，輕薄無禮，公主數加罪責。凱竊銜恨，
> 妻復惑說之。天平中，凱遂遣奴害公主。乃轘凱於東市，妻梟首。
> 家遂殄滅。

（蕭）凱害其母，轘於東市，其妻亦坐梟首，北魏惡逆罪法定的緣坐刑責礙於史料缺乏，無法詳其實。不過由蕭凱之例看來，刑責是不輕的。不孝罪的犯案情形較惡逆爲輕，緣坐之刑亦較輕，有關不孝罪之緣坐情形，下例可作爲參考：

《晉書》卷三十八〈宣五王傳〉：

> （司馬）澹妻郭氏，賈后內妹也。初恃勢，無禮於澹母。齊王冏輔
> 政，澹母諸葛太妃表澹不孝，乞還（司馬）繇，由是澹與妻子徙遼
> 東。其子禧年五歲，不肯隨去，曰：「要當爲父求還，無爲俱徙。」
> 陳訴歷年，太妃薨，繇被害，然後得還。

郭氏無禮於（司馬）澹母，澹母表澹不孝，澹與郭氏俱徙遼東，家口聽徙，不徙亦可。

至於南朝犯不孝者，法律中規定除了刑責之外，還要發詔棄之，讓社會清議，使其不容於社會。

> 南朝陳制：若縉紳之族，犯虧名教，不孝及內亂者，發詔棄之，終
> 身不齒。先與士人爲婚者，許妻家奪之。〔註32〕

〔註31〕《宋書》卷八十一〈劉秀之傳〉，頁2075。
〔註32〕《隋書》卷二十五〈刑法志〉，頁702。

蓋不孝有虧德性，為世人所不齒，尤其縉紳之族，飽讀詩書，卻虧犯名教，更是不容於世，除了發詔棄之外，並准許妻家離婚。這也是利用社會的道德觀和輿論力量來制裁犯罪的特殊法律。

（五）復仇：未經司法體系的裁定，自行對有仇之人進行報復。

當政府無法獲得百姓的信任，公權力無法維持公平的裁定時，復仇的觀念與習慣便產生了。人民企圖經由復仇的行為來伸張得正義，這種情形在古代社會是極為普遍的，在中國自然也不例外。而中國復仇的責任不僅止於血親，五倫範圍之內都有復仇的責任。〔註33〕隨著政治力和法律機構的發達，國家亦開始注意到這個問題，生殺予奪的大權應該屬於國家所專有，人民不能也不應該擁有擅殺的權利，所以遲至西漢末年，國家便已有禁復仇的法令了。〔註34〕雖然魏晉南北朝歷代對於復仇的刑責都不一樣，擅自復仇者，重者族誅，輕者也要緣坐。

三國時，曹魏就曾嚴禁私人復仇，凡有復仇者，皆族之，是欲以重法止殺也。

> 黃初四年（223）正月詔曰：「喪亂以來，兵革未戢，天下人互相殘
> 殺。今海內初定，敢有私復讎者皆族之。」〔註35〕

曹操下令禁復仇，私復仇者一律族誅，如此地重法顯示出當時復仇之風必熾，欲革長久以來百姓私人復仇的習慣，故猛下重法，嚴禁私行復仇。

北魏對於復仇處罰亦極嚴，私復仇者，誅及宗族。

> 民相殺害，牧守依法平決，不聽私輒報復，敢有報者，誅及宗族；
> 鄰伍相助，與同罪。〔註36〕

除了以宗族緣坐禁止復仇之外，北魏更進一步嚴禁鄰伍助人復仇。北周規定報讎者，告於法而自殺之，不坐。〔註37〕史文又載：北周初年除復仇之法，犯者以殺論。〔註38〕至於是否是除先告法之規定？則不得而知。

從三國至南北朝，各個政權一再地重申禁止私相復仇，但復仇的事例依然所在多有，朝廷為了糾正私相擅殺復仇之風，將生殺大權明定在朝廷手

〔註33〕參閱瞿同祖，《中國法律與中國社會》，頁87。
〔註34〕參閱瞿同祖，《中國法律與中國社會》，頁88。
〔註35〕《三國志》卷二〈文帝紀〉，頁82。
〔註36〕《魏書》卷四〈世祖紀〉，頁86。
〔註37〕《隋書》卷二十五〈刑法志〉，頁708。
〔註38〕《隋書》卷二十五〈刑法志〉，頁709。

中，不惜以重法及緣坐來制止復仇的行爲。唐宋以後，法律一貫是禁止復仇的，〔註39〕但直至清末，復仇之事依然存在，這是倫理觀念和法律不能相容，產生矛盾的實例。

（六）殺人致死：以各種方式奪取他人性命。

「殺人償命」是中國刑罰體系中一個很基本的道理，但同樣是殺人，又可區分爲強盜殺人、謀殺人、毒殺人……等各種不同的殺法，而每一種殺人罪依其不同的行爲，處罰也有所不同。

北魏規定「強盜殺人者，首從皆斬，妻子同籍，配爲樂戶；其不殺人，及贓不滿五匹，魁首斬，從者死，妻子亦爲樂戶；小盜贓滿十匹已上，魁首死，妻子配驛，從者流。」〔註40〕除小盜外，北魏強盜首從均爲死罪，又不論大、小強盜，妻子都是主要緣坐者。若強盜殺人，除了妻子之外，同籍亦得緣坐配爲樂戶。北齊律：盜及殺人而亡者，即懸名注籍，甄其一房配驛戶。〔註41〕北周盜賊亦甄一房配爲雜戶。北齊、北周不分大、小盜均甄一房配沒。北齊殺人而亡者，亦甄一房，其緣坐範圍均較北魏爲廣。

至於謀殺人，北魏有一例：

《魏書》卷十八〈廣陽王〉傳：

> （元）湛弟瑾，尚書祠部郎。後謀殺齊文襄，事泄，合門伏法。

元瑾謀殺人，遭門誅。此例所謀殺的對象乃主政者，實在不可以單純的謀殺案例視之。若以門誅的刑責判斷，此例極有可能是以大逆之罪責來懲處。又北魏規定若毒殺人者，殺人者斬，妻子流。〔註42〕緣坐的對象僅止於妻子。

不論是強盜殺人、謀殺人、毒殺人，北朝的量刑均極重，而且緣坐家屬中，又以妻子的緣坐爲主。

（七）其　他

1. 禁私養沙門及奉佛法：有容止沙門、奉事胡神及崇拜偶像者，一律門誅。

佛教從東漢傳入中國，因其主張神靈不滅、因果報應、邀福避禍、輪迴轉世之說，與中國的老莊思想頗能相容。魏晉時期，佛學便依附在玄學下與

〔註39〕參閱瞿同祖，《中國法律與中國社會》，頁89。
〔註40〕《魏書》卷一百一十一〈刑法志〉，頁2888。
〔註41〕《隋書》卷二十五〈刑法志〉，頁706。
〔註42〕《魏書》卷一百一十一〈刑法志〉，頁2885。

之相輔流行。南北朝時，佛教已頗爲盛行，當時社會上的另一顯教是中國本土的道教，而下禁匿容沙門師巫詔〔註 43〕的北魏太武帝拓跋燾就是篤信道教的。太武帝滅佛法在佛教史上與北周武帝、唐武宗的滅佛並稱「三武之厄」。〔註 44〕但太武帝滅佛的原因並不是只單純的因爲他篤信道教，當時的沙門不事生產、不服力役，致有心避役之人常常寄身沙門以求避役，同時寺產往往佔地至廣，寺院經濟的獨立發展是國家財政上的盲點，又寺院中暗藏兵器，頗有陰謀造反之嫌，沙門中人不敬王〔註 45〕的態度，更是國家政治的一大隱憂。〈釋老志〉云：

> 世祖即位，富於春秋。既而銳志武功，每以平定禍亂爲先。雖歸宗佛法，敬重沙門，而未存覽經教，深求緣報之意。及得寇謙之道，帝以清淨無爲，有仙化之證，遂信其術。時司徒崔浩，博學多聞，帝每訪以大事。浩奉謙之道，尤不信佛，與帝言，數加非毀，常謂虛誕，爲事費害。帝以其辯博，頗信之。會蓋吳反杏城，關中騷動，帝乃西伐，至於長安。先是，長安沙門種麥寺內，御驄牧馬於麥中，帝入觀馬。沙門飲從官酒，從官入其便室，見大有弓矢矛盾，出以奏聞。帝怒曰：「此非沙門所用，當與蓋吳通謀，規害人耳！」命有司案誅一寺，閱其財產，大得釀酒具及州郡牧守富人所寄藏物，蓋以萬計。又爲屈室，與貴室女私行淫亂。帝既忿沙門非法，浩時從行，因進其說。詔誅長安沙門，焚破佛像，敕留臺下四方令，一依長安行事。又詔曰：「彼沙門者，皆送官曹，不得隱匿。限今年二月十五日，過期不出，沙門身死，容止者誅一門。」〔註 46〕

除了宗教立場不同，政治、經濟上的危害之外，沙門中人行爲不檢，敗壞社

〔註 43〕 《魏書》卷四〈世祖紀〉：（太平眞君五年正月）（444）戊申，詔曰：「愚民無識，信惑妖邪，私養師巫，挾藏讖記、陰陽、圖讖、方伎之書；又沙門之徒，假西戎虛誕，生致妖孽。非所以壹齊政化，布淳德於天下也。自王公已下至於庶人，有私養沙門、師巫及金銀工巧之人在其家者，皆遣詣官曹，不得容匿。限今年二月十五日，過期不出，師巫、沙門身死，主人門誅。明相宣告，咸使聞知。」

〔註 44〕 有關北朝的滅佛，請參閱羅宏曾，《魏晉南北朝文化史》（四川人民出版社，成都，1988 年）第三章第三節；《洛陽伽藍記校注》（華正書局，臺北，民國 69 年）序。

〔註 45〕 唐長孺，〈魏晉玄學之形成及其發展〉，收錄於氏著《魏晉南北朝史論拾遺》，頁 341。

〔註 46〕 《魏書》卷一百一十四〈釋老志〉，頁 3033～3034。

會風氣也是太武帝禁止私養沙門的原因之一。越二年，太武復下滅佛之詔，凡有敢事胡神及造形像泥人、銅人者，門誅。並宣告諸征鎮諸軍、刺史擊破佛像、焚燒胡經，沙門無少長悉坑之。〔註 47〕這樣的滅佛之詔維持了七年，當時篤信佛法之家，只得密秘奉事，沙門專至者，亦仍暗中法服誦習，惟不顯於京都。〔註48〕一直到文成帝即位，才於興安元年（452）下詔修復佛法。滅佛之舉，並非法律定制，似乎也與婦女緣坐關係不大，惟世祖下詔禁佛，明令容止者，門誅。太武後復下詔，敢有私復胡神及崇拜偶像者，門誅。實際執行成效如何？礙於史料缺乏，無從得知，但倘若切實執行相關規定，有犯上述二詔者，門誅，則家中婦女乃當然之緣坐者。

　　2. 有虧職守：未善盡人臣之責任。

　　魏莊帝永熙三年（534）六月，高歡督師南下，魏帝問計於群臣，計未決，高歡兵至，魏帝倉皇奔宇文泰，逃至長安。高歡入洛，以有虧職守之名，大肆誅殺魏臣。

《北齊書》卷二〈神武帝紀〉：

> （永熙三年）八月甲寅，（高歡）召集百官，謂曰：「爲臣奉主，匡救危亂，若處不諫爭，出不陪隨，緩則耽寵爭榮，急便逃竄，臣節安在！」遂收開府儀同三司叱列延慶、兼尚書左僕射辛雄、兼吏部尚書崔孝芬、都官尚書劉廞、兼度支尚書楊機、散騎常侍元士弼並殺之，誅其貳也。士弼籍沒家口。

《魏書》卷七十〈辛雄傳〉：

> 帝入關右，齊獻武王至洛，於永寧寺集朝士，責讓（辛）雄及尚書崔孝芬、劉廞、楊機等曰：「爲臣奉主，扶危救亂，若處不諫諍，出不陪隨，緩則耽寵，急便竄避，臣節安在？」諸人默不能對。（辛）雄對曰：「當主上信狎近臣，雄等不與謀議。及乘輿西邁，若即奔隨，便恐跡同佞黨；留待大王，便以不從蒙責。雄等進退如此，不能自委溝壑，實爲慚負。」王復責曰：「卿等備位納言，當以身報國，不能盡忠，依附諂佞，未聞卿等諫諍一言，使國家之事忽至於此，罪欲何歸也！」乃誅之，時年五十。沒其家口。

高歡入洛，莊帝倉皇出奔宇文泰。高歡乃藉口諸大臣不盡臣節，誅殺魏臣。

〔註47〕《魏書》卷一百一十四〈釋老志〉，頁 3034～3035。
〔註48〕《魏書》卷一百一十四〈釋老志〉，頁 3035。

在將異己勢力清除之後，同年十月，高歡立清河王世子善爲帝，是爲孝靜帝。旋遷帝於鄴，自此魏分東、西。高歡殺魏大臣無名，責其未克盡職責，只不過是任意安一罪名，以達其翦除大臣的目的罷了。元士弼等人家口籍沒，家中婦女亦在沒官之列。

3. 誣告人：以莫須有之罪名誣罔陷害他人。

三國至南北朝的各朝刑罰體系中，對於告發他人犯罪一事，所採的態度不一。三國時除非告人謀反、大逆，否則要反受其罪。北魏時則鼓勵民眾告發犯罪，甚至守令有罪，吏民亦得舉告。〔註49〕但對於誣告，則各朝均是嚴格禁止的，通常誣告者都是要反坐其罪的，兩晉對於囚徒誣告人反尤其嚴厲，除了反坐之外，還要罪及親屬。「囚徒誣告人反，罪及親屬，異於善人，所以累之使省刑息誣也。」〔註50〕囚徒乃犯罪之身，異於常人，爲了避免囚徒誣告人反，陷人於罪，特加重囚徒的誣告罪，以親屬緣坐的威脅來避免誣告。

4. 姦吏逃刑：姦吏犯法，惡意逃避刑責。

北魏世宗曾針對姦吏逃刑的問題特別下詔：凡姦吏逃刑，除了懸名配戍之外，復得以兄弟代之。郭祚以爲此法過酷，且不足以塞姦吏逃亡之途，特上奏止徙罪吏妻子：

> 世宗詔以姦吏逃刑，懸配遠戍，若永避不出，兄弟代之。（郭）祚奏曰：「……誠以敗法之原，起於姦吏，姦吏雖微，敗法實甚。伏尋詔旨，信亦斷其逃逃之路，爲治之要，實在於斯。然法貴止姦，不在過酷，立制施禁，爲可傳之於後。若法猛而姦不息，禁過不可永傳，將何以載之刑書，垂之百代？若以姦吏逃竄，徙其兄弟，罪人妻子復應從之，此則一人之罪，禍傾二室。愚謂罪人既逃，止徙妻子，走者之身，懸名永配，於眚不免，姦途自塞。」詔從之。〔註51〕

郭祚認爲姦吏逃亡，以兄弟充代，是以一人之罪，禍傾二室的作法，於法未免過酷，但若止徙罪人妻子，走者之身，懸名永配，則於罪不免，復因要緣坐妻子而姦途自塞。由是觀之，兄弟可以罪不相及，妻子卻不能免坐，益可證明中國古代女子人身權力、義務都是附屬在男子之下。

〔註49〕 《魏書》卷三〈太宗紀〉，頁 54。
〔註50〕 《晉書》卷三十〈刑法志〉，頁 925。
〔註51〕 《魏書》卷六十四〈郭祚傳〉，頁 1422～1423。

5. 防配邊逃亡：防範罪犯發配徙邊者逃亡。

北魏原本就有罪犯徙邊之制，高宗和平末年，冀州刺史源賀又上言：「自非大逆手殺人者，請原其命，謫守邊戍。」詔從之。爾後，除大逆、手殺人者皆恕死徙邊，而徙邊者非有特詔不得返，復因力役終身，與親人遠道分離，人情難安。因此，常有罪犯逃亡之情事。高宗乃下旨立重制，一人犯罪逋亡，合門充役。〔註52〕後崔挺以為《周書》父子罪不相及，一人逃亡，合門充役，罪責過重，乃上書請廢，高宗納之，乃廢。

6. 私度禁物、截盜軍糧：走私、盜取軍用糧食。

北齊王峻曾犯私度禁物、盜截軍糧之罪，有司依格處斬，家口配沒。〔註53〕因峻在朝為官，符合八議的原則，故特詔決鞭一百，除名配甲坊，蠲其家口。會赦免，停廢私門。〔註54〕

「私度禁物」以今天的話來說就是走私，王峻私度禁物並盜截軍糧，是知法犯法，而有司判其處斬的依據是格。所謂格者，乃百官有司之所常行之事也。格之為法，頗似今日之行政法及官吏懲戒法，但又不完全相同。〔註55〕在唐以前，格是用來輔助律令的，王峻私度禁物、盜截軍糧，史書但稱其違格而不曰違法，據此可知，北齊律中可能沒有懲治私度禁物或盜截軍糧之律，故以格補充之。王峻雖遇赦得免，但北齊之格規定私度禁物並盜截軍糧除犯者受斬之外，家口也是要依格配沒的。

7. 禁百工私立學校：北魏工匠不准讀書，亦不准私立學校。

魏晉南北朝，因為勞動者的缺乏，政府對工匠都特別加強管理控制，使國家之需及官府工程都能得以順利完成，其中又以北魏對工匠之控制最為嚴密。

北魏以遊牧部族入主中國，其部族手工業的水準不高，故一進入中國之後，首先將手工業者控制起來，以官府的力量對工匠集中管理，不論是被徵發的百工，或是由俘虜罪犯配至工場工作的百工，其身分均與平民有別，政府也刻意將其與平民區分開來。北魏治下的手工業者稱雜戶，〔註56〕編制上

〔註52〕《魏書》卷五十七〈崔挺傳〉，頁1265。
〔註53〕《北齊書》卷二十五〈王峻傳〉，頁364。
〔註54〕《北齊書》卷二十五〈王峻傳〉，頁364。
〔註55〕陳顧遠《中國法制史概要》，頁78。
〔註56〕唐長孺，〈魏晉至唐官府作場及官府工程的工匠〉，收錄於氏著《魏晉南北朝史論叢續編》，頁48。

也是採軍事編制。〔註57〕為了加強對工匠的控制，太祖天興元年（398）曾下詔徙百工伎巧十餘萬以充京師。〔註58〕其後，又採樂葵建議，搜訪由農民分化出來的「漏戶」充伎作戶。〔註59〕再一次地擴大了對工匠的管制。世祖時更進一步禁止王公以下至於庶人私養工匠，違著遣詣官曹，非但如此，還嚴禁工匠讀書。

> （太平眞君五年春正月）（444）庚戌，詔曰：「自頃以來，軍國多事，未宣文教，非所以整齊風俗，示軌則於天下也。令制自王公已下至於卿士，其子息皆詣太學。其百工伎巧、騶卒子息，當習其父兄所業，不聽私立學校。違者師身死，主人門誅。」〔註60〕

由庚戌之詔的頒佈，明白揭示工匠世襲、不准讀書，〔註61〕以免「濫入清流」，〔註62〕高宗時，更下詔「皇族、師傅、王公侯伯及士民之家不得與百工、伎巧、卑姓為婚。」〔註63〕藉以控制工匠的社會地位，阻斷工匠上達之機會，以便手工業世世代代為政府所有、所用。

8. 誹謗咒詛：以言語或書信詆毀他人或皇室。

北魏竇瑾以誹謗咒詛之言，與子俱誅，妻子沒官。

《魏書》卷四十六〈竇瑾傳〉：

> 興光初，（竇）瑾女婿鬱林公司馬彌陀以選尚臨涇公主，瑾教彌陀辭託，有誹謗咒詛之言，與彌陀同誅。瑾有四子，秉、持、依並為中書學生，與父同時伏法。唯少子遵，逃匿得免。

同書卷四十八〈高允傳〉：

> 初，尚書竇瑾坐事誅，瑾子遵亡在山澤，遵母焦沒入縣官。後焦以老得免，瑾之親故，莫有恤者。允愍焦年老，保護在家。積六年，

〔註57〕同上。

〔註58〕《魏書》卷二〈太祖紀〉，頁32。

〔註59〕參閱唐長孺，〈拓跋國家的建立及其封建化〉，收錄於氏著《魏晉南北朝史論叢》，頁234。

〔註60〕《魏書》卷四〈世祖紀〉，頁97。

〔註61〕有關北魏官學的分類與用意，請參閱高明士，《唐代東亞教育圈的形成——東亞世界形成史的一側面》（國立編譯館中華叢書編審委員會，臺北，民國73年）上篇第三章，頁169～188。

〔註62〕唐長孺，〈魏晉至唐官府作場及官府工程的工匠〉，收錄於氏著《魏晉南北朝史論叢續編》，頁50。

〔註63〕《魏書》卷五〈高宗紀〉，頁122。

遵始蒙赦。

竇瑾到底教了司馬彌陀什麼誹謗咒詛之言，史文不載。但瑾與子俱誅，妻子沒官，判刑極重，極可能是以大不敬的罪名遭誅。

9. 造謗書：以文字譖毀國家朝政。

封建時代之專制政府，為維護其政權，無不處心積慮地嚴防並杜絕一切危害政權存在之情事的發生，造謗書雖然未以武力犯禁，但謗書一旦流傳，其對國家之傷害，實不下於以武力謀反、作亂。北魏律文明定造謗書者皆及孥戮。〔註 64〕陳奇便以此罪，竟至大戮，罪及其家。〔註 65〕常員與常伯夫亦因共為飛書，誣謗朝政，罪及五族。

《魏書》卷八十三〈外戚傳〉：

> 後（常）員與（常）伯夫共為飛書，誣謗朝政。事發，有司執憲，刑及五族。高祖以昭太后故，罪止一門。（常）訢年老，赦免歸家，恕其孫一人扶養之，給奴婢田宅。其家僮入者百人，金錦布帛數萬計，賜尚書以下，宿衛以上。其女婿及親從在朝，皆免官歸本。十一年，高祖、文明太后以昭太后故，悉出其家前後沒入婦女，以喜子振試守正平郡。

常員與常禽可因誣謗朝政，罪及五族。比諸大逆、謀反之罪有過之而無不及，北魏刑律之嚴苛由此可見一斑。按常氏之受寵乃由於高宗乳母常氏保護有功。〔註 66〕高宗即位後，尊常氏為皇太后，常氏一門皆以親疏受爵、賜田，恩賞隆盛。常員事發後，高宗復以太后故，特詔罪止一門，其後又盡出其家沒官婦女，恩赦也堪稱非常了。

10. 預知亂謀：預先知道謀亂之事而不舉發。

溫子昇，乃晉溫嶠之後，文采出眾，蕭衍曾稱讚其為「曹植、陸機復生於北土。」〔註 67〕北齊文襄王引為大將軍府諮議參軍。及元僅、劉思逸、荀濟等作亂，文襄疑子昇知其謀，遂餓子昇於獄，後食弊襦而死，棄屍路隅，

〔註 64〕《魏書》卷八十四〈儒林傳〉，頁 1847。
〔註 65〕《魏書》卷八十四〈儒林傳〉：「有人為謗書，多怨時之言，頗稱（陳）奇不得志。（游）雅乃諷在事云：『此書言奇不遂，當是奇假人為之。如依律文，造謗書者皆及孥戮。』遂抵奇罪。時司徒、平原王陸麗知奇枉，惜其才學，故得遷延經年，冀有寬宥。但執以獄成，竟至大戮，遂及其家」。頁 1847。
〔註 66〕《魏書》卷八十三〈外戚傳〉，頁 1817～1818。
〔註 67〕《魏書》卷八十五〈文苑傳〉，頁 1876。

並沒其家口。〔註68〕

11. 毆主傷胎：毆傷公主及胎兒。

《魏書》卷一百一十一〈刑罰志〉：

> 神龜中，蘭陵公主駙馬都尉劉輝，坐與河陰縣民張智壽妹容妃、陳
> 慶和妹慧猛，姦亂耽惑，毆主傷胎。輝懼罪逃亡。門下處奏：「各入
> 死刑，智壽、慶和並以知情不加防限，處以流坐。」詔曰：「容妃、
> 慧猛恕死，髡鞭付宮，餘如奏。」

劉輝與容妃、慧猛姦亂，毆主傷胎，有司判張智壽、陳慶和流坐，二家配敦
煌爲兵。〔註69〕容妃、慧猛髡鞭付宮沒入奚官。劉輝則爲死刑。尚書郎崔纂、
尚書元脩義、右僕射游肇等人均以爲妃等，罪止姦私，齊奚官之役，理實爲
重。又自晉以來，明定出嫁之女，從夫家之戮，焉有出適之妹，釁及兄弟之
理？而劉輝潛亡，罪非孥戮，募同大逆，〔註70〕於律亦過重，故上書請重詳
議。但皇帝復下詔，申明厚賞懸募，是爲擒獲劉輝。〔註71〕容妃、慧猛與輝
私亂，罪致非常，故當嚴懲。又已醮之女，雖罪不及兄弟，但智壽、慶和知
情不防，亦當重罰，故不得依同常例，同時免去崔纂之官位，都坐尚書，悉
奪祿一時。〔註72〕

　　封建集權的社會中，任何法律均無法高出皇權之上，法律之設，只能施
於皇帝以下，皇帝既不受法律約束，亦可隨事發詔，推翻現有法律的規範。
若遇到不肖之君主，法律之存廢往往只憑其一時之好惡。雖然法律是社會正
義的維繫者，但法律正義僅止於皇帝以下，皇帝之行事作風是中國古代法律
上一個能力不及的範圍。

　　12. 以緣坐威脅人：以家屬緣坐當做手段，脅迫他人遵從自己的意見。

　　魏晉南北朝，有幾個以緣坐刑罰來威脅人的例子，這些例子與上述諸例
不同的是：上述的例子有些是法有定制的一般狀況，有些則爲某一朝代特有
的規定，但這些規定也是經皇帝下詔或援引相關律文予以處斷。而下面所收

〔註68〕《魏書》卷八十五〈文苑傳〉，頁1877。

〔註69〕《魏書》卷一百一十一〈刑罰志〉，頁2886。

〔註70〕參見《魏書》卷一百一十一〈刑罰志〉，頁2886～2888。

〔註71〕劉輝逃亡，皇帝下詔「伏見旨募若獲劉輝者，職人賞二階，白民聽出身進一
　　　　階，廝役免役，奴婢爲良。」案劉輝並非犯叛人之罪，賞同反人劉宣明之格，
　　　　是以劉輝比照反人辦理。

〔註72〕《魏書》卷一百一十一〈刑罰志〉，頁2886～2888。

集的例子都是突發性或臨時政策性的事件，並非是常態事件，因此這些臨時頒佈的命令也無法律依據，只是一時的權宜措施，很難將它們歸類，估且都歸爲一類，又因這些臨時處置，緣坐的對象也括及婦女，所以也在這兒一併談談。

（1）禁刑哭：禁止爲受刑而死者哭泣。

《三國志》魏書卷十〈王脩傳〉裴注引《傅子》云：

> 太祖既誅袁譚，梟其首，令曰：「敢哭之者戮及妻子。」袁譚、袁尚兄弟相攻，譚請救於曹操，操既破冀州，譚又叛，操遂攻譚，梟譚首。

當時天下群雄並起，袁氏乃北方名士大族，頗得汝穎人士的支持，〔註73〕曹操殺袁譚，爲鎮壓袁氏勢力，特下令不准哭，違者戮及妻子。三國時期的政令與法律，在緣坐方面往往是以妻子爲主，這一點是與後代主要以家屬緣坐較不同者。

（2）脅迫政變：以重刑脅迫軍隊發動政變。

趙王倫與孫秀謀廢賈后，惟恐三部司馬不從，功虧一簣，故在政變發動前，先矯詔敕三部司馬聽命：

> 至期，乃矯詔敕三部司馬曰：「中宮與賈謐等殺吾太子，今使車騎入廢中宮。汝等皆當從命，賜爵關中侯。不從，誅三族。」於是眾皆從之。〔註74〕

趙王倫等若政變不成，絕計殺不了三部司馬。但倫等矯詔威脅復加利誘，這個例子的成功，無形中也成了日後爭權戰中的一個借鏡。次年，司馬乂圍攻司馬冏時，即稱冏謀反，助者誅五族。〔註75〕魏書刑法志云：曹魏、晉未除五族之刑。〔註76〕然晉書中不見誅五族之例，惟此處提及五族刑，但應該只是以重法脅迫不得相助司馬冏的權宜之計，司馬冏被誅，同黨皆夷三族，亦不見有誅五族者。

（3）誘盜自首：引誘盜賊出來自首。

《周書》卷三十七〈韓褒傳〉：

〔註73〕參閱毛漢光，〈三國政權的社會基礎〉，收入氏著《中國中古社會史論》，（聯經出版事業公司，臺北，民國77年），頁112～113。

〔註74〕《晉書》卷五十九〈趙王倫傳〉，頁1599。

〔註75〕請參閱本論文第三章第二節案八，詳見《晉書》卷五十九〈齊王冏傳〉，頁1599。

〔註76〕《魏書》卷一百一十一〈刑罰志〉，頁2887。

州帶北山，多有盜賊。（韓）褒密訪之，衣豪右所爲也，而陽不之知，厚加禮遇。謂之曰：「刺史起自書生，安知督盜，所賴卿等共分其憂耳。」乃悉詔桀黠少年素爲鄉里患者，署爲主帥，分其地界。有盜而不獲者，以故縱論。於是諸被署者，莫不惶懼。皆首伏曰：「前盜發者，立某等爲之。」所有徒侶，皆列其姓名。或亡命隱匿者，亦悉言其所在。褒乃取盜名簿藏之。因大牓州門曰：「自知行盜者，可急來首，即除其罪。盡今月不首者，顯戮其身，籍沒妻子，以賞前首者。」旬月之間，諸盜咸悉首盡。褒取名簿勘之，一無差異。立原其罪，許以自新。由是群盜屏息。

韓褒爲誘盜自首，下令限期內自首者除其罪，否則誅戮其身，並沒妻子，以賞前首者。此乃一時誘盜自首之計，並非常典，地方官吏在其行政權限之內，是可以因時、因地制宜，做一些權宜的處置的。

　　上述所有律文、命令或案例，都是關於緣坐的例子，雖然緣坐的對象並不單限定於婦女，然而婦女卻均包含在這些緣坐對象之中，其中有些是法律定制，也有些是臨時狀況，將它們分類討論，除了用以補充說明在官人大逆、謀反及軍士叛亡之外，還有那些情況婦女可能需要緣坐，同時也希望透過這些絕大多數是「家屬緣坐」的例子，讓婦女在法律上的緣坐情況呈現一個較客觀的事實，本文避免只挑出婦女單獨緣坐的案例，因爲這樣的案例太少，不足以據之觀察婦女緣坐的變化，復因爲婦女原本是兩性之一，惟有將婦女問題回歸到兩性問題之中，方可較正確地觀察出婦女在這個兩性社會中所扮演的角色及所處之地位。站在婦女的角度上出發去談婦女問題是本文極力避免的情況，這也是除了特殊重要案例之外，三、四、五章中並未過分強調婦女部分的緣坐情形之原因。希望經由這些章節的說明，能對三國至南北朝婦女緣坐狀況有一個較客觀的了解。

第六章　結　論

　　本文題爲「魏晉南北朝的婦女緣坐」，但礙於史料的缺乏，所提出來探討的案例往往都是包括婦女緣坐在內的當然案例，如夷三族、門誅、房誅或家口沒官之類的案例，純粹只論及婦女緣坐的案例極少，這是本文先天的受限處。但也正因爲如此，反而能在不特別突顯婦女單獨緣坐的情況下，客觀地觀察婦女在兩性關係中的緣坐情形，而不致只一味地強調婦女的緣坐，忽略了其他人（如家屬、親戚乃至宗人）之緣坐事實。儘管主題是有關婦女之研究，但若因此只單挑出婦女來談，絕難窺見事實之全貌，也不易觀察出婦女緣坐在兩性緣坐中之變化。惟有以持平的眼光來看待兩性之事實情況，才能求得婦女在兩性中所處之客觀地位。

　　牽連到婦女緣坐的案例，都是屬於罪行重大的犯罪，從三國至南北朝期間，這類案件的婦女緣坐情形改變殊爲明顯。在大逆、謀反的婦女緣坐方面：三國以前婦女非但要坐娘家之戮，亦得坐夫家之罰。三國、兩晉律文中對於大逆、謀反並未有明確的具文規定應當施以何種刑罰？而是隨事以皇帝下詔處分。但透過案例的分析發現，夷三族是三國及西晉時此類案例的處罰通則，除了少數因爲特殊身分而受恩赦之例外，其餘所收集的案例，幾乎皆爲夷三族。雖然三族究竟所指爲何難以確定，但是三族婦女緣坐死刑則是確定的。三國時期毋丘儉案後，規定在室之女，坐娘家之戮；既醮之婦，從夫家之罰。從此以後，婦女可以不嬰二門之戮。這一則是女子三從之說在刑法上的落實；一則也顯示了大逆、謀反罪的緣坐對象在逐漸的縮小範圍，更是中國法制史上的長足進步。

　　兩晉時，刑法中已明定婦女於適養母及出嫁女不坐。永康元年（300），

因為解系案，更進一步將出嫁女不坐娘家之戮的規定擴大到許嫁女身上，這不僅是在刑法上承認了許嫁（訂婚）的效力，就婦女緣坐制度本身而言，緣坐的範圍又再次縮減。西晉懷帝永嘉元年（307）廢三族刑，東晉明帝於太寧三年（325）復三族刑，惟不及婦人。從此婦女在緣坐三族刑時，依法可以不死。至此，婦女在大逆、謀反的緣坐刑責上不但較前為輕，而且已明顯較男子為優容。

南朝大逆、謀反的事件遠較三國、兩晉為多，但卻不見夷三族的案例。有關婦女緣坐的記載殊少，這或緣於史家的個人觀點，認為有關婦女之記錄不重要，但也可能是由於當時的政治環境丕變，在外敵環伺的狀況下，為了顧及內部的安定，較少用夷三族之類的殘酷手段來鎮壓謀反、大逆者。婦女因坐謀反、大逆罪而致死者，較三國、兩晉大為減少。

北朝刑法體系因為摻雜胡人的作風，刑罰之嚴苛、慘酷，遠較南朝為甚。北魏對待謀反、大逆者屢以夷五族、夷三族之重刑懲處。高祖孝文帝為矜愚無辜，將夷五族降止同祖；夷三族，降止一門；門誅者；止身。但往後門誅、房誅者仍多。大抵而言，北朝對於謀反、大逆之處罰似乎並無定制，而北周、北齊的量刑又較北魏為輕。北朝以前，女子坐大逆、謀反罪者，未見沒官之例，北魏首開其端。可能是處罰大逆、謀反罪立意偏向絕人後裔，故年十四以下男子，雖不坐死刑，卻得受宮刑，年十四以下女子沒為官奴婢。女子因為無法承嗣，誅殺婦女就成為次要的事，故以沒官代替，朝廷反而可以善用沒官婦女的人力資源。

在同一個時代裡，承平之時量刑偏重；政權不穩，社會動盪之時，反而處刑較輕，這可能導源於政治環境的惡化，使得政府無力專心對付國內的謀反事件，復因外敵的威脅日益嚴重，為政者欲保留政治資本來對抗外敵，所以對謀反、大逆者之懲罰，手段較承平時溫和許多。

又根據案例的分析發現，雖然真正謀反、大逆者所在多有，然而這種罪名通常都被用做剷除政敵之手段，從三國至南北朝都是如此。政爭的原因儘管不同，但目的都是奪權。為了掌權，必須要剷除異己，利用刑法體系去消滅政敵是既合法又明智的。而歷朝歷代的刑法體系莫不以謀反、大逆為首惡，犯此罪者，不但牽連最廣，誅殺也最多。因此，這種罪名也就順理成章地成了政爭中勝利一方的殺人借口，將失敗的一方按上個謀反、大逆的罪名，以合法的手段行剷除異己之實。魏晉南北朝犯此罪者，動輒誅五族、夷三族、

門誅、房誅，以徹底消滅後患，也就不足爲怪了。只是，牽連所及，不知枉殺多少冤魂，而婦女尤其無辜，蓋中國以男子承嗣，婦女不列昭穆之祀，要滅一家一姓，男子身死即可達此目的。婦女坐死，只不過是緣坐制度這種連帶受罰，以及三從之說下的犧牲品。晉明帝時除婦人之三族刑或許正是爲此。又立法者在立法時，或有體恤婦女的美意，先後規定了出嫁女不坐、許嫁女不坐、婦人不施三族刑等定制，但實際的執行事實與規定間是頗有出入的。尤其是在政爭事件中，這些規定往往形同具文，發生不了任何保障婦女的作用。實際的掌權者才是操控這些的主宰。惟一的避禍手段就是離絕。不論男方、女方，當其中一方的家庭涉及謀反、大逆或其他重罪之時，另一方可提出離絕的要求。這樣的離絕，往往是被允許的，一旦離絕，則不必緣坐。這種爲了避禍而離婚的案例，從三國至南北朝都有，也爲因大逆、謀反罪名緣坐的婦女提供了一條脫身保命之路。

　　魏晉南北朝，婦女在軍人逃亡、叛降罪方面的緣坐也有不少轉變：三國以前，軍士逃亡妻子是要緣坐死刑的。三國時，曹魏將妻子緣坐之刑改爲沒官；孫吳也廢了督將亡叛，妻子坐死之刑，可能亦是改採沒官；蜀雖無史料可考，推想亦應與魏、吳相去不遠；均較死刑爲減。但三國時軍士叛降、逃亡之緣坐對象仍以妻子爲主。兩晉時期，國家爲防止軍士逃亡、叛降，普遍採用人質制度來牽制將士，而質任者也以將士之妻子、父母爲主。南北朝時期，軍士亡叛，家屬要依法緣坐，而婦女爲家口中之一分子，其緣坐受刑也是可以確定的。有關魏晉南北朝軍士逃亡、叛降的婦女緣坐情形，就刑罰而言，是從死刑減到沒官，刑責愈往後愈輕；從範圍而言，從緣坐妻子一人到全家家口，有愈坐愈多之趨勢。在緣坐對象上，男女有日趨平等，甚至於愈往後愈偏重男子緣坐之勢；相對地，女子緣坐有日益減輕之勢。但不論緣坐對象如何擴大，婦女一直都是三國至南北朝時期軍士逃亡、叛降的緣坐要角。至於其他犯罪導致婦女緣坐的情形，則視所犯之罪及所處朝代而有不同的規定，一般而言，若非婦女緣坐，即爲家屬緣坐。除了少數幾種重罪如爲劫、復仇、殺人等，婦女或家屬可能坐死之外，一般緣坐均是以沒官爲主。但只要是家屬緣坐，婦女都是其中的當然緣坐者。

　　綜觀魏晉南北朝的婦女緣坐情形，三國時期各種犯罪多以婦女，尤其是妻子的緣坐爲主，而且刑責較重，緣坐死刑是極普遍的事。這或許是因爲女子有三從之義，其人身所有權是從屬於父、夫或子的，故父、夫或子犯罪，

多以女、婦或母爲連帶處罰之對象。兩晉時期，情況已開始有所轉變，緣坐對象雖仍以婦女居多，但家屬緣坐之例已較前爲增。從現有史料來看，西晉初年，情況尚不明顯，但至東晉末年，各種犯罪的主要緣坐對象已由婦女單一的角色逐漸轉變爲家屬緣坐，緣坐刑責也較前爲輕。至南北朝時，緣坐對象多以家口爲主，婦女雖然也是其中一份子，但只緣坐婦女單一角色的情況已很少，且除了大逆、謀反等重罪外，緣坐刑責大致都是以沒官爲主。

從三國至南北朝，尤其是在三國時期，屢有僅以婦女（幾乎都是妻子）爲緣坐對象的，卻未見僅以男子爲緣坐對象之規定。但時間愈往後，緣坐對象也由女性單一性別演變爲兩性皆有，而且女性的緣坐刑責比起男性的刑責來，也有愈來愈輕之趨勢，尤其是在南北朝時期，在謀反、大逆案例中屢見子、姪皆斬，或受宮刑，而婦女卻只沒官之記載。這或許是因爲大逆、謀反案例絕大多數都與政治鬥爭有關，因此這一類案件的緣坐刑罰觀念，似乎有從懲處犯罪逐漸轉變爲滅人一家一姓以絕後患的趨勢。因此，不能承昭穆之祀的婦女反而顯得不那麼重要，所以處刑也較輕，男、女緣坐異刑自此始。但不論是男子宮刑、女子沒官或配嫁，都較處死爲輕。一言以蔽之，魏晉南北朝的婦女緣坐，在刑責上日趨減輕，在範圍上日趨縮小，整體而言，婦女緣坐之刑相較於男子緣坐是愈來愈輕。唐以後明定出嫁女、許嫁女均不坐娘家之戮，即使大逆、謀反，婦女亦不坐死刑，而採沒官。這些優遇婦女的緣坐規定，其實都是在魏晉南北朝時期醞釀定型，且於唐以後明載在歷代的刑法規章之中的，這些新規定著實加惠後代婦女不少。

參考書目

（一）

1. 《史記》，鼎文書局新校標點本，臺北，民國 64 年 1 月初版。
2. 《漢書》，鼎文書局新校標點本，臺北，民國 63 年 10 月初版。
3. 《後漢書》，鼎文書局新校標點本，臺北，民國 63 年 10 月初版。
4. 《三國志》，鼎文書局新校標點本，臺北，民國 63 年 10 月初版。
5. 《晉書》，鼎文書局新校標點本，臺北，民國 68 年 2 月二版。
6. 《宋書》，鼎文書局新校標點本，臺北，民國 64 年 6 月初版。
7. 《南齊書》，鼎文書局新校標點本，臺北，民國 64 年 3 月初版。
8. 《梁書》，鼎文書局新校標點本，臺北，民國 64 年 3 月初版。
9. 《陳書》，鼎文書局新校標點本，臺北，民國 64 年 3 月初版。
10. 《魏書》，鼎文書局新校標點本，臺北，民國 68 年 2 月二版。
11. 《北齊書》，鼎文書局新校標點本，臺北，民國 64 年 3 月初版。
12. 《周書》，鼎文書局新校標點本，臺北，民國 64 年 3 月初版。
13. 《南史》，鼎文書局新校標點本，臺北，民國 70 年 1 月三版。
14. 《北史》，鼎文書局新校標點本，臺北，民國 70 年 1 月三版。
15. 《隋書》，鼎文書局新校標點本，臺北，民國 68 年 2 月二版。
16. 《世說新語校箋》，華正書局，臺北，民國 63 年 9 月。
17. 《洛陽伽藍記校注》，華正書局，臺北，民國 69 年 4 月。
18. 王欽若編，《冊府元龜》，中華書局，北京，1988 年 8 月三版。
19. 王鳴盛，《十七史商榷》，廣文書局，臺北，民國 49 年。
20. 朱銘盤，《南朝宋會要》，上海古籍出版社，上海，1984 年 8 月。

21. 朱銘盤，《南朝齊會要》，上海古籍出版社，上海，1984 年 8 月。

22. 朱銘盤，《南朝梁會要》，上海古籍出版社，上海，1984 年 8 月。

23. 朱銘盤，《南朝陳會要》，上海古籍出版社，上海，1984 年 8 月。

24. 李昉編，《太平御覽》，中華書局影印本，北京，1985 年 10 月。

25. 周法高，《顏氏家訓彙注》，中央研究院史語所專刊之四十一，臺北，民國 49 年。

26. 杜佑，《通典》，中華書局校點本，北京，1988 年 12 月初版。

27. 長孫無忌，《唐律疏議》，商務印書館，臺北，民國 73 年 2 月臺四版。

28. 馬端臨，《文獻通考》，新興書局影印本，臺北，民國 54 年。

29. 張鵬一，《晉令輯存》，三秦出版社，1989 年 1 月。

30. 郭茂倩編，《樂府詩集》，里仁書局，臺北，民國 70 年 3 月。

31. 逯欽立，《先秦漢魏晉南北朝詩》，中華書局，北京，1984 年 12 月二版。

32. 趙翼，《廿二史劄記》，世界書局，臺北，民國 47 年。

33. 趙翼，《陔餘叢考》，新文豐出版公司，臺北，民國 64 年 11 月初版。

34. 趙萬里，《漢魏南北朝墓誌集釋》，鼎文書局，民國 61 年。

35. 葛洪，《抱朴子》，世界書局，四部叢刊正編本第二十七本。

36. 戴德，《大戴禮》，漢魏叢書本。

37. 嚴可均，《全上古三代秦漢三國六朝文》，中文出版社，京都，1981 年。

（二）

1. 毛漢光，《中國中古政治史論》，聯經出版事業公司，臺北，民國 79 年 1 月初版。

2. 毛漢光，《中國中古社會史論》，聯經出版事業公司，臺北，民國 77 年 2 月初版。

3. 毛漢光，《兩晉南北朝士族政治之研究》，中國學術著作獎助委員會叢書之十七，臺北，民國 55 年。

4. 王仲犖，《魏晉南北朝史》，上海人民出版社，上海 1990 年 3 月六版。

5. 王書奴，《中國娼妓史》，萬年青出版社，臺北，1971 年。

6. 仁井田陞，《補訂中國法制史研究》，東京大學出版社，東京，1980 年 11 月補訂初版。

7. 丘漢平，《歷代刑法制》，三民書局，臺北，民國 57 年二版。

8. 何啟民，《中古門第論集》，學生書局，臺北，民國 71 年 2 月二版。

9. 呂思勉，《兩晉南北朝史》，臺灣開明書店，臺北，民國 72 年 10 月臺六版。

10. 李又寧、張玉法編，《中國婦女史論文集》，臺灣商務印書館，臺北，民國

70 年 7 月初版。

11. 李又寧、張玉法編,《中國婦女史論文集第二輯》,臺灣商務印書館,臺北,民國 77 年 5 月初版。

12. 李甲孚,《中國古代的女性》,黎明文化事業公司,臺北,民國 67 年 1 月初版。

13. 李美娟,《正史列女傳研究》,國立政治大學中文研究所碩士論文,臺北,民國 72 年 7 月。

14. 李曉東,《中國封建家禮》,陝西人民出版社,西安,1986 年 12 月初版。

15. 余英時,《中國知識階層史論(古代篇)》,聯經出版事業公司,臺北,民國 73 年 2 月二版。

16. 林劍鳴,《法與中國社會》,吉林文史出版社,長春,1988 年 5 月初版。

17. 周一良,《魏晉南北朝史論集》,北京,三聯書店,1981 年。

18. 尚秉和,《歷代社會事務考》,商務印書館,臺北,民國 64 年 8 月臺四版。

19. 姜蘭虹、許美智編,《臺灣光復婦女研究文獻目錄》,臺大人口研究中心,臺北,民國 74 年。

20. 姜賢敬,《中韓女誡文學之研究》,國立師範大學研究所博士論文,臺北,民國 79 年 4 月。

21. 徐天嘯,《神州女子新史》,食貨出版社,臺北,民國 76 年 5 月。

22. 高明士,《唐代東亞教育圈的形成　東亞世界形成史的一側面》,國立編譯館中華叢書編審委員會,臺北,民國 73 年 1 月。

23. 唐長孺,《魏晉南北朝史論叢》,三聯書店,北京,1955 年。

24. 唐長孺,《魏晉南北朝史論叢續編》,帛書出版社,臺北,民國 74 年 7 月。

25. 唐長孺,《魏晉南北朝史論拾遺》,中華書局,北京,1983。

26. 孫曉,《中國婚姻小史》,光明日報出版社,北京,1988 年 8 月初版。

27. 島田正郎編,《中國法制史料》,鼎文書局,臺北,民國 71 年 1 月初版。

28. 徐朝陽,《中國刑法溯源》,商務印書館,上海,民國 22 年。

29. 徐道鄰,《中國法制史略論》,正中書局,臺北,民國 59 年 5 月臺五版。

30. 孫同勛,《拓跋氏的漢化》,臺大文史叢刊,民國 49 年。

31. 陶希聖、武仙卿,《南北朝經濟史》,食貨出版社,臺北,民國 68 年 4 月。

32. 陳鵬,《中國婚姻史稿》,中華書局,北京,1990 年 8 月初版。

33. 陳東原,《中國婦女生活史》,商務印書館,臺北,民國 75 年 10 月臺八版。

34. 陳顧遠,《中國文化與中國法系》,三民書局,臺北,民國 58 年。

35. 陳顧遠,《中國法制史》,三民書局,臺北,民國 53 年。

36. 陳顧遠,《中國法制史概要》,三民書局,臺北,民國 59 年 1 月四版。

37. 陳顧遠，《中國古代婚姻史》，商務印書館，民國 53 年 10 月臺一版。

38. 陳顧遠，《中國婚姻史》，商務印書館，臺北，民國 76 年 6 月臺六版。

39. 陳鵬生、程維榮編，《簡明中國法制史》，學林出版社，上海，1988 年。

40. 堀毅，《秦漢法制史論考》，法律出版社，北京，1988 年。

41. 陳寅恪，《陳寅恪先生文集》，里仁書局，臺北，民國 70 年 3 月。

42. 勞政武，《論唐明律對官人之優遇》，重慶圖書公司，臺北，民國 65 年。

43. 傅樂成，《中國通史》，大中國圖書公司，臺北，民國 72 年 8 月七版。

44. 傅樂成，《漢唐史論集》，聯經出版事業公司，臺北，民國 66 年。

45. 張南星譯，A. Michel 著，《女權主義》，遠流出版社，臺北，1989 年 2 月初版。

46. 張儐生，《魏晉南北朝政治史》，中國文化大學出版部，臺北，民國 72 年。

47. 程樹德，《九朝律考》，商務印書館，臺北，民國 54 年臺一版。

48. 逯耀東，《從平城到洛陽》，聯經出版事業公司，臺北，民國 74 年三版。

49. 勞榦，《魏晉南北朝史》，中國文化大學出版，臺北，民國 69 年。

50. 詹石窗，《道教與女性》，上海古籍出版社，上海，1990 年 5 月初版。

51. 雷祿慶，《中國法制史》，中國學術著作獎助委員會，民國 60 年。

52. 楊鴻烈，《中國法律思想史》，商務印書館，臺北，民國 64 年。

53. 楊聯陞，《國史探微》，聯經出版事業公司，臺北，民國 72 年。

54. 趙鳳喈，《中國婦女在法律上的地位》，食貨出版社，臺北，民國 62 年臺灣初版。

55. 寧漢林，《中國刑法通史（第四冊）》，遼寧大學出版社，瀋陽，1989 年 10 月初版。

56. 萬繩楠整理，《陳寅恪魏晉南北朝史講演錄》，黃山書社，1987 年 4 月初版。

57. 鄭欽仁，《北魏官僚機構研究》，牧童出版社，臺北，民國 65 年 2 月初版。

58. 劉節，《中國史學史稿》，弘文館出版社，臺北，民國 75。

59. 劉偉民，《中國古代奴婢制度史》，龍門書店，香港，1975 年 6 月初版。

60. 劉增貴，《漢代婚姻制度》，華世出版社，臺北，民國 69 年。

61. 戴炎輝，《唐律各論》，三民書局，臺北，民國 54 年 3 月。

62. 戴炎輝，《中國法制史》，三民書局，臺北，民國 73 年 2 月二版。

63. 鮑家麟，《中國婦女史論集》，稻香出版社，臺北，民國 77 年 4 月二版。

64. 鮑家麟，《中國婦女史論集續集》，稻香出版社，臺北，民國 80 年 4 月初版。

65. 鮑家麟，《中國婦女史論集三集》，稻香出版社，臺北，民國 82 年 3 月初版。

66. 鮑家麟，《婦女問題隨想錄》，稻香出版社，臺北，民國 78 年 12 月初版。

67. 錢穆，《國史大綱》，臺灣商務印書館，臺北，民國 74 年 5 月十二版。

68. 謝冠生、查良鑑，《中國法制史論集》，中國大典編印會，臺北，民國 57 年 8 月初版。

69. 嚴耀中，《北魏前期政治制度》，古林教育出版社，吉林，1990 年 7 月初版。

70. 嚴耕望，《中國地方行政制度史》，中研院史語所專刊之四十五，臺北，民國 52 年 7 月。

71. 瞿同祖，《中國法律與中國社會》，里仁書局，臺北，民國 73 年 9 月。

72. 羅宏曾，《魏晉南北朝文化史》，四川人民出版社，成都，1989 年 8 月初版。

73. 蘇紹興，《兩晉南朝的士族》，聯經出版事業公司，臺北，民國 76 年 3 月初版。

（三）

1. 毛漢光，〈五朝軍權轉移及其對政局之影響〉，《清華學報》（新）第八卷第一、二期。

2. 矢野主稅，〈東晉における南北人對立問題 —— その社會的考察〉，《史學雜誌》，七七之一〇。

3. 矢野主稅，〈東晉における南北人對立問題 —— その政治的考察〉，《東洋史研究》，二六之三。

4. 杜正勝，〈漢法婦女雙重連坐〉，《大陸雜誌》，第七十七卷第五期。

5. 周一良，〈北朝的民族問題與民族政策〉，《燕京學報》，第三九期。

6. 周一良，〈領民酋長與六州都督〉，《中央研究院史語所集刊》，第二〇卷第一期。

7. 徐高阮，〈山濤論〉，《中央研究院史語所集刊》，第四一本第一分。

8. 徐秉愉，〈正位於內 —— 傳統社會的婦女〉，收入《中國文化新論社會篇·吾土與吾民》，聯經出版事業公司，民國 71 年。

9. 郝春文，〈北朝至隋唐五代間的女人總社〉，《北京師範學院學報社會科學版》，第五期，1990 年。

10. 馬以謹，〈從慰安婦談中國的營妓〉，《歷史月刊》，第五十三期，民國 81 年 6 月。

11. 栗原益男，〈曹魏の法令について〉，收錄於《中國律令展開と國家·社會

の關係》，《唐代史研究會報告》，第五集，東京，1984 年。

12. 康樂，〈北魏文明太后及其時代〉，《食貨月刊》（復刊）第十五卷第十一、十二期及十六卷一、二期。

13. 張玉法，〈中國歷史上的男女關係〉，《歷史月刊》，第二期，民國 77 年 3 月。

14. 逯燿東，〈魏晉對歷史人物評論標準的轉變〉，《食貨月刊》（復刊）第三卷第一期，民國 62 年 4 月。

15. 劉增貴，〈魏晉南北朝時代的妾〉，《新史學》，第二卷第四期。

16. 劉顯叔，〈魏晉之際的變法派及其敵對者〉，《食貨月刊》第十卷第七期，民國 69 年 10 月。

17. 蔡幸娟，〈北魏之后嗣故事與制度研究〉，《國立成功大學歷史學報》第十六號，民國 79 年 3 月。

18. 鮑家麟，〈中國第一部婦女史——徐天嘯的神州女子新史〉，食貨月刊復刊第七卷第六期，民國 69 年 9 月。

19. 龐聖偉，〈論三國時代之大族〉，新亞學報第六卷第一期，1964 年。

20. Farge, Arelette "Women's History : An Overview", *Frehch Feminist Thought*, Toril Moi ed., Oxford : Basil Blackwell , 1987 , p.p.133-149.

21. Guisso, Richard W. & Stanley Jonannosan eds., "*Women in China : Current Dirertions in Historical Scholarship*", Young Stown, N.Y : Philo Oress, 1981.

22. Holmgren · Jennifer "*The Economic Foundations of Virure : Widow Remarriage in Early and Modern China*", The Australian Journal of Chinese Affairs 13, Jan. 1985., p.p.1～27.

23. Scott, Joan "Women's History" Peter Burke ed., *New Perspectives on Historical Writing*", Uniersity Park, Pennsylvania, 1992., p.p.42-66.

六朝太湖流域的發展

黃淑梅　著

作者簡介

黃淑梅，畢業於國立台灣師範大學歷史系及歷史研究所碩士班。蒙毛漢光教授指導，對於中國中古時代歷史發展著墨較深，論文即以此範疇為鑽研撰寫方向。畢業後歷年任教於大專院校通識中心，擔任歷史課程及人文藝術課程講師。

提　要

　　太湖流域在春秋戰國時代為中原化外的蠻夷貘邦，至秦漢時代納入大一統帝國版圖成為偏僻落後的邊陲地帶，然而經過三百餘年南北分裂的蘊釀變化，至隋唐時代一躍為全盛帝國的經濟及物產重心，其間長足的進步，偌大的改變實基於六朝（孫吳，東晉，宋，齊，梁，陳）政權積極的經營政策，本區地理條件的優異富饒，社會文化的融合成熟，各種面向的交織協調，有以致之。

　　本書撰寫是以相當鮮少的史籍資料，佐以各先進學者的研究論著，盡可能深入細論太湖地區在六朝時代各方面的發展，分為政區戶口之演變，交通城市及商業的發展，農業的發展，工礦的發展，社會的發展等各章，以期對此一時代歷史的重建作一點補充的工作。

　　為了收取一目了然之效，本文對於繁複的資料，盡量予以表格化及繪製為地圖，如歷代州郡縣沿革表，歷代郡縣建置圖，水陸交通路線圖及戶口變動比較表等。但是由於資料之不足及不夠精確，這些圖表大致可以表示演進的趨向及大概的方位，卻無法做到絲毫不爽的地步，希望不致有太大的謬誤。

自　序
第一章　前　言 ⋯⋯⋯⋯⋯⋯⋯⋯⋯⋯⋯⋯⋯⋯⋯ 1
第二章　政區戶口之演變 ⋯⋯⋯⋯⋯⋯⋯⋯⋯ 11
　第一節　行政區劃之演變 ⋯⋯⋯⋯⋯⋯⋯⋯ 11
　第二節　戶口的變動 ⋯⋯⋯⋯⋯⋯⋯⋯⋯⋯ 27
第三章　交通、城市及商業的發展 ⋯⋯⋯ 35
　第一節　水陸交通 ⋯⋯⋯⋯⋯⋯⋯⋯⋯⋯⋯ 35
　第二節　重要城市 ⋯⋯⋯⋯⋯⋯⋯⋯⋯⋯⋯ 58
　第三節　商業的發展 ⋯⋯⋯⋯⋯⋯⋯⋯⋯⋯ 66
第四章　農業的發展 ⋯⋯⋯⋯⋯⋯⋯⋯⋯⋯⋯ 75
　第一節　歷代農業政策 ⋯⋯⋯⋯⋯⋯⋯⋯⋯ 75
　第二節　水利設施與耕作技術 ⋯⋯⋯⋯⋯ 78
　第三節　農作物的種類及生產方法 ⋯⋯⋯ 87
　第四節　農業賦稅制度對國家財政的影響 ⋯ 94
第五章　工礦的發展 ⋯⋯⋯⋯⋯⋯⋯⋯⋯⋯⋯ 99
　第一節　銅、鐵的生產與製造 ⋯⋯⋯⋯⋯ 99
　第二節　鹽業、漁業及紡織業 ⋯⋯⋯⋯⋯ 106
第六章　社會的發展 ⋯⋯⋯⋯⋯⋯⋯⋯⋯⋯⋯ 109
　第一節　南北士族的整合 ⋯⋯⋯⋯⋯⋯⋯⋯ 109
　第二節　士族社會下的人民生活 ⋯⋯⋯⋯ 112
第七章　結　論 ⋯⋯⋯⋯⋯⋯⋯⋯⋯⋯⋯⋯⋯ 117

參考書目 ⋯⋯⋯⋯⋯⋯⋯⋯⋯⋯⋯⋯⋯⋯⋯⋯ 121

統計表目次
　表 1　六朝本區行政區劃建置表 ⋯⋯⋯⋯⋯ 13
　表 2　六朝本區州郡縣建置數目表 ⋯⋯⋯⋯ 25
　表 3　六朝本區平均每郡所轄縣數表 ⋯⋯⋯ 27
　表 4　東漢本區戶數統計表 ⋯⋯⋯⋯⋯⋯⋯ 28
　表 5　西晉本區戶數統計表 ⋯⋯⋯⋯⋯⋯⋯ 29
　表 6　劉宋本區戶數統計表 ⋯⋯⋯⋯⋯⋯⋯ 30
　表 7　南齊各州市糴表 ⋯⋯⋯⋯⋯⋯⋯⋯⋯ 93

地圖目次
　圖一　吳本區郡縣建置圖 ⋯⋯⋯⋯⋯⋯⋯⋯ 5
　圖二　西晉本區郡縣建置圖 ⋯⋯⋯⋯⋯⋯⋯ 6
　圖三　東晉、宋、齊本區郡縣建置圖 ⋯⋯⋯ 7
　圖四　梁朝本區郡縣建置圖 ⋯⋯⋯⋯⋯⋯⋯ 8
　圖五　陳朝本區郡縣建置圖 ⋯⋯⋯⋯⋯⋯⋯ 9
　圖六　六朝本區水陸交通路線圖 ⋯⋯⋯⋯⋯ 33

目

次

自　序

　　國史悠長，世人皆知。浸淫歷史，迄今七年之久，尤偏向於中古時代。昔在母校師大史研所肄讀，從毛師漢光遊，故對魏晉六朝社會發展，殊感興趣。江南太湖流域爲富庶之區，同時亦爲政教文化中心。六朝立國，實以此爲根本之地，所以首都奠建於此。從整個國史觀察，江南地區在此時期正是積極發展階段，而太湖流域則處於先導地位。太湖流域既對六朝政治、經濟及文化發展特具意義，而以往學者向少注意，誠爲憾事。因此，學位論文之撰寫，向毛師再三請教，遂以此爲題，希望對其地之開發及其在當時之地位與影響，加以系統研討，俾有助於認識國史。

　　畢業之後，蒙師長推薦，幸獲郭廷以教授獎學金資助出版，衷心感謝。茲值付梓之際，思拙文若有所成，毛師及論文考試委員張師朋園、何師啓民與其他師友，日常論難提點，惠益良多，未便一一贅報，謹於此申其謝忱。

黃淑梅謹誌

民國六十八年一月七日

第一章　前　言

　　秦漢與隋唐在中國歷史上是兩個極重要的時代，其政治、經濟、社會各方面都是兩個不同的典型。以立國形勢而言，秦漢時代全國的政治中心與經濟中心均在北方的中原地區；而隋唐的政治中心爲了防禦北方外患的緣故，仍然置於北方。可是中原地區經過長期的戰亂，人民流散，田園荒蕪，生產力逐漸退化，無法供應政治中心龐大的需要。同時，秦漢時代原來偏僻落後的江南地區經過六朝三百年的建設，已有了長足的進步。其物質生產不但自給自足，甚至可有大量的剩餘供應北方政治中心之所需。從此中國的經濟中心南移，江南地區逐漸取代了秦漢時代的中原地區。爲了將政治中心與經濟中心連繫起來，隋代立即著手興建運河。以後隋唐帝國的盛衰，端視運河之是否暢通；亦即視中央政府能否控制江南財富之區。由此可見江南地區在隋唐以後的中國歷史上所佔的重要地位。〔註1〕

　　江南地區由春秋戰國時代之蠻夷貊邦，轉而成爲秦漢帝國中的偏郊僻地，至隋唐時代一躍而爲全國的財富重心。並非一朝一夕的突變，而是六朝政府與人民長期努力建設的結果。因此本文以江南地區在三百年間各方面的發展爲研究的重心，以便對秦漢與隋唐時代立國形勢之轉變，及六朝政府如何憑這片落後偏僻的地區屹立江南的原因，有正確的了解。

　　本文研究的時間斷限是自孫權稱王的黃武元年（222）至陳後主禎明三年（589）亡於隋之間的三百六十七年。所謂「六朝時代」，包括孫吳、東晉、宋、齊、梁、陳。這六個朝代不但都以建康爲國都，其疆域雖時有變動，但

〔註 1〕 參考全漢昇，《唐宋帝國與運河》。

總以漢水、淮河以南的地區為主。除孫吳之外，其餘五朝均以禪位換代。國號雖改，其法制人物卻陳陳相襲，故在政治、經濟、社會的發展上，卻如同一個朝代。事實上，由於研究資料的不夠充足，及六朝歷代享國均不甚長，本文在研究江南地區的社會經濟發展也將六朝視為一個時間單位，而未將各代分別研究。嚴格的說，六朝應在上述的三百六十七年中扣去西晉滅吳後的三十七年（280～316），因其首都不在建康，國土也不限於江南地區，然而江南地區的發展並未因此而中斷，故本文中將西晉時代的資料一併使用。

至於本文所研究的區域——太湖流域，是指長江、皖浙丘陵與錢塘江之間的地區，亦即今日的江蘇南部、浙江西北部及安徽東南部。它在地理上以河川及山脈與區外的地區分隔，自成一個地理單位。其中間的所有河川均直接、間接地與太湖相通，交通方便，形同一體，成為一個完整的區域單位。

本區之所以被擇為研究對象，主要著眼於其對六朝政府立國江南的重要性及其三百餘年間發展過程的代表性。揚州是六朝立國的根本要區，本區又是揚州境內的心臟地區。因為六朝全國政治中心所在的建康地區及經濟中心所在的三吳沃區〔註2〕均在本區境內。故本區的重要性高於其他地區，六朝歷代政府視為股肱要地。本區豐富的資源是國家的主要經濟支柱；其農業、交通、商業、工礦各方面的發展均成為江南各地的先進，影響到全國各地，帶動江南全面的進步。本區又為南北士族所聚居，故在政治、社會及文化上也成為全國的中樞所在。既為全國的根本要地，六朝政權對本區特別重視，興之營之，不遺餘力，以求根穩本固，屹立江南。所以本區的建設與發展可以視為江南建設發展的縮影，大多數技術及建設都由本區推廣而及於全國。

遠在漢代之時，本區是邊遠僻地，其發展的程度，遠遜於中原地區。當時的情形是「江南地廣，或火耕水耨。民食魚稻，以漁獵山伐為業。果蓏蠃蛤，食物常足。故呰窳媮生，而亡積聚……江南卑濕，丈夫多夭。」〔註3〕但是經過六朝三百餘年的建設，以原本蘊藏豐富，氣候溫和的優良環境，配合北方僑人所帶進本區的先進技術，加以南北人民捐棄成見攜手合作，以刻苦

〔註2〕 所謂三吳地區，《通鑑》卷九十四晉成帝咸和三年（328）注：「漢置吳郡；吳分吳郡置吳興郡，晉又分吳興、丹陽置義興郡，是為三吳。酈道元曰：『世謂吳郡、吳興、會稽為三吳。』杜佑曰：『晉、宋之間，以吳郡、吳興、丹陽為三吳。』」三種說法之中，如依胡三省及杜佑之說，三吳均在本區境內，依酈道元之說，則吳郡與吳興在本區內，會稽郡在本區外之錢塘江南岸。

〔註3〕 《漢書》卷二十八下〈地理志〉下。

耐勞的精神共同建設，終於使本區轉變爲全中國最重要的財富之區。在隋唐
時代，有「揚一益二」之說，本區在唐代富饒的情形是「三吳之會，有鹽井
銅山，有豪門大賈，利之所聚，姦之所生。」〔註4〕「其（指吳興郡）貢橘、
柚、纖、縞、茶、紵。其英靈所誕，山澤所通，舟車所會，物土所產，雄於
吳越。雖臨淄之富，不若也。」〔註5〕這是本區在經濟上的長足進步。在社會
文化上，春秋戰國時代的吳、越被中原民族視爲化外蠻夷，秦漢時代接受中
原文化的程度仍淺，兩晉又出現了僑姓與吳姓之間的隔閡與衝突。但是經過
長期融合之後，僑姓「南染吳越」，吳姓亦能作「晉語」，形成了南朝文化，
成爲在隋唐制度中的梁陳系統。〔註6〕這些轉變並非一蹴可及，倉卒立辦，而
是六朝三百年間不斷發展的結果。

　　本文所討論太湖流域的發展主要著眼於人口、農業、工礦、交通、商業
及社會方面，以諸位先進學者的論著爲基礎，如毛師漢光所研究中古士族政
治的特質，陳寅恪先生所研究僑姓士族南遷之分佈及其特質；全漢昇先生所
研究中古實物貨幣及經濟的特色；何啓民先生所研究中古僑吳士族的衝突與
融合；及唐長儒先生所研究的大土地所有制度；及其他許多學者的研究均給
本文很多啓發及裨益。惟各篇論著均著重於某一方面的發展，且其目光及於
全國，較少論及各地區不同的特性。故本文寫作的目的即爲綜合各家的結論，
了解太湖流域各方面發展的情況，對於以往學者較少注意的農業及交通發展
方面再深入的搜集資料，以期對此一時代歷史的重建做一點補充的工作。

　　由於各部正史之中，偏重於政治事件的敘述，社會及經濟的資料較爲缺
乏。加以六朝時代距今年代久遠，當時人的著述絕大多數已告佚傳，僅餘少
數斷簡殘篇，可供參考。至於本區內各地的方志，最早修定的是南宋所修吳
郡志（范成大撰），建康志（周應合撰），其中的記載需與六朝的正史比對，
加以過濾，除去六朝以後的記載，所餘資料亦頗有限。由於資料的缺乏，在
本文研究之中只有使用推論比較的方法以資補救，即以本區以外地區的資料
推論本區的情形，又以六朝以後的情況推論六朝時代的情況。但是對此衍生
推論及「孤證」部分，僅作參考而已，並非本文的定論。

〔註4〕　《文苑英華》卷四〇八，《全唐文》卷四一三，常袞〈授李栖筠浙西觀察使制〉。
〔註5〕　《文苑英華》卷八〇一，《全唐文》卷五二九，顧況〈湖州（六朝吳興郡）刺
　　　　史廳壁記〉。
〔註6〕　參考陳寅恪，《隋唐制度淵源略論稿・一、敍論》。

　　為了收取一目了然之效，本文對於繁複的資料，盡量予以表格化及繪製為地圖，如歷代州郡縣沿革表、歷代郡縣建置圖、水路交通路線圖及戶口變動比較表等。但是由於資料之不足及不夠精確，這些圖表大致可以表示演變的趨向及大概的方位，卻無法做到絲毫不爽的地步，希望不致有太大的謬誤。

　　本文撰寫期間，在題目的選擇、研究的方向、資料的收集及文稿的潤色各方面，承蒙毛師漢光悉心的指導，謹此致上最深的感謝。

圖一　吳本區郡縣建置圖

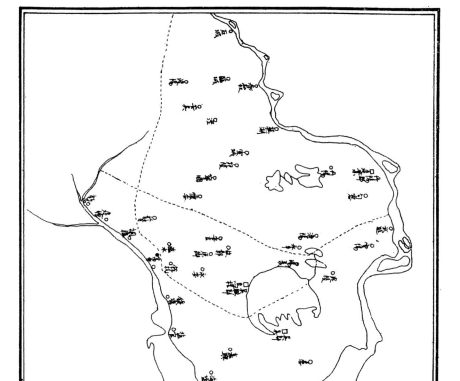

圖二　西晉本區郡縣建置圖

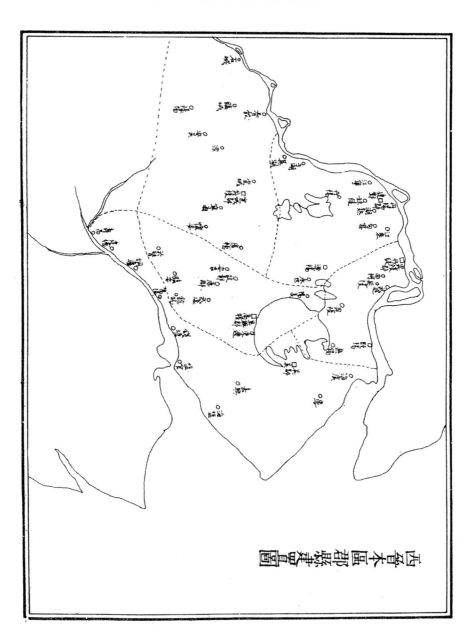

圖三　東晉、宋、齊本區郡縣建置圖

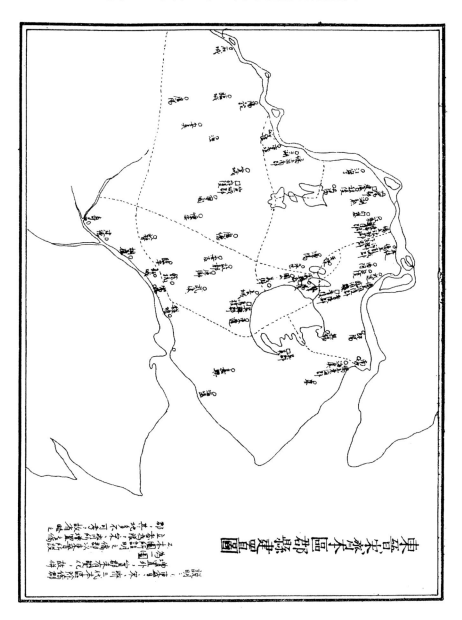

圖四　梁朝本區郡縣建置圖

梁朝本區郡縣建置圖

圖五　陳朝本區郡縣建置圖

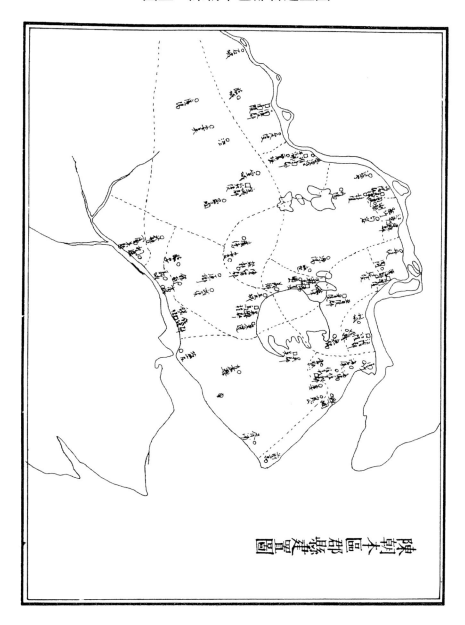

陳朝本區郡縣建置圖

第二章　政區戶口之演變

　　六朝時代本區的不斷發展，最明顯的指標便是表現於行政區劃的區分及戶口數目的增加。由戶口的增加可以知道本區繁榮的程度，也替本區帶來充分的人力資源，使本區的經濟建設能有長足的進步。而行政區劃的增加也表示人口增加，建設進步的結果，使原來荒僻的地區，隨著人口、經濟、政治情況的成熟，具備了獨立爲郡縣的條件。故在討論本區各方面發展情況之前，先討論行政區劃及戶口的變動，以明瞭本區全盤發展的情況。

第一節　行政區劃之演變

　　春秋時代，本區分屬吳、越兩國，〔註1〕吳亡之後，轉屬越國。〔註2〕戰國時代則入楚國所轄。秦始皇併天下，本區屬於鄣及會稽二郡。漢初成爲吳王濞之封國。七國亂後，漢景帝四年（西元前 153）爲江都王非之封地。武帝元封二年（西元前 109），改鄣郡爲丹陽郡。後漢順帝永建四年（129）本區東半部從會稽郡中分出，獨立爲吳郡，〔註3〕西半部仍爲丹陽郡。孫吳時代，孫皓寶鼎元年（266）分吳及丹陽爲吳興郡。〔註4〕西晉平吳，分丹陽郡立宣城郡，分

〔註1〕吳、越二國約以太湖南岸分界，《讀史方輿紀要》卷九十一浙江三嘉興府：「自春秋時，已爲吳、越爭衡之地。」

〔註2〕《晉書》卷十五〈地理志〉下。又「丹陽」在《晉書》、《宋書》中寫作「丹楊」，而《南齊書》、《隋書》及其他許多著作寫作「丹陽」，今文中一概使用「丹陽」。

〔註3〕《後漢書》卷六〈孝順帝紀〉。《讀史方輿紀要》卷二十四：蘇州府、松江府，卷二十五：常州府、鎮江府，卷九十杭州府、嚴州府，卷九十一：嘉興府、湖州府均爲後漢順帝時劃入吳郡之範圍，其分佈爲太湖以東，錢塘江以北的部分。

〔註4〕《三國志》卷四十八〈孫皓傳〉注引皓詔曰：「今吳郡陽羨、永安、餘杭、臨水，

吳郡立毗陵郡。〔註5〕晉惠帝永興元年（304）又割吳興郡立義興郡，〔註6〕本區郡數已增爲六，是漢末之三倍。永嘉禍作，北方淪沒，晉室南遷，流民亦紛紛渡江避難，許多僑民定居於本區境內，〔註7〕政府設立僑郡縣以容納之。本區內東晉時代共設立僑郡十三郡（僅就可考者言，下仿此），連同西晉時已設立之六個實郡，合計爲十九郡。比至劉宋，實郡未有變動，僑郡的設置則有增加，均僑立於晉陵郡境。〔註8〕宋文帝元嘉八年更將晉陵郡改爲南徐州，成爲僑州。其屬郡包括有原屬徐、兗、幽、冀、青、并、揚七州的郡邑。其中除原屬揚州的實郡晉陵與義興二郡外，所有僑郡名稱均上冠「南」字。〔註9〕此時本區州數爲二，郡數增爲二十二。南齊時代郡數略見省併；即南蘭陵郡省爲蘭陵縣，屬南徐州之南琅邪郡。此外又將揚州之宣城、淮南兩郡與長江以西之歷陽、臨江、南譙、廬江四郡劃入南豫州。〔註10〕本區行政區劃分屬三州二十一郡。蕭梁時代的區劃變化更鉅，僑郡被大量省併，由南齊之十五郡省爲六郡，實郡反而增置了五郡。本區劃分爲三州十七郡。〔註11〕陳朝繼續削減僑郡，僅餘南東海與淮南二郡，實郡又增置一郡，並將各州屬郡數目減少，州之建置增多，成爲五州十四郡。〔註12〕此時本區州數爲六朝以前漢末之五倍，郡數則增爲七倍。

及丹陽故鄣、安吉、原鄉、於督諸縣地勢水流之便，悉注烏程，既宜立郡以鎮山越，且以藩衛明陵，奉承大祭，不亦可乎！其亟分此九縣爲吳興郡，治烏程。」

〔註5〕《晉書》卷十五〈地理志〉下：「又分丹陽立毗陵郡。」按參考《後漢書志》二十二〈郡國志〉（即晉司馬彪撰《續漢書・郡國志》），毗陵郡之屬縣在東漢均屬吳郡分出，《晉書》誤載爲丹陽郡，《晉書斠注》已指出。又《東晉疆域志一》〈晉陵郡〉：「吳分會稽無錫已西爲屯田，置典農校尉。太康二年省校尉爲毗陵郡。」亦爲錯誤，無錫以西之地亦屬吳郡，而非會稽郡。

〔註6〕《晉書》卷十五〈地理志〉下：「永興元年，……又以周玘創義討石冰，割吳興之陽羨，并長城縣之北鄉，置義鄉、國山、臨津并陽羨四縣，又分丹陽之永世，置平陵，及永世凡六縣立義興郡，以表玘之功。並屬揚州。」

〔註7〕《宋書》卷三十五〈州郡志〉南徐州：「晉永嘉大亂，幽、冀、青、并、兗州及徐州之淮北流民相率過淮。亦有過江在晉陵郡界者。」同卷揚州淮南郡：「（東晉）成帝初，蘇峻、祖約爲亂於江淮，胡寇又大至，民南渡江者轉多，乃於江南僑立淮南郡及諸縣。」

〔註8〕《東晉疆域志》卷一，毗陵郡於永嘉五年改爲晉陵郡。

〔註9〕《東晉疆域志》卷七，僑州郡縣徐州東平郡：「《晉志》，元帝以江乘置南東海、南琅邪、南東平、南蘭陵等郡。按此諸僑郡有南字者，皆宋受禪後所加，晉世無此名也。」

〔註10〕《南齊書》卷十四〈州郡志〉上揚州、南徐州、南豫州。

〔註11〕參考《二十五史補編》，清洪齮孫撰補《梁疆域志》卷一，揚州、南徐州、南豫州。

〔註12〕參考《二十五史補編》，清臧勵龢撰補《陳疆域志》卷一，揚州、吳州、南徐州、

可見本區行政區劃繁密的程度。

　　以上所述爲本區州、郡建置的大略情形。實際上各州郡之置、廢除情形頗爲繁複。故不加贅敍，而與縣級建置情形一齊列出六朝本區州、郡、縣、行政區劃建置表如下，以代替文字之說明。〔註 13〕並請參照本章前所附的各代郡縣建置圖。

表 1　六朝本區行政區劃建置表

後　漢	吳	西　晉	東　晉	宋	齊	梁	陳
陽州 丹陽郡							
宛陵	宛城 宣城 〔註14〕 懷安 寧國 安吳	屬宣城郡 屬宣城郡 屬宣城郡 屬宣城郡 屬宣城郡					
溧陽	溧陽 永平	溧陽 永世	溧陽 永世	溧陽 永世 平陵 （屬義興郡）	溧陽 永世	屬南丹陽郡 屬南丹陽郡	溧陽 永世
丹陽	丹陽 于湖	丹陽 僑立淮南郡	丹陽	丹陽	丹陽	屬南丹陽郡	丹陽
故鄣	故鄣 （屬吳興郡）						

南豫州、北江州。

〔註13〕各代州、郡、縣之建置以各代疆域志所列爲準。

〔註14〕各代疆域志均稱宣城爲漢舊縣，然《後漢書・郡國志》無之，可能爲後漢末所分立。

後　漢	吳	西　晉	東　晉	宋	齊	梁	陳
	安吉（屬吳興郡）						
	廣德	屬宣城郡					
	原鄉	屬吳興郡					
於朁〔註15〕		屬吳興郡					
涇	涇	屬宣城郡					
歙	廢置						
黝	廢置						
陵陽	陵陽	屬宣城郡					
蕪湖	蕪湖	蕪海	蕪湖	僑立淮南郡			
秣陵	建業	建鄴　江寧　秣陵	建康　江寧　秣陵	建康　江寧　秣陵	建康　江寧　秣陵	建康〔註16〕屬南丹陽郡　秣陵　同夏	建康　江寧　秣陵屬建興郡
湖熟	吳置爲典農都尉	湖熟	湖熟	湖熟	湖熟	廢置	湖熟（屬建興郡）
句容	句容	句容	句容	句容	句容	句容	句容
江乘	吳置爲典農都尉	江乘	江乘　僑立琅邪郡　僑立東平郡　僑立蘭陵郡	屬南徐州南琅邪郡			

〔註15〕於〈朁縣〉、〈吳〉、〈晉疆域志〉均作「於潛」，《東晉疆域志》引吳錄：「舊潛字無水，至隋始加。」今從之作「於朁」。

〔註16〕《補梁疆域志》卷一，丹陽郡領縣四，而無建康縣，然未見廢置記載，陳代亦有建康縣，故於梁代存之。

後　漢	吳	西　晉	東　晉	宋	齊	梁	陳
春穀	春穀 臨城	屬宣城郡 屬宣城郡					
石城	石城	屬宣城郡					
揚州 吳郡							
吳	吳	吳	吳	吳	吳	吳	吳 興國 （屬信義郡） 常熟 （屬信義郡）
		海虞	海虞 僑立東海郡	海虞	海虞	屬信義郡	
海塩	海塩	海塩	海塩	海塩	海塩	海塩 胥浦	廢置 屬江陰郡
烏程	屬吳興郡 永安	廢置					
餘杭	屬吳興郡 臨水 （屬吳興郡） 錢塘	錢塘	錢塘	錢塘	錢塘	屬錢塘郡	
毗陵	毗陵	屬毗陵郡 既陽 （屬毗陵郡）					
丹徒	武進	丹徒 （屬毗陵郡） 武進 （屬毗陵郡）					

後　漢	吳	西　晉	東　晉	宋	齊	梁	陳
曲阿	雲陽	曲阿 （屬毗陵郡） 延陵 （屬毗陵郡）					
由拳	嘉興 塩官	嘉興 塩官	嘉興 塩官	嘉興 塩官	嘉興 塩官	嘉興 塩官	嘉興 塩官
安	廢置						
富春	富春 桐盧 新昌 建德	富春 桐盧 壽昌 建德	富陽 新城 桐盧 壽昌 建德	富陽 新城 桐盧 壽昌 新昌 建德	富陽 新城 桐盧 壽昌 廢置 建德	富陽 新城 桐盧 廢置 廢置	屬錢塘都 屬錢塘都 桐盧
陽羨	屬吳興郡						
無錫	置爲毗陵 典農校尉						
婁	婁	婁	婁	婁	婁	崑山 信義 （屬信義郡） 前京 （屬信義郡）	崑山 婁
	揚州 吳興郡						
	烏程	烏程 東遷 長城	烏程 東遷 長城 義鄉 （屬義興郡）	烏程 東遷 長城	烏程 東遷 長城	烏程 東遷 長城	烏程 東遷 長城

後　漢	吳	西　晉	東　晉	宋	齊	梁	陳
	餘杭	餘杭	餘杭	餘杭	餘杭	餘杭	餘杭
	永安	武康	武康	武康	武康	武康	武康
	臨水	臨安	臨安	臨安	臨安	臨安	臨安
	陽羨	屬義興郡 臨津 （屬義興郡）					
	故鄣	故鄣	故鄣	故鄣	故鄣	故鄣	屬陳留郡
	安吉	安吉	安吉	安吉	安吉	安吉	屬陳留郡
	原鄉	原鄉	原鄉	原鄉	原鄉	原鄉	原鄉
	於䚉	於䚉	於䚉	於䚉	於䚉	於䚉	屬錢塘郡
		揚州 宣城郡					
		宛陵	宛陵	宛陵	宛陵	宛陵	宛陵
		宣城	宣城	宣城	宣城	宣城	宣城
		陵陽	廣陽	廣陽	廣陽	廣陽	廣陽
		安吳	安吳	安吳	安吳	安吳	安吳
		臨城	臨城	臨城	臨城	屬南陵郡	
		石城	石城	石城	石城	屬南陵郡	
		涇	涇	涇	涇	涇	涇
		春穀	陽穀	廢置		南陵 （屬南陵郡）	
		廣德	廣德	廣德	廣德	廣德	屬陳留郡
		寧國	寧國	寧國	寧國	寧國	寧國
		懷安	懷安	懷安	懷安 建元	懷安 廢置 石埭 南陽	廢置 石埭 廢置
		揚州 毗陵郡		南徐州			
		丹徒	丹徒	屬南東海郡			

後　漢	吳	西　晉	東　晉	宋	齊	梁	陳
			僑立彭城郡 僑立下邳郡 僑立沛郡				
		武進	武進	屬南東海郡			
		曲阿	曲阿	曲阿	曲阿	屬蘭陵郡	
		延陵	延陵	延陵	延陵	延陵	延陵
		毗陵	晉陵 僑立東莞郡	晉陵	晉陵	晉陵	晉陵
		既陽	既陽	暨陽	暨陽 海陽 （梁屬信義郡）	廢置 江陰 （屬江陰郡） 梁豐 （屬江陰郡）	暨陽
			南沙	南沙	南沙	屬信義郡	
		無錫	無錫	無錫	無錫	無錫	無錫
			揚州 淮南郡	南豫州			
			當塗 襄垣	當塗 于湖 繁昌 襄垣	當塗 于湖 繁昌 襄垣	當塗 于湖 廢置 襄垣	當塗 于湖 襄垣
			上黨	廢入襄垣縣			
			定陵	定陵	定陵	屬南陵郡	
			逡遒	逡遒	逡遒	廢置	
							西鄉
			揚州	南徐州			

後漢	吳	西晉	東晉	宋	齊	梁	陳
			義興郡				
			陽羨	陽羨	陽羨	陽羨	陽羨
			臨津	臨津	臨津	臨津	臨津
			義鄉	義鄉	義鄉	義鄉	義鄉
			國山	國山	國山	國山	國山
			綏安	綏安	綏安	石封 （屬廣梁郡）	
				平陵	廢置		
			徐州 琅邪郡	改爲南徐州琅邪郡			
			懷德	廢置			
			臨沂	臨沂	臨沂	臨沂	屬建興郡
			陽都	廢置			
			費	廢置		費	
			既丘	廢置			
				江乘	江乘	江乘	屬建興郡
					蘭陵	屬蘭陵郡	
					承	屬蘭陵郡	
					譙	廢置	
			徐州 東平郡				
			縣無考				
			徐州 蘭陵郡	南徐州 南蘭陵郡	郡廢	蘭陵郡	東海郡
			蘭陵	蘭陵	屬南琅邪郡	蘭陵	蘭陵
				承	屬南琅邪郡	承	廢置
						丹徒 曲阿 郯	丹徒 曲阿 郯

後　漢	吳	西　晉	東　晉	宋	齊	梁	陳
						祝其 襄賁 西隰	廢置 廢置 廢置
			徐州 臨淮郡	南徐州			廢置
			縣無考	海西 廣陵 淮浦 淮陰 東陽 長樂	海西 廢置 淮浦 淮陽 東陽 廢置 射陽 凌	海西 廢置 廢置 東陽 射陽 廢置 淮陰	廢置 廢置 廢置 廢置
			徐州 淮陵郡	南徐州			廢置
			廣漢	廢置			
			陽樂	陽樂 司吾 徐	陽樂 司吾 徐 甄城 武陽	陽樂 司吾 廢置 甄城 武陽	廢置 廢置 廢置 廢置
			徐州 沛郡	廢置			
			符離	廢置			
			洨	屬南彭城郡			
			竹邑	廢置			
			杼秋	屬南彭城郡			
			徐州	南徐州			
			清河郡	南清河郡		廢置	

後　漢	吳	西　晉	東　晉	宋	齊	梁	陳
			清河	清河	清河	廢置	
			東武城	東武城	東武城	廢置	
			繹幕	繹幕	繹幕	廢置	
			貝丘	貝丘	貝丘	廢置	
			徐州 下邳郡 縣無考	廢置			
			徐州 彭城郡	南徐州 南彭城郡			
			開陽	開陽 僮 北陵 下邳 呂 武原 傅陽 蕃 薛 洨	開陽 僮 北陵 下邳 呂 武原 傅陽 蕃 薛 洨 彭城	廢置 僮 廢置 廢置 廢置 武原 廢置 廢置 薛 洨 彭城	廢置 廢置 廢置 廢置 廢置
			徐州 東莞郡	南徐州 南東莞郡		廢置	
			莒	莒	莒	廢置	
			東莞	東莞	東莞	廢置	
			姑幕	姑幕	姑幕	廢置	
			徐州 平昌郡			廢置	
			安丘	安丘	安丘	廢置	
				新樂	新樂	廢置	
			東武	東武	東武	廢置	
				高密	高密	廢置	
			徐州 東海郡	南徐州 南東海郡		廢置	

後漢	吳	西晉	東晉	宋	齊	梁	陳
			郯	郯	郯	屬蘭陵郡	
			朐	朐	廢置		
			利城	利城	利城	屬江陰郡	
			祝其	廢置	祝其	屬蘭陵郡	
			厚丘	廢置			
			西隰	廢置	西隰	屬蘭陵郡	
			襄賁	廢置	襄賁	屬蘭陵郡	
				丹徒	丹徒	屬蘭陵郡	
				武進	省入蘭陵縣		
				南徐州 南高平郡		廢置	
				金鄉 湖陸	金鄉 廢置	廢置	
				富平	富平	廢置	
				南徐州 南濟陰郡		廢置	
				城武	城武	廢置	
				冤句	廢置		
				單父	單父	廢置	
				城陽	城陽	廢置	
				南徐州 南濮陽郡		廢置	
				廩丘	廩丘	廢置	
				榆次	榆次 東燕 鄆城 會	廢置 廢置 廢置 廢置	
				南徐州 南太山郡		廢置	
				南城	南城	廢置	
				武陽	屬淮陵郡		
				廣平	廣平	廢置	
				南徐州		廢置	

後　漢	吳	西　晉	東　晉	宋	齊	梁	陳
				濟陽郡			
				考城	考城	廢置	
				鄄城	屬南濮陽郡		
				南徐州 南魯郡		廢置	
				魯	魯	廢置	
				西安	西安	廢置	
					樊	廢置	
						南徐州 信義郡	
						南沙	南沙
						常熟	常熟
						海虞	海虞
						海陽	海陽
						興國	興國
						前京	前京
						信義	信義
						南徐州 江陰郡	
						江陰	江陰
						利城	利城
						梁豐	梁豐
							胥浦
						南豫州 南陵郡	北江州 南陵郡
						南陵	南陵
						石城	石城
						臨城	臨城
						定陵	定陵
						故治	故治
						南豫州	廢入丹陽郡

後　漢	吳	西　晉	東　晉	宋	齊	梁	陳
						南丹陽郡	
						丹陽	復入丹陽郡
						溧陽	復入丹陽郡
						永世	復入丹陽郡
						江寧	復入丹陽郡
						南豫州廣梁郡	南豫州陳留郡
						石封	石封
							故鄣
							廣德
							安吉
							揚州建興郡
							建安
							同夏
							烏山
							江乘
							臨沂
							湖熟
							揚州錢塘郡
							錢塘
							富陽
							於替
							新城

表2　六朝本區州郡縣建置數目表

	州		郡		縣	
	僑	實	僑	實	僑	實
後漢	0	1	0	2	0	29
	1		2		29	
吳	0	1	0	3	0	41
	1		3		41	
西晉	0	1	0	5	0	50
	1		5		50	
東晉	0	1	13	6	34	57
	1		19		91	
宋	1	1	16	6	56	58
	2		22		114	
齊	2	1	15	6	62	57
	3		21		119	
梁	2	1	6	11	24	63
	3		17		87	
陳	2	3	2	12	6	67
	5		14		73	
備註					※包括實郡中之僑縣 ※包括僑郡中之實縣	

　　由前表郡縣數目的變動可知郡縣的建置，自吳至宋呈增加的趨勢。漢末孫
吳鼎立東南，需要墾闢草萊，努力建設，故增置頗多。此趨勢維持至宋，實縣
數目達到後漢末年之兩倍，可見本區人民不斷增加，建設繼續進步的結果，已
使原來荒蕪偏僻，不能獨立爲郡、縣的地區，隨著人口、經濟、政治情況的進
步與成熟具備了獨立爲郡、縣的條件。觀察歷代增置郡縣所分佈的地區，可得
下列的結果：孫吳時代增置郡縣最密的地區爲本區南部皖浙丘陵區，究其原因
當爲孫權時代爲增加農業及軍隊的人力資源，而努力剿平盤據丘陵間的山越，
驅之下山，著籍定居，故造成此一地區戶數大增，而需增設郡縣以容納這一批
新增的戶口。〔註17〕西晉時代增置郡縣多分布於長江南岸的丹陽及毗陵二郡；
這當爲孫吳建都於建康五十九年的結果，使京畿所在的丹陽人口大增。又爲了

〔註17〕參考高亞偉，〈孫吳開闢蠻越考〉，刊於《大陸雜誌》七卷7期。

有充分資源供應京師，孫吳在近畿的丹陽郡湖熟、江乘、吳郡之吳錫（晉代改屬毗陵郡）設置屯田校尉、都尉，招募大批人口定居於此，參加屯田的組織，以增加糧食生產，故使丹陽及毗陵二郡的戶口急劇增加。東晉時代，實郡的增加陷於停滯，而僑郡的增置急劇增加，超過實郡一倍以上，本區僑郡建置的密度，居於全國之冠，〔註18〕為僑人南渡的主要集中地區。僑郡縣的分布集中在建康附近的丹陽及晉陵、淮南郡，其分布的情形依其階層不同而定。僑民之中的上層階級是原來出仕洛陽的文化大族，他們隨皇室遷徙至建康地區，仍舊保持政治上的主流地位，具有在建康出仕的優先機會，故絕大多數定居於建康城內及附近丹陽郡地區。僑民中的次等階層原為中原之小姓，由於無法出仕建康，只好在渡過長江後，找尋距江近便，又地廣人稀，不致遭受吳人排擠的地區定居。歷代本區渡江的要津向以采石及京口最為重要，〔註19〕故僑民中之次等階層由采石渡江者多定居淮南郡境，由京口渡江者多居於晉陵郡境。〔註20〕劉宋及南齊時代未見大量流民移入的記載，然而僑郡縣仍有增置。則其增置的目的並非容納僑民，而是為備職方，量地立名，以為炫耀後世。〔註21〕僑民雖定居本區，然以匡復中原為念，不願著籍南土，散居四境，又無簿籍可稽，政府無法課以賦役，對國家財政大有妨礙。故自東晉開始，至於陳朝，各代政府均進行土斷的工作。但是由於僑人已習於逃避租稅，與權門豪族的阻礙，終不能澈底執行。惟梁朝時本區僑郡由南齊之十五郡劇減為六郡，可見此時使僑民著籍當地的土斷政策已頗收成效。究其原因除歷代政府努力不懈，積極推行外；也由於僑民定居本區年代已久，其後世子孫的鄉土觀念漸漸泯滅，阻力減少。陳朝繼續裁併僑郡縣，僅餘二郡，即南徐州之東海郡及南豫州之于湖郡，此二郡之得保留，大約與密近京畿，多權門豪族有關。尤以東海郡，在梁代為蘭陵郡，是齊、梁二代帝室的故里，故不易將僑郡之名撤銷。且此二僑郡在陳代均領有

〔註18〕據嚴耕望《中國地方行政制度史》上篇三第一章魏晉南朝行政區劃頁13。宋、齊、梁、陳四代之州郡縣數目表，宋代全國實郡共一百七十二郡，僑郡六十一與本區郡數對照之下，可知本區實郡數為六，佔全國實郡數3.5%，而本區僑郡數目多達十六，佔全國僑郡數百分之十六，故本區僑郡設置的密度為全國之冠。

〔註19〕《讀史方輿紀要》卷十九，采石：「陸氏游曰：『古來江南有事，從采石渡者十之九，從京口渡者十之一。』」

〔註20〕參考陳寅恪，〈述東晉王導之功業〉。刊於《中山大學學報》（1956）。

〔註21〕參考周一良，〈南朝境內之各種人及政府對待之政策〉刊於《史語所集刊》第七本第四分。

實縣，即爲有實土之僑郡，與早期多爲無實土的僑郡縣不同。梁、陳二代一面
大力撤銷僑郡縣，使流寓僑戶歸屬當地的地方政府治統，有些地方甚至需要新
設實郡縣以容納統轄這些新屬的僑戶，故梁代實郡建置激增，由齊之六郡增爲
十一郡，新置郡縣集中於長江口南岸及東部沿海地區，爲原來僑郡縣集中之地。
至於本區州級地方行政單位的建置，亦快速增加。由西晉時代只有一揚州統轄，
至陳朝時分由五州所轄。可見在六朝時代州的轄區已有縮小的趨勢，州所轄的
郡數大量減少。以揚州爲例：兩晉統郡十八，宋代統郡十，梁代轄八郡，陳代
領郡二，歷代呈遞減的趨勢。與此並行的是郡的統轄範圍亦有縮小的趨勢，今
以本區歷代平均每郡所轄縣數列表如下，以資說明：〔註22〕

表3　六朝本區平均每郡所轄縣數表

	後　漢	吳	西　晉	東　晉	宋	齊	梁	陳
郡　　數	2	3	5	19	22	21	17	14
縣　　數	29	41	50	91	114	119	87	73
平均每郡所轄縣數	14.5	13.6	10	4.8	5.2	5.6	5.1	5.2

　　由表中可知，平均每郡所轄縣數有大量減少的趨勢。推其原因，一方面
自然是縣級地方行政單位的人口、物資發展的結果，使部份縣邑也具備了升
格爲郡的資格。另一方面也是六朝政府鑑於漢末地方行政區域過大，造成地
方權重的局面，爲扭轉此一局面，而採取削弱地方高級及中級行政單位力量
的政策，縮小其巡屬，分散其力量，以重建鞏固的中央勢力。經過長期的醞
釀，到隋唐時代，終於取銷郡級地方單位的設置，而爲州、縣二級的地方行
政制度。且促成強有力中央政府的出現，造成隋唐的盛世。這政策在六朝大
體作普遍性的推行，就中以本區的演進最具代表性。

第二節　戶口的變動

　　由前節本區地方行政區劃的演變可知本區在六朝時代日趨繁榮是毫無疑
問的。州郡的數目較後漢末年大幅增加，仍未能顯出明顯的意義，由於州郡
的轄區歷代有縮小的趨勢。然而這種趨勢可從縣級單位的大量建置而獲得明

〔註22〕郡縣之數目均按表二〈六朝本區州郡縣建置數目表〉所列僑實郡縣之總數。

朗瞭解，縣級單位獨立爲縣的基本條件是約略相同的，必須是人口、交通、
經濟各方面的情況達到一定的程度，才有設縣的可能。陳代時本區設縣總數
爲七十三，較之後漢末年的二十九縣，增加一點五倍強，即表示本區戶口的
增加應與此倍數約略相符。然而六朝歷代的人口統計數字甚爲缺乏，僅得《晉
書地理志》及《宋書州郡志》列有戶口數字，而且可信度亦不高。六朝時代
戶口統計失實，其原因很多，綜合言之，主要有下列五端：（一）吏、兵列於
民戶之外；（二）僧尼、奴婢亦不貫民籍；（三）豪強之隱占戶口，成爲屬下
之部曲、佃客；（四）人民之脫離戶籍；（五）戰亂頻仍，促使人民大量流亡。
〔註 23〕這五個原因所造成戶口的損失，雖無確實數字，但是可以推想每一原
因所包含的戶口均不在少數，其總數自然十分可觀。由於戶籍損漏嚴重影響
國家稅收，故清查戶口一直是六朝政府的主要的工作。〔註 24〕但是礙於豪強
的勢力，且執行檢校戶籍的地方官吏亦常有貪污納賄，從中舞弊的行爲，所
以效果不彰。各代所列出之戶口數字僅爲納稅戶口；又由於大量的隱漏，故
呈現出稀少至不合理的程度。西晉傅咸曾上書武帝，嘗謂：「戶口比漢，十分
之一。」〔註25〕東晉桓溫亦云：「戶口凋寡，不當漢之一郡。」〔註 26〕均指出
兩晉戶口較漢代大量減少的趨勢，惟實際比較東漢及西晉二代戶口數字，倒
不如二人所言之甚。今將東漢與西晉兩代全國及本區戶口數字表列如下：

表 4　東漢本區戶數統計表

郡　　名	總戶數	縣　數	平均每縣戶數
全　國	10,677,960 〔註 27〕	1,180 〔註 28〕	9,049.11
吳　郡	164,164	13	12,628

〔註 23〕 參考呂思勉，《兩晉南北朝史》第十七章第三節戶口增減。
〔註 24〕 《南齊書》卷三十四〈虞玩之傳〉：「（齊高祖）建元二年（480）詔朝臣曰：『黃
　　　　籍，民之大紀，國之治端。』」
〔註 25〕 《晉書》卷四十七〈傅玄附子咸傳〉。
〔註 26〕 《晉書》卷九十八〈桓溫傳〉。
〔註 27〕 《後漢書》志二十三〈郡國五〉所列之戶數九百六十九萬八千六百三十戶是
　　　　以順帝時（126～145）爲準。又《晉書》卷十四〈地理志上〉所列東漢桓帝
　　　　永壽三年（157）戶數爲千六十七萬七千九百六十，今採時間較後之桓帝時戶
　　　　數。
〔註 28〕 根據《後漢書・郡國志五》所載之縣數，亦以順帝時爲準，包括縣、邑、侯
　　　　國。

丹陽郡	136,518	16	8,532.37
兩郡合計	300,682	29	10,368.34
與全國比較之百分率	2.82%	2.45%	114.58%

表5　西晉本區戶數統計表

	總戶數	縣數	平均每縣戶數
全　國	2,459,840〔註29〕	1,224	2,009.67
與東漢比較百分率	23.04%	103.73%	19.38%
本區各郡郡名			
丹　陽	51,500	11	4,681.82
宣　城	23,500	11	2,136.36
毗　陵	12,000	7	1,714.72
吳　郡	25,000	11	2,272.72
吳　興	24,000	10	2,400
本區各郡合計	136,000	50	2,720
與全國比較之百分率	5.52%	4.08%	145.30%
與東漢本區比較之百分率	45.23%	172.41%	28.16%

　　今比較上列二表，可知西晉全國戶數與東漢相較，僅得百分之二三‧〇四，較傅咸所稱十分之一要多，然亦不足四分之一，可見戶數減少的激烈程度。再比較兩代本區之戶數，西晉時代的本區戶數是東漢末年的百分之四十五‧二三，減少了二分之一強，可以顯示本區戶數的損失的程度較其他地區要輕微得多。其原因爲孫吳時代努力剿平盤據山區的山越，驅之下山定居，納入戶籍；與漢末大亂，主要戰場是中原及荊州地區，本區不但遠離戰亂，而且環境富庶，是吸收流民的集中地。故在西晉初年，本區雖非京畿要地，但是人口稠密的程度卻在全國平均水準之上，此由平均每縣戶數之比較表可以明顯看出，尤以丹陽郡爲最盛，此亦爲東晉南渡繼孫吳之後再度以丹陽郡之建康爲國都的重要原因。

〔註29〕《晉書》卷十四〈地理志〉上所列晉代戶數，是以太康元年平吳後爲準。

比至劉宋時代，本區的戶口更爲稠密，成爲全國重心地區，今列劉宋本區戶數統計於下：

表 6-1　劉宋本區戶數統計表

		總戶數	縣　數	平均每縣戶數	與西晉比較之百分率	備　註
	全　國	835,404〔註30〕	1,268	658.83		
	與西晉比較之百分率	33.96%	103.49%	32.78%		
本區州名	本區郡名					
揚　州	丹　陽	41,010	8	5,126.25	142.91%	
	淮南（僑）	25,840	6	893.5		※淮南郡（原丹陽子湖縣）併入丹陽郡計算。
	吳　興	49,609	10	4,960.9	206.70%	
	吳　郡	50,488	12	4,207.33	201.95%	※義興郡爲晉惠帝永興元年分丹陽永世及吳興之陽羨及長城之北鄉而置，故將義興之人口一半併入吳興郡，一半併入丹陽郡計算。
	宣　城	10,120	10	1,012	43.06%	
南徐州	南東海（僑）	5,342	6	890.3	485.64%	
	南琅琊（僑）	2,798	2	1,394.5		
	晉　陵	15,382	6	2,563.67		
	義　興	13,496	5	2,699.2		
	南蘭陵（僑）	1,593	2	796.5		※南徐州除義興郡外，其餘各郡戶數總和與西晉毗陵郡比較。
	南東莞（僑）	1,424	3	474.6		
	臨淮（僑）	3,711	7	531.4		
	淮陵（僑）	1,905	3	635		
	南彭城（僑）	11,758	12	978.16		
	南清河（僑）	1,849	4	462.25		
	南高平（僑）	1,718	3	572.67		
	南平昌（僑）	2,178	4	544.5		
	南濟陰（僑）	1,655	4	413.75		

〔註30〕宋代全國總戶數是根據《宋書・州郡志》以孝武帝大明八年爲準之各郡戶數相加而得，總縣數亦爲各郡縣數之總和。

表 6-2

州　名	郡　名	總戶數	縣　數	平均每縣戶數	與西晉比較之百分率
南徐州	南濮陽（僑）	2,026	2	1,013	
	南太山（僑）	2,499	3	833	
	濟陽（僑）	1,232	2	616	
	南魯郡（僑）	1,216	2	608	
合　計		248,840	116	2,145.17	
與全國比較之百分率		29.78%	9.15%	325.60%	
與西晉本區比較之百分率		182.97%	232%	73.46%	

　　永嘉之亂以後，漢人政權失去了半壁河山。中原地區以往一直是全中國的政治、經濟中心，其戶數應佔全國一半以上。因此偏安江南的劉宋全國總戶數僅及一統天下的西晉全國總戶數的百分之三十三·九六。劉宋時代全國的戶口又以揚州的本區為集中之重心。〔註31〕故宋代本區戶數比西晉時期增加了百分之八十二·九七，北方的戰亂反而促使本區倍加繁盛。

　　本區人口較西晉初年大幅增加，以下列二個原因為主：其一為經過東晉努力開發建設，又遠離戰亂，長期安定而造成人口自然增加。如吳郡、吳興二郡人口增加了一倍，便主要為自然增加所造成。因為此二郡向為江南吳人集居的大本營，北方僑人很難插足其間。第二個原因是大量北方人民為避中原戰禍而移入本區。出仕於建康的北方文化大族定居於丹陽郡京畿地區，使丹陽郡戶數較西晉增加了百分之四十二·九一。次級士族在建康得不到出仕的機會，又無法在吳人勢力根深蒂固的三吳地區取得土地，只好群居於原來人口稀少，荒地甚多的晉陵地區，〔註32〕使得此地僑郡林立，終於在劉宋時獨立為僑州——南徐州，戶數成為西晉時代的百分之四百八十五·六四，接近五倍，成為本區境內人口增加最劇烈的地區。當地原住的吳人稀少，絕大部份增加的人口是由北方移入的僑人。

〔註31〕《宋書》卷六十六〈何尚之傳〉：「荊揚二州，戶口半天下。」據《宋書·州郡志》的數字，揚州總戶數一十四萬三千二百九十六，而荊州總數僅得六萬五千六百零四，此二數字雖不甚可信，然而可以顯示揚州為全國人口聚集的重心。

〔註32〕晉陵郡為西晉初年本區各郡戶數密度最低者，可察閱西晉本區戶口統計表。

　　將西晉與劉宋二代戶數統計表比較之下，本區大部分的地區均呈人口增加的趨勢，只有宣城郡的戶數劉宋時代反較西晉初年為少。推其原因可能為山區之中，物產不豐，人口反有流出現象；交通不便，距京畿又較遠，故治控制力較弱，戶口統計失實的程度比其他平地交通便捷的各郡嚴重。

　　由宋代戶數統計表可看出本區各郡戶口密度，除少數僑郡外，絕大部分在全國平均水準之上。戶數密度最大的丹陽、吳郡、吳興等郡每縣平均戶數更達全國平均數七、八倍，可見本區人口稠密情形之一斑，本區實為全國人口最密集的地區。

　　由於宋代有百分之二十九・七八的人口聚居在僅占全國總縣數百分之九・一五的本區，其所代表的意義相當重大。首先本區提供了大量的人力從事農業的墾殖，補充軍隊的不足；其次，本區人民努力工作的結果，生產了豐富的物資，更繳納了鉅額的賦稅，成為六朝政府財政上的支柱；最後本區龐大的生產力與消費力刺激了商業的出現，不但提高全國人民的生活水準，也為政府國庫又帶來可觀的商稅。所以稠密的人口是使本區成為六朝政府財賦重心的基礎。

圖六　六朝本區水陸交通路線圖

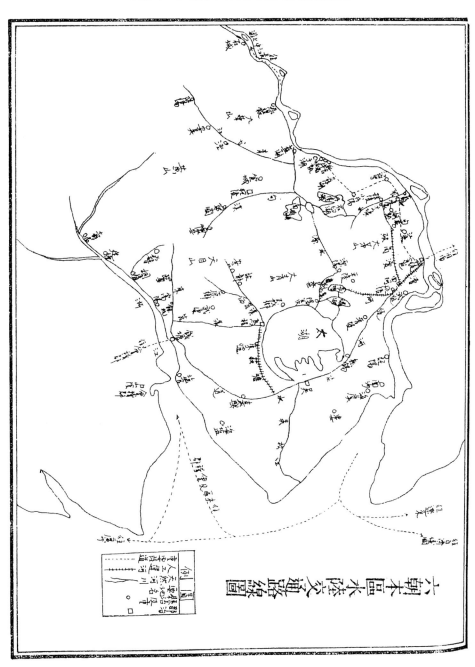

第三章 交通、城市及商業的發展

第一節 水陸交通

六朝時代歷朝政權能屹立江南，與北方抗衡的基本因素是新的「關鍵經濟區域」（Key Economic Area）的出現，其力量足以向傳統的關鍵經濟區域——涇、渭、河、洛流域挑戰，政治上產生了離心力所使然。此一新的關鍵經濟區域即是本區——所謂三吳沃區。而本區之所以成為新的關鍵經濟區域最重要的基礎是交通系統的完成。因為中央政府權力的統一與集中，要靠對關鍵經濟區域有絕對的支配能力，即是一方面要有靈活的交通網以便迅速徵收各地賦稅（以穀類為主），並運輸到權力中心所在地；另一方面需要灌溉系統，以發展密集農業，增加糧食生產，以供應中央政府龐大的需要。此二者均賴水利系統來達成。

本區地形平坦，水道縱橫，交通情況本已良好。加上環顧江南地區，本區的開發程度最高，已有良好的農業基礎，已具備關鍵經濟區域的雛形。此即王導所說的：「經營四方，此為根本。蓋舟車便利，則無艱阻之虞；田野沃饒，則有轉輸之藉。」所以六朝政府乃選擇本區為其政治與經濟中心所在地，在原有基礎上再加建設，形成完密的交通網。即配合優良的天然條件，再加以密集的人工建設，造成典型的關鍵經濟區域的出現。（本章內所述及之交通路線及城市請參閱前附六朝本區水陸交通路線圖）。

一、內部水陸交通系統

六朝時代本區內部交通以水運為主，陸運為輔。水路交通自然以天然河

川爲主要路線。遇有往來頻繁而無天然河川之處，則開鑿運河，以利行旅及漕運，天然河川與人工運河交織成網狀，連絡各重要城市。此一交通建設工作開始於孫吳時代，以後歷代續有進展，至南朝後期，水運網已經形成。茲將此內部水運網中的重要河道分北、中、南三區敘述如下：〔註1〕

（一）北部水路交通系統

1. 淮　水

是首都建康東南方的重要河川。三吳糧區及長江北岸南渡本區均沿這條水路幹道入京師。《讀史方輿紀要》卷二十江寧府江寧縣：

> 秦淮水，舊名龍藏浦。有二源：一發句容縣北六十里之華山南流；
> 一發溧水縣東南二十里之東廬山北流，合於方山。西經府城中，至
> 石頭城注大江，其水經流三百里。孫吳至六朝都城，皆去秦淮五里。
> 吳時夾淮立柵，史所稱柵塘是也。

《通鑑》卷六十六漢獻帝建安十七年九月注引《獻帝春秋》：

> （孫）權曰：「秣陵有小江百餘里，可以安大船，吾方理水軍，當移
> 據之。」

又注引宋白曰：

> 晉平吳，分爲二邑，自淮水南爲秣陵，北爲建業。

《宋書》卷九十九〈元凶劭傳〉：

> （宋元嘉末，元凶劭弒逆，武陵王駿及南譙王義宣等諸方鎭並舉義
> 兵）或勸劭保石頭城者，劭曰：「昔人所以固石頭，俟諸侯勤王耳。
> 我若守此，誰當見救。唯應力戰決之，不然不剋日日。」自出行軍，
> 慰勞將士。親督都水治船艦，焚南岸，驅百姓家，悉渡水北。

以上孫權所謂「秣陵有小江百餘里」，及劉劭所焚「南岸，驅百姓渡水北」，均指秦淮水。然而當時似未有秦淮水的名稱出現，只稱爲「淮水」，或單稱「淮」。如《南齊書》卷十九〈五行志〉：

> 永元元年（499）七月，濤人（當爲入之誤），漂殺緣淮居民。

《隋書》卷二十三〈五行志〉下：

> （陳）禎明三年（589）六月丁巳，大風，自西北激濤水入石頭、淮。

〔註1〕 各河川的名稱盡量以使用六朝時代名稱爲原則，若史料無徵，則以現代河川名稱稱之。

2. 青　溪

是孫吳時代所開的運河，連接建康城南淮水與建康城北之玄武湖。《建康志》卷十〈山川志〉三青溪：

> 吳大帝赤烏四年（241）鑿東渠，名青溪。通城北塹，湖溝闊五丈，深八尺，以洩元武湖北。發源鍾山，而南流經京，出今青溪閘口，接于秦淮。

青溪雖爲一條極短的運河，然在六朝時卻是出入京城所必經的要道，今舉二例。《世說新語》一〈德行第一〉：

> 周鎮罷臨川郡，還都。未及上，住泊青溪渚。

《晉書》卷八十一〈桓伊傳〉：

> 王徽之赴召京師，泊舟青溪側。

3. 破崗瀆

《三國志》卷四十七〈吳主權傳〉：

> 赤烏八年（245），遣校尉陳勳將屯田及作士三萬人鑿句容中道。自小其至雲陽西城，通會市，作邸閣。

《建康志》卷十六〈疆域志二〉堰埭破崗埭引《建康實錄》：

> 上下一十四埭，上七埭入延陵界，下七埭入江寧界，於是東郡船艦，不復行京江矣！

這條運河是鑿通句容與雲陽（即曲阿）〔註2〕之間的茅山，使丹徒至曲阿的漕河，及曲阿至吳縣的運河天然水道透過這條運河而與淮水在句容縣之上游相連接，成爲本區東部入建康京城的必經幹道，奪取了京師與丹徒之間長江的航道地位。

4. 漕　河

爲丹徒南通曲阿的運河。《讀史方輿紀要》二十五鎮江府丹徒縣漕河：

> 自江口至城南水門，凡九里，又南經丹陽縣（六朝時之曲阿縣），至呂城堰百二十四里。相傳秦鑿京峴東南，以洩王氣，即漕渠之始。

〔註2〕雲陽在六朝時名稱屢有更改。《讀史方輿紀要》卷二十五，鎮江府丹陽縣：「本楚之雲陽邑，秦曰曲阿縣，漢因之，屬會稽郡。後漢屬吳郡。三國吳復曰雲陽縣。晉又改爲曲阿縣，屬毗陵縣。宋、齊屬晉陵縣。梁屬蘭陵郡。……唐天寶初改曰丹陽縣。」其中以稱曲阿的時間較長，下文如再提及本地，爲統一計，一律稱爲曲阿。

> 或曰司馬遷言禹之治水，於吳則通渠三江、五湖。則漕渠之由來久
> 矣！

其開鑿時間雖無直接史料可資詳考，但是當完成在孫吳時代開鑿破崗瀆的赤烏八年以前，因前文續言：

> 六朝都建康，凡三吳船避京江之險，自雲陽西城鑿運瀆徑至都下，
> 而故渠如故。

則「雲陽西城鑿運瀆徑至都下」即指前文說明之破崗瀆，「故渠」即指漕河。蓋漕河之開鑿，本在連接三吳水道使北入長江，西航至建康。但是因為長江風浪危險，故破崗瀆的開通即為了航行安全，從此三吳船隻經破崗瀆入建康，不必經漕河入長江，冒「京江之險」，遂奪去漕河的部分功能。然而漕河渠道依然存在，並且被應用為長江北岸渡江到丹徒，而入建康及南下吳郡的交通孔道，也就是隋代運河自京口到餘杭之江南河前段的前身。

由前述淮水、青溪、破崗瀆及漕河四條水道相接構成本區北部的水路交通幹線。即由石頭沿淮水東行可轉青溪入建康城。若自建康城南沿淮水繼續東行經秣陵縣之方山埭入湖熟縣、句容縣轉入破崗瀆，東行到曲阿，再分為二途：向北經漕河到丹徒、溝通長江北岸的廣大地區；向南則經晉陵到吳郡，聯絡肥沃的三吳奧壤。若由石頭城西行出淮水入長江，即為與長江中、上游地區交通的唯一幹道。

在六朝時代航行於此一水道系統的例子不勝枚舉，今舉例如下：

《通鑑》卷一二七宋文帝元嘉三十年（453）五月：

> （元凶）劭遣殿中將軍燕欽等拒之（孝武帝討劭義軍），相遇於曲阿
> 奔牛塘，欽等大敗。劭於是緣淮樹柵以自守，又決破崗、方山埭以
> 絕東軍。

此即孝武帝用兵路線為：曲阿城→破崗瀆→方山埭→淮水→建康。

《通鑑》一四一齊明帝永泰元年（498）四月：

> （大司馬會稽太守王敬則反）敬則帥實甲萬人過浙江。（吳郡太守）
> 張瓌遣兵三千拒敬則於松江，聞敬則軍鼓聲，一時散走。瓌棄郡，
> 逃民間。敬則以舊將舉事。百姓擔篙荷鍤，隨之者十餘萬眾。至晉
> 陵，南沙人范脩化殺縣令公上延孫以應之。敬則至武進陵口，慟哭
> 而過。烏程丘仲孚為曲阿令，（案：仲孚謂吏民曰：「賊乘勝雖銳，
> 而烏合易離，今若收船艦，鑿長崗埭，瀉瀆水以阻其路，得留數日，

> 台軍必至，則大事濟矣！」——據梁書卷五十三丘仲孚傳補）敬則
> 軍至，值瀆固，果頓兵不能進。

是則王敬則船艦進兵途徑爲：會稽→浙江→上溯錢塘天然水道至吳→溯吳與
晉陵水道至晉陵→溯晉陵與武進水道至武進→曲阿。若能繼續前進，則當與
孝武帝途徑相同。

《梁書》卷二十一〈鄱陽忠烈王恢傳〉：

> 時三吳多亂，高祖命（恢）出頓破崗。建康平，還爲冠軍將軍。

由上述三例可見此一水道系統對京師建康的重要性，它將六朝政權的政治中
心——建康與經濟中心——三吳地區連繫起來。使物產豐富的三吳沃區成爲
首都物資供應的廣大腹地。在和平時期，此一水道系統是支持建康物資供應
的生命線，在戰爭時期，則變而爲威脅建康安全的戰略路線。若一交通路線
淪入敵手，建康失去物資支持，甚少倖存的機會，所以此一交通路線爲歷代
戰爭所必爭。其功能正如唐、宋時代的大運河，溝通全國的經濟中心與政治
中心，使兩者合爲一體，使六朝因此而屹立於江南。

（二）中部水路交通系統

1. 太　湖

太湖位於本區中心，爲諸水匯集之所。如穿越太湖而行，四出交通，十
分便利。《讀史方輿紀要》卷十九江南大川太湖引虞翻曰：

> 太湖東通長洲松江，南通烏程霅溪，西通義興荊溪，北通晉陵漏湖，
> 東南通嘉興韭溪，水凡五道，故曰五湖。

然而六朝時代航行湖中的記載卻未曾得見。不過，湖上交通的記載，始於春
秋時代，《後漢書》志二十二·〈郡國志四〉吳郡注：

> 《爾雅》十藪，吳越之間有具區。郭璞曰：「縣南太湖也。」……又
> 吳伐越，敗之夫椒，杜預曰：「太湖中之椒山是也。」

吳、越二國既交戰於湖中，可見當時已具備航行湖中的技術及能力。且太湖中
水流平穩，並非波濤險惡，不致使行人視航行湖上爲畏途，《吳興志》五河瀆：

> 府以湖名，近五湖也。中有霅谿，合四水也。眾水群湊而太湖虛受，
> 坎流而不盈，習險而無汎濫。

唐朝時也有穿越湖中的記載，《笠澤叢書》一〈鷄鵁詩〉并序：〔註3〕

〔註3〕《笠澤叢書》作者陸龜蒙爲唐德宗時人。

客有過震澤，〔註4〕得水鳥，所謂鸂鶒者。

故六朝時代穿太湖而過可能被視爲平常，而未特加強調記載。

2. 運河古水道

隋代所開鑿運河，自京口到錢塘的河道稱爲江南河，爲隋代以後本區南北水路交通之幹道。六朝時代江南河雖未曾開鑿，但是航行於此一路線的例子卻很多，顯示此一路線原來已有河川（天然或人工）存在，《水經注》卷二十九沔水引庾仲初揚都賦注曰：

> 今太湖來往爲松江，下七十里有水口分流，東北入海爲婁江，東南入海爲東江，與松江而三也。吳地記曰：「一江東南行七十里入小湖，爲次溪，自湖東南出謂之谷水，谷水出吳小湖逕由卷縣故城下，谷水又東南逕嘉興縣城西，谷水又西南逕塩官縣南故城南，谷水于縣出爲澉浦，以通巨海。」

則「谷水」即是運河古水道中自吳縣以南經嘉興至錢塘的一段。此段以外，吳縣以北至曲阿的水道已因江南河之開鑿而泯滅其本名，故只有通稱曲阿經吳縣至錢塘的江南河原水道爲運河古水道。六朝時代航行於此條水道的例子列舉如下：《世說新語》五任誕第二十三：

> 賀司空（循，會稽山陰人）入洛赴命爲太孫舍人。經吳閶門，〔註5〕在船中彈琴。

同卷：

> 蘇峻亂，諸庾逃散。庾冰時爲吳郡，單身奔亡，民吏皆去，唯郡卒獨以小船載冰，出錢塘口。

《南齊書》卷四十八〈孔稚珪傳〉：

> 會稽山陰人也。……東出過錢塘北部，輒於舟中拜杜子恭墓，自此至都，東向望，不敢側。

由此可知孔稚珪所經水道在錢塘城北面，與今運河相符。〔註6〕

《梁書》二十一〈張充傳〉：

> 吳郡人，父緒。……緒嘗請假還吳，始入西郭，值充出獵，左手臂

〔註4〕太湖又名震澤，見《吳興志》一太湖，《讀史方輿紀要》卷十九江南大川太湖。

〔註5〕《吳地記》：「閶門，亦號破楚門，吳伐楚，大軍從此門出。」《蘇州府志·城池考》：「周敬王六年闔閭有國，伍員創築大城。……爲門八，……西曰閶。」

〔註6〕《讀史方輿紀要》卷九十，杭州府錢塘縣運河：「在城北十里。」

鷹，右手牽狗，遇緒船至，便施紲脫韝，拜於水次。

由此亦可知張緒所經之水道在吳城之西，亦與運河在城西相符。〔註7〕

由以上各資料綜合觀之，今運河所經路線，六朝時已有水道存在，且爲交通極繁的路線。三吳沃區的物資輸入建康，也以這條運河古水道爲主要漕運路線，其規模不算小。沿著天然河道的幾個大站自山陰起，向北爲錢塘、嘉興、吳、晉陵、曲阿。到了隋代，爲配合大量物資北運關中，交通量更爲增加，即將原有水道擴大或溝通，成爲江南河。

3. 長塘湖

又名長蕩湖，今名洮湖，爲本區中心南北向之重要交通路線，即由曲阿南下經過長塘湖至永世。六朝時關於這條路線的記載如下：

《晉書》卷八十四〈王恭傳〉：

> 恭遂與弟履單騎奔曲阿，恭久不騎乘，髀生瘡，不復能去。曲阿人殷確，恭故參軍也。以船載之，藏於葦蓆之下，將奔桓玄。至長塘湖遇商人錢強，宿憾於確，以告湖浦尉，尉收之以送京師。

《晉書》卷一〇〇〈蘇峻傳〉：

> （張）健……更以舟車（由曲阿）自延陵〔註8〕向長塘，大小二萬餘口，金銀寶物不可勝數。

《通鑑》卷一三一宋明帝泰始二年正月：

> （任）農夫（東討庾業），自延陵出長塘，力戰，大破之。

由上述三例可知此條水道爲自曲阿南下太湖西部的捷徑，不須由運河古水道繞經太湖東岸。在曲阿至永世（案：今日之溧陽）之間的河道在今日地圖之中名爲溧陽漕河，且作運河之標幟，則其開鑿時間未能詳考，然六朝時代已有航行其中的記載。

4. 中　江

即今日之荊溪與溧水。《讀史方輿紀要》卷二十五常州府宜興縣（案：六朝時代爲義興郡陽羨縣）荊溪：〔註9〕

> 在城南，其在城西者亦曰西溪，在城東者亦曰東溪。凡廣德、溧陽、

〔註7〕《讀史方輿紀要》卷三十四，蘇州府吳縣運河。

〔註8〕晉武帝太康二年，分曲阿縣之延陵鄉立延陵縣，屬晉陵郡。

〔註9〕《讀史方輿紀要》卷二十五，常州府宜興縣荊溪：「今自縣東分二流，其一北達常州（六朝時名曲阿）爲漕河，溧陽（六朝時名永世）運船俱繇此出。」

金壇并縣西諸山澗水，俱流匯於西溪，乃貫城繞郭爲東溪，以下太
湖。

同書卷二十江寧府溧陽縣溧水：

即永陽江也，一名瀨水。……《祥符圖經》：「溧水承丹陽湖，東入
長蕩湖，……又東接宜興縣之荊溪。」

本區西部的丹陽、石臼、固城三湖之水下流至長塘湖，其間的河道即爲溧水，
長塘湖至太湖之間爲荊溪，兩河相接，六朝時代稱之爲中江。《建康志》卷十
山川志大江：

前漢地理志，桑欽水經，皆云：「中江出蕪湖縣西南，東至陽羨入海。
蓋蕪湖逕溧陽至宜興入震澤，以下海也。」……（北宋）元祐六年，……
中江尚通。

這一條水道使義興郡對外交通，更爲捷便。如由荊溪轉長塘湖北上，可迅至
曲阿、丹徒，連絡長江北岸。若由荊溪入溧水便可由石臼湖接秦淮水北入建
康，故義興郡的地位也因此一水道而更形重要，成爲控制太湖地區的要地。《讀
史方輿紀要》卷八十九〈浙江方輿紀要序〉：

六朝都建康，以義興爲重地。東方有變，必爭義興，以其扼震澤之
口。

以下即爲劉宋時代庾業反叛，與朝廷戰將任農夫、吳喜爭取義興的記載，《通
鑑》卷一三一宋明帝泰始二年（466）正月：

（任）農夫自延陵出長塘，庾業築城猶未合，農夫馳往攻之，力戰，
大破之。庾業棄城走義興，農夫收其船仗，進向義興，助吳喜（喜
屯於義興西之吳城）。二月己未朔，喜渡水攻郡城。……義興人大懼，
諸壘皆潰，（劉）延熙赴水死，遂克義興。

此引文中庾業、任農夫先後自長塘湖經荊溪入義興，吳喜也渡荊溪攻義陽羨
城，可見荊溪對義興城之重要性，爲其西方對外交通的唯一重要孔道。

5. 青弋江與句溪

這是本區西南部宣城郡中的兩大交通幹道，由南向北連接郡中的各縣，
而在蕪湖附近注入長江。《讀史方輿紀要》卷二十八寧國府宣城縣：

青弋江，源出涇縣及池州府之石埭縣（案：六朝時宣城郡陵陽、石
城、涇三縣地），又太平縣（案：六朝宣城郡涇縣地）及府西南境諸
川，皆匯入焉。……又北入蕪湖縣界，注大江，……句溪，其上流

> 即寧國縣之東西二溪，……又西北入黃池，接當塗縣，出蕪湖，入
> 大江。

由於宣城郡位於皖浙丘陵之中，物產不豐，地僻人稀，這兩條河川上的交通量自然不及東部，北部水道之繁忙。然而宣城郡以青弋江及句溪為郡內及郡外的交通幹道。《晉書》卷七十四〈桓彝傳〉：

> 補彝宣城內史（案：治宛陵縣），在郡甚有惠政，為百姓所懷，蘇峻
> 之亂也，……乃遣將軍朱綽討賊別帥於蕪湖，破之，彝尋出石跪（案：
> 在蕪湖南）。〔註10〕

則朱綽、桓彝均沿句溪由宛陵北上至蕪湖。

6. 吳松江

吳郡之中，吳縣以東至海的地區，在六朝時十分荒蕪落後，無任何重要城市，只有一條吳松江可連絡。《讀史方輿紀要》卷十九江南大川三江：

> 松江，一名笠澤，一名松陵江，自太湖外流，……至吳松口入於
> 海，……此松江之大略也。

《陳書》卷九〈侯瑱傳〉：

> 仍隨王僧辯討（侯）景，恒為前鋒，每戰卻敵。既復台城，景奔吳
> 郡，僧辯使瑱率兵追之，與景戰於吳松江，大敗景。

本區中部由中江、太湖，吳松江構成橫貫東西的水路幹線。然而因中間山陵阻隔，水道不暢，其交通量及重要性不及東部平原上南北縱貫的運河古水道各河流。

（三）南部水路交通系統

1. 苕水

在吳興郡中，發源於皖浙丘陵天目山區的苕水分為東、西二條支流聯絡山區中的各縣，下至烏程縣合注太湖。《水經注》卷二十九沔水：

> 《山海經》曰：「浮玉之山，北望具區，苕水出于其陰，北流注于具
> 區（案：即太湖）。」

《讀史方輿紀要》卷八十九浙江苕溪：

> 苕溪有二源：一出天目山之陽，經杭州府臨安縣西，遠縣而東，入

〔註10〕《讀史方輿紀要》卷二十七，太平府蕪湖縣石硊市：「縣南二十五里有石硊渡。
　　　　晉咸和中桓彝嘗屯兵於此，以拒蘇峻。」

餘杭縣界，又東流，經餘杭縣治南，又東流二十七里入錢塘縣界，
自源徂流，凡百八十里，始通舟楫。又東北入湖州府德清縣境，經
縣城東南，又北經府城南（案：即六朝時之吳興郡治烏程縣），合諸
溪之水，匯爲城壕，此苕溪之東派也。其一源出天目山之陰，經孝
豐縣東南，又北流，經安吉州西折而東，經長興縣南境，至府城西，
亦謂苕溪，此苕溪之支派也。兩溪匯流，由小梅、大錢二湖口，入
于太湖。

此苕溪之河道與三國吳孫皓下分詔分置吳興郡所提及的河道相符，《三國志》
卷四十八〈孫皓傳〉：

寶鼎元年（266）分吳、丹陽爲吳興郡。

注引孫皓詔曰：

今吳郡陽羨、永安，餘杭、臨水及丹陽故鄣、安吉、原鄉、於潛諸
縣，地勢水流之便，悉注烏程，既宜立郡以鎮山越，且以藩衛明陵，
奉承大祭，不亦可乎，其亟分此九縣爲吳興郡，治烏程。

苕水爲天目山區各縣與平地聯絡的唯一水道。唐代甚且特別規定天目山區中
的租稅由苕水運輸。《讀史方輿紀要》卷八十九浙江一苕溪：

唐天授二年（693），勑錢塘、於潛、餘杭、臨安四縣租稅，皆取道
於苕溪，公私便之。潘季馴曰：「浙西運河，大都發源於天目，蓋以
苕溪爲委輸也。」

在東、西兩條支流中，東苕溪聯絡吳興郡治烏程及吳興南部大縣錢塘，又與
另一重要水道——運河古水道相接，其航運必然相當繁忙。茲舉一航行於東
苕溪之例，《梁書》卷十五〈謝覽傳〉：

（天監）十二年（518）春（自新安太守）出爲吳興太守。中書舍人
黃睦之家居烏程，子弟專橫，前太守皆折節事之。覽來到郡，睦之
子弟來迎，覽逐去其船，仗吏爲通者。

謝覽原爲新安太守，居於浙江南部，轉任吳興太守，應爲北渡錢塘江，由東
苕溪到烏程上任。

2. 荻 塘

荻塘爲今運河吳江縣至吳興縣（案：即六朝之烏程）的一段。《吳江水考》
卷一：

西塘河，即荻塘，西自南潯，〔註11〕而東至平望〔註12〕五十三里。

《運河志》云：「河水源於湖州〔註13〕之天目山，分爲苕、雪二溪東
北流，至湖州復合，又東流爲荻塘，經烏程經過南潯鎮東一里入吳
江縣界。」

荻塘爲晉代所開鑿，南齊續有修作。《吳興志》卷十九荻塘：

在湖州府南一里餘，連亙東北，出迎春門外百餘里，今在城者謂之
橫塘，城外謂之官塘。晉太守殷康所築，圍田千餘頃，後太守沈嘉
重修，齊太守李安人又開涇，洩水入湖。

則荻塘的開鑿有水利灌溉及交通運輸雙重功用，它將苕水流域所集中於烏程
的天目山區物資運到運河古水道，再北運入京，是吳興郡對外交通的大動脈，
其重要性甚於南流至吳郡錢塘縣的東苕溪。

3. 浙　江

即今日之錢塘江，《水經注》卷四十浙江水：

《山海經》謂之浙江也。《地理志》云：「水出丹陽黟縣南蠻中，……
又北歷黟山縣，居山之陽，……又北逕歙縣東，……又東北逕建德
縣南，……又東逕壽昌縣南，自建德至此八十里中，有十二瀨，……
又北逕新城縣，桐溪水注之，水出吳興郡於潛縣北天目山，……浙
江又東北入富陽縣，……又東逕餘杭故縣南，新縣北，……又東北
流至錢塘縣，……又東注於海。」

《世說新語》卷二〈雅量第六〉：

吳興沈公爲縣令，當送客過浙江。

《南齊書》卷四十〈竟陵王子良傳〉：

浙江風猛，公私畏渡。

由於浙江連絡吳郡建德、桐廬、富陽、餘杭、錢塘各縣，故成爲本區南部最
重要的交通路線。上游各縣的物資順江而下集中於錢塘，可轉運河古水道北
運至吳縣、建康。或南運到會稽郡。因此錢塘成爲本區南部的商業、交通中
心，南朝在此設立錢塘倉，是江南地區除建康附近以外的重要大倉之一。

南齊時人民爲逃避賦役而反對政府搜檢戶籍，引起唐寓之之亂，便是由

〔註11〕同前書，卷九十一，湖州府歸安縣南潯鎮：「府東七十二里，以潯溪所經而名。」
〔註12〕同前書，卷二十四，蘇州府吳江縣平望鎮：「鎮南四十五里，爲控接嘉湖之要道。」
〔註13〕湖州府即六朝時之吳興郡。

浙江上游順江而下，沿途騷擾各縣。《南齊書》卷三〈武帝紀〉：

> 永明四年（486）春正月，富陽人唐寓之反，聚眾桐廬，破富陽、錢
> 塘等縣，害東陽太守蕭崇之。遣宿衛兵出討，伏誅。

本區南部水路交通系統扼要言之，是由東、西苕溪北至烏程，由烏程入
太湖或東出荻塘入東部南北水道。而烏程沿東苕溪向南則可在錢塘入浙江，
聯絡浙江兩岸會稽郡各縣，形成交通網，以烏程及錢塘為其中心。本區南部
天目山區各縣無不在這交通網的水道近旁，賴之與東部平原聯絡，益可知此
一水道系統對本區南部的重要性。

以上分北、中、南三區敘述本區內部交通的水路幹線。除了南部因為皖
浙丘陵區山川阻隔之外，其餘地區大致已形成網狀，天然河川未能銜接之處，
則鑿以人工運河以接連之。這個水運交通網不但是人民往來交通的幹道，更
是本區漕運物資的主要路線。《隋書》卷二十四〈食貨志〉述及南朝的主要倉
庫：

> 其倉，京都有龍首，即石頭津倉也，台城內倉，南塘倉、常平倉、
> 東西太倉，所貯總不過五十餘萬。在外有豫章倉、釣磯倉、錢塘倉，
> 並是大貯備處。

上述各倉在京都者大都分布於淮水沿岸，《讀史方輿紀要》卷二十江寧縣石頭
城引圖經：

> 石頭城在上元縣西四里，南抵淮水，當淮之口，南開二門，……又
> 有石頭倉城，倉城之門曰倉門。漢建安十六年，孫權徙治秣陵，明
> 年城石頭，貯寶貨軍器於此。

同卷：

> 南塘，秦淮水南岸也。……台城，其地……擁秦淮、青溪以為阻。

除了建康附近的倉庫外，本區另一大倉——錢塘亦是位於運河古水道浙江及
苕水的匯流處，使天目山區的物資得以沿河集中於此，再轉運入建康。由重
要倉庫之位於河道近旁，可見水運是漕運的主要方式。

這個開始建設於孫吳時代，完成於南朝末期的水運交通網，使本區內部
的物資運輸便利，交通往來便捷。以建康為都城的六朝政府透過它，可以得
到三吳地區豐富物資的充分供應，對本區內任何地點的動亂也可以迅捷地加
以控制，猶如人體中心臟血管保持暢通，才能使人堅強地生存，六朝政府也
依賴本區的水通交通網，得以屹立江南達三百年之久。

在各條水運交通線上都有津埭的設置，設官經理水上的交通。交通量最為頻繁之處設津，負責檢查來往船隻及收取津稅。《隋書》卷二十四〈食貨志〉：

> （六朝）都西有石頭津，東有方山津。各置津主一人，賊曹一人，直水五人，以檢察禁物及亡叛者。其荻炭魚薪之類過津者，並十分稅一以入官。

然而這些關津檢察的對象只限於平民，對世族豪門的約束力甚小，《南史》卷七十〈郭祖深傳〉：

> （梁武帝）普通七年（526），改南州津為南津校尉，以祖深為之。……公清嚴刻。由來王侯勢家出入津，不忌憲綱，俠藏亡命。祖深搜檢姦惡，不避強禦，動致刑辟。

在這些水道交通要道之處除設官管理之外，並蓄養牛隻，以利逆水過津的船隻及水位低落，航行不暢時得牛力之助，順利過津。使用牛力的船隻應繳納牛埭稅，但是後期徵收嚴苛，到了不合理的地步。《南齊書》卷四十六〈顧憲之傳〉：

> 永明六年（488）……時西陵戍主杜元懿啟：「吳興無秋，會稽豐登，商旅往來，倍多常歲。西陵牛埭稅，官格日三千五百，元懿如即所見，日可一倍，盈縮相兼，略計年長百萬。浦陽、南、北津及柳浦四埭乞為官鎮攝，一年格外長四百許萬。而陵戍前檢稅，無妨戍事，餘三埭自舉腹心。」世祖敕示會稽郡，此詎是事，宜可訪察即啟。
>
> 憲之議曰：「尋始立牛埭之意，非苟逼僦以納稅也。當以風濤迅險，人力不捷，屢至膠溺，濟急利物耳。既公私是樂，所以輸直無怨，京師航渡，即其例也。而後之監領者不達其本，各務己功，互生理外。或禁過別道；或空稅江行；或撲船倍價；或力周而猶責；凡如此類，不經埭煩牛者，上詳被報，格外十條。竝蒙停寢，從來諡訴，始得暫彌。」世祖並從之。

依此記載可知牛埭稅亦為政府可觀的收入之一，惟透過苛征的方式，增加平民負擔，對士族富商影響卻不大。甚至有豪族私自控制河道，征收牛埭稅，《晉書》卷七十八〈孔嚴傳〉：

> （隆和年間）時東海王奕求海塩、錢塘、以水牛牽埭，稅取錢直。
>
> 帝初從之，嚴諫乃止。

平民商旅航於水道之中除受津埭盤剝外，尚時受政府台使的阻擾，《南齊書》

卷四十〈竟陵王子良傳〉：

> 宋世元嘉中皆責成郡縣，孝武徵求急速，以郡縣遲緩，始遣台使，
> 自此公役營擾。太祖踐祚，子良陳之曰：「前台使督逋切調，恒聞相
> 望於道。……脅過津埭，恐喝傳郵。破崗水逆，商旅半引，通令到
> 下，先過己船。浙江風猛，公私畏渡，脫舫在前，驅令俱發。」

由此一記載中亦可了解本區內各水道不甚寬闊，尤以人工運河爲甚，破崗瀆
只可過一船，無法二船並行，遇逆水上行時，以牛牽過津埭，速度甚慢，故
台使逼令商旅船隻先行退下，先引己船過埭。

各橋樑津埭的維護保養已有完密制度，即由使用者繳納定額保養基金，
以供日常維護，但亦有被挪用他途的現象出現。《南齊書》卷七〈東昏侯紀〉：

> 揚、南徐州橋桁塘埭丁，計功爲直，斂取見錢，供太樂主衣雜費。
>
> 由是所在塘瀆，多有驅廢。

有時對航行於水道的船隻徵收興建基金，如建康城南跨淮水的橋樑毀於王敦
之亂，後世爲了興復之，而對過往船隻收取特別捐做爲興建經費。《建康志》
卷十六〈疆域志〉二橋梁鎮淮橋：

> 在今府城南門裏，即朱雀航所。考證：按《世說》敘錄及《輿地志》，
> 《丹陽志》皆云：「吳時南津橋也，名曰朱雀航。太寧二年（324）
> 王含軍至丹陽，尹溫嶠燒絕之，以過南眾。定後，京師乏良材，無
> 以復之，故爲浮航。至咸康三年（375）侍中孔坦議復橋，於是稅航
> 之行道，具材，乃值苑宮初創，材轉以治城，故浮航相仍。至太元
> 中驃騎將軍府立東航，改朱雀爲大航。」

（四）本區內部主要陸路交通線

前文已提及本區內部的交通以水路爲主，陸運爲輔，雖然每兩地之間必
有陸道存在，然而其被利用的程度必不及河道，故不必詳述各陸路交通線之
情況。但是若有交通特別頻繁的兩地之間，水路交通線不敷應用，或加上其
他因素，也會出現較爲重要的陸路交通線，今舉出二條與長江平行的陸路交
通線，分述如下：

1. 丹徒至建康線

由於丹徒是建康的北部門戶，素有「北府」之稱，六朝政府爲固守丹徒，
必時常運送兵糧，往來巡視聯絡，兩地之間的交通異常頻繁，保持交通暢通

也至爲必要。故除了淮水、破崗瀆與漕河所形成的水運系統外，又有一條陸路交通線以爲輔助。其路線是由丹徒取道句容縣北境的竹山里，進入江乘縣，再西行入建康。《建康志》卷十六〈疆域志二〉鋪驛竹里路：

> 在句容縣北六十里。倉頭市東有竹里橋，南邊山，北濱大江，父老云：「昔時路行山間，西接東陽，遠攝山之北，[註14] 由江乘羅落以至建康。宋武帝討桓元，其路經此。」

《宋書》卷五〈文帝紀〉：

> 元嘉二十六年（449）二月乙亥，車駕陸道幸丹徒，謁京陵。

《宋書》卷一〈武帝紀〉：

> （劉）旭孫生混，始過江，居晉陵郡丹徒京口里。

《南齊書》卷五十一〈崔慧景傳〉：

> （齊東昏侯永元二年，四九九，崔慧景叛）於是（崔慧景）回軍還廣陵（與丹徒隔長江相對）。司馬崔恭祖守廣陵城，開門納之。帝聞變，以征虜將軍右衛將軍左興盛假節守京口（即丹徒）。江夏王寶玄（時任徐、南兗二州刺史，鎮丹徒）又爲內應，合二鎮兵力奉寶玄向京師，召遣驍騎將軍張佛護，⋯⋯等據竹里爲數城，⋯⋯因合戰。

《梁書》卷二十九〈邵陵攜王綸傳〉：

> 遂率⋯⋯步騎三萬發自京口，將軍趙伯超曰：「若從黃城大道，必與賊遇，不如迳路，直指鍾山，出其不意。」綸從之，眾軍奄至，賊徒大賧。

所謂「黃城大道」即是此條由丹徒向建康的陸路大道，《建康志》卷十六〈疆域志二〉鋪驛黃城大路：

> 黃城當作江乘。又《金陵志》：「上元縣東北清風鄉有黃城村。」

《陳書》卷八〈侯安都傳〉：

> 隨高祖鎮京口，除蘭陵太守。高祖謀襲王僧辯，諸將莫有知者，唯與安都定計。仍使安都率水軍自京江趨石頭，高祖自率馬步從江乘羅落會之。

《丹徒縣志》四十八〈藝文三〉南朝詩鮑照「行京口至竹里」：

[註14] 《讀史方輿紀要》卷二十，江寧府江寧縣：「攝山，府東北四十五里。羅落，府東北四十里。」

高柯危且竦，鋒石橫復仄。複澗隱松聲，重崖伏雲色。冰閉塞方壯，

風動鳥傾翼。斯志逢凋嚴，孤遊值曛逼。兼塗無憩鞍，半菽不遑食。

君子樹令名，細人效命力。不見長河水，清濁俱不息。

由此詩之描述，可見丹徒至建康間的陸道以山間道路爲主，具有快速溝通丹徒、建康兩地之效，利用之傳送軍報或行軍攻擊，速度當快於水路。

2. 姑孰至建康線

由於建康附近的長江水面寬闊，且六朝政府爲保障首都安全，將位於建康以西及當淮水長江匯流口的石頭城屯以重兵。因此在長江西岸起事，有志取首都者往往不敢直接渡江進攻石頭城，而採取迂迴的路線自姑孰西北之采石山渡江上岸。由陸道北攻建康。最典型的例子，便是東晉蘇峻與梁朝侯景起事進攻京師的情形。

《晉書》卷七〈成帝紀〉：

咸和三年（328）春正月……丁未，（蘇）峻濟自橫江，登牛渚。〔註15〕三月庚戌，峻至于蔣山，〔註16〕假領軍將軍卞壼，節帥六軍。及峻戰于西陵，〔註17〕王師敗績。

同書卷七十八〈陶回傳〉：

（蘇）峻將至，回復謂（庾）亮曰：「峻知石頭有重戍，不敢直下，必向小丹陽〔註18〕南道步來，宜伏兵要之，可一戰而擒。」亮不從。峻果由小丹陽經秣陵。〔註19〕

《通鑑》卷一百六十一梁武帝大清二年（548）：

七月戊戌（侯）景反於壽陽。……〔註20〕侯景聞台軍討之，問策於

〔註15〕同前書，卷二十七，太平府當塗縣采石山：「府西北二十五里，濱江爲險，昔時自橫江渡者，必道采石，趨金陵，江津襟要，此爲最衝。……又南里許曰牛渚山，亦曰牛渚圻。」

〔註16〕同前書，卷十九，江南名山鍾山：「一名蔣山。」

〔註17〕同前書，卷二十，江寧府江寧縣西陵：「即鍾山之南麓，吳大帝葬焉。」

〔註18〕《通鑑》卷九十四，晉成帝咸和三年正月注：「（晉）元帝南渡，建康置丹陽尹，治於台城西。而丹陽太守舊治秣陵縣，俗謂之小丹陽，其路即今太平州取建康之路也。」《建康志》卷十六〈疆域志〉二鋪驛小丹陽路：「在今江寧縣橫山鄉陶吳鎮（在江寧縣南六十里，又稱金陵鎮）西南十里，與太平州當塗縣接界，里俗猶呼丹陽。」

〔註19〕《讀史方輿紀要》卷二十，江寧府江寧縣秣陵鎮：「縣南五十里。」

〔註20〕同前書，卷二十一壽春縣：「即今城，……（東晉孝武帝）改曰壽陽。」

王偉。偉曰：「邵陵（王綸）若至，彼眾我寡，必為所困，不如棄淮南〔註21〕決志東向，帥輕騎直掩建康，……兵貴拙速，宜即進路。」……冬十月己酉，（景）自橫江渡采石，有馬數百匹，兵八千人。是夕，朝廷始命戒嚴，景分兵襲姑孰，〔註22〕執淮南太守文成侯寧。南津校尉〔註23〕江子一，帥舟師千餘人，欲於下流邀景。其副董桃生，家在江北，與其徒先潰走。子一收餘眾，步還建康。……己酉，景至慈湖，〔註24〕建康大駭。……庚戌，侯景至板橋，……〔註25〕辛亥，景至朱雀桁。〔註26〕

由以上二例觀察，這一條陸道是由姑孰北經小丹陽、秣陵鎮、板橋，過朱雀桁渡淮水進入建康。蘇峻與侯景進攻建康均採取這條與長江平行的陸道，其原因大約有下列三端：（一）避開屯有重兵的石頭城。（二）避免航行長江的風浪危險。（三）姑孰附近江面較窄，渡江容易，且姑孰向為建康之南方門戶，號為「南府」。政府在此也儲有塩米，屯有戍衛，先行攻下姑孰，不但取其塩米，解決糧餉問題，由此北攻建康，也可免後顧之憂。

另有一條較為重要的陸道為與運河古水道平行的曲阿、吳縣、錢塘線，也有常被利用的記載。《三國志》四十八〈孫休傳〉：

詔徙會稽，居數歲，夢乘龍上天，顧不見尾，覺而異之。孫亮廢（太平三年九月，258）己未，孫琳使宗正孫楷與中書郎董朝迎休。……留一日二夜，遂發，十月戊寅，行至曲阿。

由九月己未至十月戊寅共二十日，除在會稽留一日二夜外，其餘時間當為由建康沿此陸道下會稽，再北至曲阿所需的時間，則由曲阿至錢塘（渡過漸水，即為會稽郡）單程的時間當在十日以內。

《晉書》卷八十四〈劉牢之傳〉：

〔註21〕《通鑑》注：「壽陽，古淮南郡治所。」
〔註22〕《讀史方輿紀要》卷二十七，太平府當塗縣姑孰城：「今府治。……迫臨江渚，商賈湊集，魚塩所聚。東晉時，置城戍守，并積塩米於此。」
〔註23〕同前卷，太平府當塗縣姑孰溪：「在府南二里，……經城南，謂之南州津。」
〔註24〕同前卷，太平府當塗縣慈湖水：「府北六十三里。志云：舊有湖，後湮，其餘水流入大江。」
〔註25〕《通鑑》注：「張舜民曰：『出秦淮西南行，循東岸，行小夾中，十里過板橋店。』」
〔註26〕《讀史方輿紀要》卷二十，江寧縣朱雀桁：「今聚寶門內鎮淮橋，即孫吳之南津橋，晉之朱雀桁也。」

> 鎮京口，及孫恩陷會稽，牢之遣將桓寶率師救三吳。……北至曲阿，
> 吳郡內史桓謙已棄郡走，牢之乃率眾東討，拜表輒行至吳。

《陳書》卷二十五〈裴忌傳〉：

> 及高祖誅王僧辯，僧辯弟僧智舉兵據吳郡。……忌乃勒部下精兵，
> 輕行倍道，自錢塘直趨吳郡。

除了上述三條與長江及運河古水道平行的陸道以外，其他河川之旁亦應有平行的陸道。皖浙丘陵區中無河川相接之處，更需以陸道為主要交通幹線，然而因其地較為偏僻、人口稀少，重要性當不如前文所舉出三條輔助長江及運河古水道水運的陸路交通線。

六朝時代在水陸交通旁，尚有郵驛系統的設置，《後漢書》志二十九〈輿服志上〉：

> 驛馬三十里一置。

梁劉昭注：

> 東晉猶有郵驛共置，承受傍郡縣文書，有郵有驛，行傳以相付。縣
> 置屋二區，有承驛吏，皆條所受書，每月言上州郡。

郵驛道路亦可分水、陸二途，本區屬水鄉澤國，水運方便，故驛站不少瀕於河畔。《世說新語》卷二〈雅量第六〉：

> 褚公……名字已顯而位微，人未多識。公東出，乘估客船，送故吏
> 數人，投錢塘亭住。爾時吳興沈充為縣令，當送客過浙江。客出，
> 亭吏驅公移牛屋下。潮水至，沈令起彷徨，問牛屋下是何物？吏云：
> 「昨有一傖父來寄亭中，有尊貴客，權移之。」令有酒色，因遙問：
> 「傖父欲食餅不？姓何等？可共語。」褚因舉手答曰：「河南褚季野，
> 久承公名。」令於是大遽，不敢移公，便於牛屋下，脩刺詣公。更
> 宰殺為饌，具於公前，鞭撻亭吏，欲與謝慚。公與之酌宴，言色無
> 異，狀如不覺，令送公出界。

此處所稱之「錢塘亭」既為縣令所投宿，又有亭吏經營照料，當是政府設立的驛亭。又有潮水可至，必位於水道之旁。驛亭之中尚有牛屋，大約是蓄養牛隻以備陸路驛道之用。

除東晉外，宋代亦頗多見郵驛的記載，如《宋書》卷七十四〈沈攸之傳〉：

> 攸之密邇內釁，川塗弗遠，驛書至止，晏若不聞。

同書卷七十七〈沈慶之〉傳：

慶之乘驛馳歸，未至，上驛詔止之，使還救（王）玄謨。

齊、梁時代以後則未曾見到郵驛的記載，前文所引梁劉昭注《後漢書輿服志》曰：「東晉猶有郵驛共置。」此一「猶」字可能表示梁代郵驛的設置已然分開，或已不存。

二、對外及國際交通

本區四周環水，故對外交通完全藉助水路。北方的對外交通如與江北、淮南地區聯絡，需由丹徒渡長江至北岸之廣陵，〔註27〕然後再溯淮水、汴水入黃河，北抵洛陽。西晉陸機由吳縣的家鄉入仕洛陽，即採取此一路線。《晉書》卷六十九〈戴若思傳〉：

> 若思，廣陵人也。……少好遊俠，不拘操行。遇陸機赴洛，船裝甚盛，遂與其徒掠之。

本區與江北地區交通，亦有不取內陸河道，而採沿海航線，如謝安由廣陵的新城欲返吳興郡臨安縣，便採取東出長江口，泛海而行的方式。《晉書》卷七十九〈謝安傳〉：

> 有司奏安被召，歷年不至，禁錮終身。遂棲遲東土，常往臨安山中，坐石室，臨濬谷，悠然歎曰：「此亦伯夷何遠？」嘗與孫綽等泛海，風起浪湧。……（後）安雖受朝寄，然東山之志，始末不渝，每形於言色，及鎮新城（案：安於廣陵之步丘築壘曰新城），盡室而行，造泛海之裝，欲須經略粗定，自江道還東。

這一條海道路線也常被採取為三吳地區物資供應京師建康的漕運路線。《晉書》卷二十六食貨志：

> 咸和六年（321），以海賊寇抄，運漕不濟，發王公以下餘丁，各運米六斛。

按咸和六年所謂：「海賊寇抄」，是指北方後趙劉徵於咸和五年帥眾數千，浮海抄東南諸縣，殺南沙都尉許儒，六年春正月又寇婁縣，掠武進，〔註28〕其騷擾地區是長江口一帶及溯長江下游寇掠南岸的婁縣及武進，因而使原來利用海道入長江達建康的漕運路線受阻，造成糧運不濟，京師乏糧的現象。

〔註27〕《讀史方輿紀要》卷二十三，揚州府江都縣廣陵城：「在府東北。……俯江湄，瞰京口。」
〔註28〕參見《通鑑》卷九十四，晉成帝咸和五、六年。

　　至於本區南方的對外交通，亦有海道及河道兩條路線。東晉孫恩之亂即利用海道自廣州竄擾本區及本區以南之會稽郡沿海。《晉書》卷一○○〈孫恩傳〉：

> 隆安四年（400），恩復入餘姚（屬會稽郡，位於浙江口南岸），破上虞，進至刑浦，（謝）琰（會稽太守）遣參軍劉宣之破之。恩退縮，少日復寇刑浦，害謝琰。朝廷大震，遣冠軍將軍桓不才，輔國將軍孫無終，寧朔將軍高雅之擊之，恩復還於海。於是復遣（劉）牢之東屯會稽，吳國內史袁山松築扈瀆壘，〔註29〕緣海備恩。明年，恩復入浹口，雅之敗績，牢之進擊恩，恩復還于海，轉寇扈瀆，害袁山松，仍浮海向京口。牢之率眾要擊，未達，而恩已至，劉裕乃摠兵緣海拒之，及戰，恩眾大敗，狼狽赴船。尋入集眾，欲向京都，朝廷駭懼，陳兵以待之，恩至新州〔註30〕不敢進，而退北寇廣陵，陷之，乃浮海而北。劉裕與劉敬宣並軍躡之於郁州，累戰，恩復大敗，由是漸衰弱。復沿海還南，裕亦尋海要截，復大破恩於扈瀆，恩遂遠迸海中。

本區的人民為了逃避賦役，也常從海道南逃入廣州，《晉書》卷七十三〈庾翼傳〉：

> 時東土多賦役，百姓乃從海道入廣州。

然而本區與嶺南地區的交通除海道外，尚有內陸河道可以往來。即由廣州上溯北江，改行陸道越過五嶺，至豫章入贛水，再由贛水入長江中游，沿長江下行至京師建康。東晉末盧循之亂，由廣州入攻建康，是採取這條路線。《晉書》卷一○○〈盧循傳〉：

> （元興二年，403）循泛海至番禺，寇廣州，逐刺史吳隱之，自攝州事。……率始興（案：今廣東省曲江縣）之眾直指尋陽。……寇南康、廬陵、豫章諸郡（均屬江州），守相皆委任奔走。……循遣（徐）道覆寇江陵，未至，為官軍所敗。……乃連旗而下，戎卒十萬，舳

〔註29〕扈瀆壘為吳郡沿海之要塞，惟其詳細位置，在《讀史方輿紀要》卷二十四中有兩個不同說法，其一為蘇州府嘉定縣：「志云：『在縣西里十里，傍吳淞江。』」松江府上海縣：「志云：『滬瀆壘在縣北十里。』〈吳都紀〉：『淞江東瀉海曰滬海，亦曰滬瀆。』」兩者均指為晉袁山松所築以備孫恩。然若依前者在今嘉定縣境則此壘位於內陸，後者所指在今上海縣境則瀕海，大約後者較為可取。

〔註30〕《讀史方輿紀要》卷二十，江寧府江寧縣新洲：「府西北十里。一云在京口西大江中。」

> 艕千計，敗衛將軍劉毅於桑落洲，逕至江寧。……（劉）裕懼其侵
>
> 軼，乃柵石頭斷祖浦以距之，循攻柵不利。……乃進攻京口。

由上述可知本區對外交通，北與淮南、中原地區南與會稽、嶺南地區均有海
航與內河兩種路線可以聯絡，以建康為中心的對外交通網極為廣大便捷，這
也是六朝擇建康為都的原因之一。

此外本區的國際交通，則完全依賴海運。本區與遼東地區的航海交通，
始於孫吳時代。《三國志》卷四十七〈吳主權傳〉：

> 嘉禾元年（232）三月，遣將軍周賀，校尉裴潛乘海之遼東。秋九月，
>
> 魏將田豫要擊，斬賀于成山。冬十月，魏遼東太守公孫淵遣校尉宿
>
> 舒，閣中令孫綜稱藩於權，并獻貂馬。權大悅，加淵爵位。

朝鮮半島諸國也利用季風航海至本區。《梁書》卷五十四〈諸夷列傳〉東夷：

> 自晉過江，泛海東使，有高句麗，百濟。而宋、齊間，常通職貢。
>
> 梁興，又有加焉。

即使更遠的日本，也利用季風航海來朝。《宋書》卷九十九〈夷蠻列傳〉：

> 元嘉二年（425）太祖詔之曰：「……（百濟）順海效誠，……浮桴
>
> 驪山，獻睬執贄。……」其後每歲遣使奉表獻方物。……倭國在高
>
> 句驪東南大海中，世修貢職。……順帝昇明二年（478）遣使上表曰：
>
> 「臣雖下愚，忝胤先緒，驅率所統，歸崇天極，道遙百濟，裝治船
>
> 舫，而句驪無道，圖欲見吞，……每致稽滯，以失良風，雖曰進路，
>
> 或通或不。」

由上述東方各國前來朝貢東晉、南朝的情形，他們當曾利用季風幫助航行，
由日本道經百濟，過黃海入長江口，溯長江上行至石頭城，再沿淮水進入建
康，故在此航線中，石頭城成為建康的外港，或為航海交通重鎮，船舶密集。
《宋書》卷三十三〈五行志〉四：

> （東晉）安帝元興三年（404）二月庚寅夜，濤水入石頭。貢使商旅，
>
> 方舟萬計，漂敗流斷，駭胔相望。

三、交通工具

綜上所述，已知本區之內外交通以水路為主，陸路為輔，故交通工具亦
以船隻為主，牛、馬、車輛較為次要。《三國志》卷四十八〈孫皓傳〉天紀四
年三月壬申注引《晉陽秋》曰：

（平吳，王）濬收其圖籍，……米穀二百八十萬斛，舟船五千餘艘。

可見船隻是江南政府的重要資產，亦可見其在江南交通中之重要性。

由於船隻需要量大，為配合各種用途，而有不同的形式及種類，建造技術亦極精進，《三國志》卷六十〈賀齊傳〉：

> 齊性奢綺，尤好軍事，兵甲器械，極為精好，所乘船雕刻丹鏤，青蓋絳襜，干櫓戈矛，葩瓜文畫，弓弩矢箭，咸取上材，蒙衝鬥艦之屬，望之若山。

平吳之役，王濬在四川建造樓船，而將之連串起來。每船的體積與裝載量均甚大。《晉書》卷四十二〈王濬傳〉：

> 武帝謀伐吳，詔濬脩舟艦。濬乃作大船連舫，方百二十步，受二千餘人，以木為城，起樓櫓，開四山門，其上皆得馳馬來往，又畫鷁首怪獸於船首，以懼江神，舟楫之盛，自古未有。

又有中級戰艦稱為艑舺。《梁書》卷四十五〈王僧辯〉傳：

> 又以艑舺千艘，並載士兩邊，悉八十棹，棹手皆越人，去來趣襲，捷過風電。

其他尚有大艦、金翅、火舫、水車等名類，《陳書》卷二十〈華皎傳〉：

> 文帝以湘州出杉木舟，使皎營造大艦、金翅等二百餘艘，并諸水戰之具。

《陳書》卷十三〈徐世譜傳〉：

> 世譜乃別造樓船，拍艦、火舫、水車，以益軍勢。將戰，又乘大艦居前，大敗（侯）景軍。

由前引各例可知六朝時代船隻名目繁多，功能各異，其製造技術也因環境需要而達很高的程度，這一方面是北方所望塵莫及的，故北方人民常對南方船隻表示極為驚訝。《宋書》卷四十五〈王鎮惡傳〉：

> 鎮惡率水軍自河入渭。……直至渭橋。鎮惡所乘皆蒙衝小艦，行船者悉在艦內。羌見艦泝渭而進，艦外不見有乘行船人，北人素無舟檝，莫不驚惋，咸謂為神。

《顏氏家訓》卷五〈歸心篇〉：

> 昔在江南，不信有千人氈帳；及來河北，不信有二萬斛船。

前述各種船隻是屬於政府的戰艦，集中了財力及工匠建造，其成品自然極為精巧。民間使用的船隻，雖遜於政府船艦，然亦達相當水準，故可自行來往

於各江道及海道。其中最大的運船如顏之推所云，載重量達二萬斛（石），約相當於二千噸，〔註31〕然此二萬斛船大約是航行海上或長江中的大船，多用於漕運。在本區內部水道中航行的船隻載重量大約在一千石左右，是較小型的船隻。〔註32〕而一般載客船隻或稱之爲舴艋，《建康蘭陵六朝陸墓圖考》引《梁顧野王輿地志》：

> 泰安陵、景安陵、興安陵在故蘭陵東北金牛山，其中邱埭，西爲齊、梁二代陵，陵口有大石麒麟，辟邪夾道，塋戶守之。四時公卿行陵，自方山下乘舴艋，經此入蘭陵，升安車以至陵所，舊蹟猶在。

由於本區人民擅於製造船隻，在隋代時，政府引以爲對治安的威脅，下令沒收大型船隻，《隋書》卷二〈高祖紀〉下：

> 開皇十八年（598）春正月辛丑詔曰：「吳越久人，往承弊俗，所在之處，私造大船，因相聚結，致有侵害。其江南諸州，人間有船長三丈巳上，悉括入官。」

江南造船在六朝最著名的地區一在四川，一在江西，陳文帝之詔及盧循叛亂前，均在此造船。本區由於木材的關係，造船工業似遠不如上述二地區。

至於陸路的交通工具則以牛車爲主，〔註33〕馬車僅爲少數貴族爲維持體制而享受。由於六朝士大夫多重文事，以徒行爲恥，故除用牛車代步外，亦有藉助人力肩輿，《晉書》卷八十王獻之傳：

> 獻之嘗經吳郡，聞顧辟疆有名園，先不相識，乘平肩輿而入。

同書卷九十四〈隱逸陶潛傳〉：

> 江州刺史王弘要之還州，問其所乘，答曰：「素有腳疾，向乘籃輿，亦足自返。」乃令一門生、二兒舁之至州。

〔註31〕參考王仲犖，〈東晉南朝時代江南經濟的展居〉，刊於《歷史教學》1955年第8期。

〔註32〕宋單鍔撰《吳中水利書》：「二浙糧船，不過五百石，運河可常存五、六尺之水，足以勝五百石之舟。」宋沈括撰《夢溪筆談》卷三：「鈞石之名，五權之名，石重百二十斤，後人以一斛爲一石，自漢已如此，飲酒一石不亂是也。挽蹶弓弩，古人以鈞石率之，今以以粳米一斛之重爲一石，凡石者以九十二斤半爲法，乃漢秤三百四十一斤也，今之武卒蹶弩，有及九石者，計其力，乃古之二十五石。」六朝之度量衡制大約與漢代較爲接近，則宋代所謂五百石，約爲漢代之一千三百餘石。宋代運河是隋代將本區原有水道加以疏通拓寬而成，其運輸能力當高於六朝，故六朝本區內部水道中漕運船隻載重量當在一千石上下。

〔註33〕參考錢大昕，《二十二史考異》卷二十〈晉書輿服志〉。

第二節　重要城市

　　六朝時代的本區被政府擇為立國根本之區，在政治、經濟、社會、文化上都有其重要性。由於上述幾個條件互相配合，使本區產生了幾個重要的城市，各具特性，對當時發生了相當的影響：

一、建　康

　　建康為六朝首都所在地，孫吳時代曾以京口、武昌為都，最後確定以建康為永久首都。東晉南渡之後，又再度選擇了建康為國都。以後歷代襲而不遷，其中自有原因。即建康城具備了政治、軍事、商業、交通及農業等多種功能，其條件的優越，超過了江南地方任何城市。

　　以地理形勢而言，建康北面為長江天險。此處江面甚寬，渡江不易，歷代由此處渡江的記載極為罕見，即使北方敵人奮力由此渡江，還有重重山巒成為屏障建康城的第二道防線，〔註34〕在戰略形勢上具備了易守難攻的優勢，故諸葛武侯云：「鍾山龍蟠，石頭虎踞，帝王之宅也。」此一優越的形勢，曾使曹丕兩次望江興嘆，〔註35〕也使陳後主恃之而導至國亡。〔註36〕瀕近長江南岸的建康被六朝擇為首都，除了著眼於優越形勢外，也取其去敵逼近，建都於此，正可以表現其「將京師為要塞，以天子守邊圉」的進取精神。一方面表示其不忘北伐，收復故土；另一方面也以首都為要塞，屏障其南方的三吳沃區，確保糧食的供應，這與南宋建都杭州的退縮態度有明顯的分別。

　　既已擇此為都，便應設法增加鄰近地區的糧食生產，以供應京畿廣大居民的需要。孫權時代首先將近畿的丹陽郡江乘、湖熟等縣改為屯田區，置典農都尉掌之。又積極興建農田水利工程，成於孫權時代的丹陽縣浦里塘及句容縣赤山塘都邇近建康。東晉初年僑人大量擁入江南，京畿地區更是人口集中之地，建康從此成為最大的消費性都市。為了解決供需問題，最佳辦法莫

〔註34〕建康於寧鎮山脈中，四周皆山，其較著名者如東北方之鍾山、臨沂山，正北面的覆舟山，大壯觀山，西北的幕府山、四望山，西面的石頭山，西南面的方山，南面的聚寶山等。

〔註35〕參考《通鑑》卷七十，魏文帝黃初五年、六年兩次伐吳，及江而返，不敢渡江。

〔註36〕《隋書》卷二十三〈五行志下〉：「陳禎明三年（589）隋師臨江。（陳）後主從容而言曰：『齊兵三來，周師再來，無弗摧敗，彼何者耶？』都官尚書孔範曰：『長江天塹，古以為限隔南北。今日北軍豈能飛渡耶？』……後主大悅，因奏妓縱酒，賦詩不輟，心腹之痛也。……陳國遂亡。」

如鼓勵附近人民發展農業，并健全供需所依靠的商業交換系統，故有稻麥輪作制的提倡及荻塘、吳塘、莞塘等交通及灌溉水道的開鑿，解決了東晉初年饑饉的現象，建康成為繁榮富庶的國都。

建康城為本區水陸交通網輻輳的中心，透過淮水，破崗瀆及漕河的水道系統，可以對其北方門戶——丹徒做迅捷的控制及充分的支持；也可以得到三吳沃區物資充分的供應。對其南方門戶——姑孰，則經由長江或姑孰、建康線陸道往來聯絡。本區內部與外部的水陸交通網對建康不只有戰略價值，更在經濟上使建康成為全國物資的集散中心。三吳的稻米、丹陽，淮南的麥類，京師鑄造的兵器、用具，長江中、上游的各種物產，都透過便捷的交通線集中在建康，尤以水運交通貢獻為大。在這個物資平衡交換的總樞紐，調節全國各地的有無，此即王導所云：「經營四方，此為根本，蓋舟車便利，則無艱阻之虞；田野沃饒，則有轉輸之藉。」

由於全國各地貨物商旅集中於建康，加以京畿人口之密集，〔註37〕居民的財力富厚，消費能力極強，兩者配合又促使建康成為全國的商業中心。以致「市廛列肆，埒於兩京」，〔註38〕出現了「淮水之旁有大市百餘，小市十餘」的盛況。〔註39〕在工商業退化蕭條的中古農業社會，建康是江南最大的商業城市。

建康又是六朝時代全國的政治中心，不只因其為國都所在地，皇命之所出，更由於它是大士族聚居之地。六朝是典型的士族政治，皇權不彰，政局控於大士族之手，尤以東晉一朝更為顯著。大士族均帶有「兩家形態」的性質，即本族聚居地及任官所居地均受其家族的影響。東晉以後，僑姓大士族居於政治上的主流地位，他們本族聚居於建康京師，其子弟則常被選為出掌各州郡的地方長官，由京師所發出的皇帝詔令本已受京師大士族的影響，這些命令下達於各地士族子弟，亦能盡量與之配合執行。故東晉的皇權儘管下移至大士族之手，然指揮全國政府的神經中樞仍是建康。及至南朝，歷代均喜以宗室子弟出長地方，他們全部來自京師，其一切行政措施，自然受京師

〔註37〕 《金陵記》：「梁都之時，城中二十八萬戶，東南西北各四十里。」《晉書》卷二十七〈五行志上〉：「孫皓建衡二年三月，大火燒（建業）萬餘家，死者七百人。」可見建康城內民戶聚居密集，類似記載在《晉》、《宋》二書〈五行志〉中頗為多見。

〔註38〕 《隋書》卷二十四〈食貨志〉。

〔註39〕 同前註。

的影響。南朝政仍然惟恐對地方控制力之不足，實行類似監察制度而較之更嚴密的典籤制度。典籤是皇帝的心腹耳目，派至各處監視諸王侯所擔任的地方長官，其一舉一動莫不受建康直接指揮。因此，建康對地方的控制力更強，成爲名副其實的政治中心。

六朝的社會以士族爲高階層人物，社會風氣亦全由士族階層所控制，以士族之所尙爲所尙。士族家庭爲了維持其家族聲勢及地位能維持不墜，努力講求優美的門風及家學的修養。小姓、寒素爲求仕進及提高社會地位，自亦設法模仿士族家庭的文化習俗，以期被士族階級接納，進而上升爲士族階級。建康是僑姓文化大士族的集中地，建康大士族的一言一行，一舉一動，勢必爲全國各地人民學習效法的榜樣。因此建康也順理成章地取代吳縣原有的地位，成爲六朝在東晉以後歷代全國的文化中心。

由以上分析可以了解建康城天然形勢的優越，加以六朝歷代政府積極建設，使之成爲全國交通、經濟、商業、政治及文化中心。故歷代政府也以此中心維持了穩定的政權，其爲六朝的首都，實有其不得不然的因素。

二、石頭城

石頭城位於長城及淮水之交會處，爲淮水、破崗瀆及漕河水道系統的終點，東部漕運的物資也屯積於此。故石頭城中有石頭倉，爲六朝最重要的三倉之一，〔註40〕由於物資集中也刺激了商業的產生，成爲繁盛的商業都市，平時「貢使商旅，方舟萬計。」〔註41〕由於商業交通的頻繁，政府在此地設有石頭津及賊曹等，檢查行旅，爲江南全國的兩大津渡之一。由於所控制之長江及淮水流域廣大，其重要性尤過於另一津渡——方山津。〔註42〕

由於石頭城扼守長江入淮水之匯流口，故成爲建康城的屏藩性的衛星城市，與方山埭一在西北，一在東南，拱衛首都。平時歷朝君王爲鞏固建康防務，便在石頭城屯以重兵，儲以糧秼，遇有戰事便入城堅守，以待四方援兵。

〔註40〕 《讀史方輿紀要》卷二十，江寧府江寧縣石頭城：「又有石頭倉，六朝時與太倉及常平倉爲三倉。」

〔註41〕 《宋書》卷三十三〈五行志〉：「晉安帝元興二年十二月，桓玄篡位。其明年二月庚寅，夜濤水入石頭，是時貢使商旅，方舟萬計，漂敗流斷，骸胔相望，江右雖有濤變，未有若斯之甚。」

〔註42〕 《隋書》卷二十四〈食貨志〉：「都西有石頭津，東方有方山津。……其東路無禁貨，故方山津檢查甚簡。」

故爲歷代戰爭所必爭，歷朝之石頭城爭奪戰不勝枚舉，只要石頭城在手，建康便如甕中之鼈，歸於己有，其戰略價值在六朝時代十分重要。

三、方山埭

　　方山埭位於淮水發自丹陽縣及句容縣兩源的交會處，是很重要的交通站。六朝時代經方山來往於北部水道系統的例子不勝枚舉，試舉數例於下：

《蘇州府志》卷一四四〈雜記一〉：

> （宋廢帝）景平中，吳郡太守顧琛爲朝，請假還東，日晚至方山，於時商旅數十船，悉泊岸側。

《南齊書》卷三十〈荀伯玉傳〉：

> 世祖在東宮，專斷用事，頗不如法。任左右張景眞使領東宮主。……世祖拜陵還，景眞白服乘畫舴艋，坐胡牀，觀者咸疑是太子。……世祖還至方山，日暮將泊。

《讀史方輿紀要》卷二十江寧府江寧縣方山埭：

> 齊武帝爲太子時，自晉陵武進拜陵還，晚進方山埭，是當時往來水道也。

由於交通頻繁，商旅集中，成爲建康附近最重要的交通都市，政府在此設有檢查機構。

四、丹　徒

　　丹徒亦稱京口，是晉陵郡郡治，劉宋後之南徐州州治，是以交通及戰略功能著稱的城市。其位置是長江下游南岸，歷代爲江北渡越長江之津要，亦爲出入長江必經之途，六朝時代有「北府」、「東門」、「北門」之稱，〔註43〕是建康東北方的門戶。丹徒若不能保，建康也隨之而告急，如東晉桓玄之亂被平定，丹徒即爲關鍵。東晉安帝元興三年，桓玄已據建康，劉裕率兵平亂，先據丹徒，西行進攻建康，桓玄便告覆亡，晉室復定。故劉裕即位之後，以京口爲近畿要地，非宗室近親，不使居之，以確保建康的安全。丹徒對建康如此重要，原因甚多：第一，丹徒是最接近建康的渡江要地，丹徒與建康之

〔註43〕《通鑑》卷九十四，東晉成帝咸和三年：「郗鑒駐守京口，孔坦曰：『本不須召郗公，遂使東門無限。』」卷一六六，梁敬帝紹泰元年王僧辯（駐建康）謂陳霸先（駐京口）曰：「委公北門，何謂無備？」

間有水道系統及陸路幹線互相溝通，交通便捷，敵兵若據丹徒，建康立即受到威脅。第二，政府為鞏固丹徒防務，平時屯有戍兵，充實倉儲，以期增強拒敵的能力，一旦丹徒陷於敵手，兵源倉儲即具有強化敵兵實力的巨大作用。相反的，對建康的拒敵能力反成不利。第三，丹徒不但控遏江北入建康的襟要，也透過漕河迅速控制曲阿。曲阿是運河古水道入破崗瀆的交會點，控制了三吳糧食供應建康的漕運路線，故萬一丹徒失陷，三吳至京師的漕運可能立即中斷，京師的生命線被切斷，更是一大打擊。例如東晉蘇峻之亂，雖然建康與吳郡均控於蘇峻之手，然郗鑒、陶侃便在丹徒、曲阿附近設壘，保護曲阿不失，截斷漕運糧道，迫使蘇峻困守建康而告潰亡。第四，丹徒位於長江下游，由海上轉長江入建康的船隻必經丹徒，可以在此檢查及控制，保障京師建康的安全。丹徒以其優越的地理位置，成為本區最重要的戰略都市。

丹徒所屬的晉陵郡，在東晉以前地廣人稀，因其距離建康及吳郡都頗遠，並非吳人集居之地，農業發展也很落後。東晉初年，大批僑民南渡，其中的北方次等士族，因得不到機會出仕建康，又無法插入吳人密集的三吳地區，大部分僑居於距江北最近，吳人勢力又小的晉陵地區。為求維持生計而從事農業生產，首先要興建水利工程，以改善此地「少陂渠，田多穢惡」的環境。下文第四章第二節所述本區有記載可考的水利工程有六，晉陵地區占其中之三，即東晉初年丹徒縣新豐塘，梁代所建曲阿縣吳塘及莞塘，可見本區發展農業所做的努力。

歷代政府為增加農產，充裕民食，而且為配合僑人麵食的習慣及需要，曾多次下詔鼓勵民間種麥。不但教以種植方法並提供麥種。麥類出現於本區的時間尚淺，一般吳人向以稻米為主食，且東部低濕的湖群平原最宜水稻種植，種麥亦不理想，對於種麥的接受程度可能有限。晉陵地區地勢稍高於三吳地區，雨量亦稍少，較宜於麥類生長，且此地居民又多是習慣於種麥與食麥的中原僑民，推想本區內的種麥區域，當以晉陵郡最為普遍，且對解決東晉初年大批僑人湧入所造成的饑饉及對江北前線士馬軍食的供應都具貢獻。

僑居於晉陵郡的僑人原是中原武力士族，有著戰鬥的傳統，東晉政府即利用此一特性，將晉陵郡僑人組織為著名的「北府兵」，成為肥水之戰大敗苻秦的主力。宋、齊、梁的君主更以丹徒僑人的身份領導其鄉人建立了政權，使丹徒僑郡成為帝鄉，地位高於其他僑郡。故當屬行「土斷」之制大力撤銷僑郡時，對自己所出身的僑郡卻加保留，成為南朝之中少數的僑郡，更升級

獨立爲南徐州。

　　故丹徒因其地理位置及人文環境的配合成爲本區最重要的交通及戰略都市，與石頭城，及本區西部江邊的姑孰，連結成爲屛衛本區的堅強國防線。

五、吳　縣

　　吳郡的郡治吳縣，在六朝的江南地方也是具備了農業、商業、交通及文化等功能的重要城市。

　　吳郡位於長江三角洲中，地勢低平，土壤肥沃，其上又密布著太湖之水流入東海的各線水道，是天然的內河運輸及水利灌漑網。加以雨量豐富，最宜於水稻生產。既具如此優越的條件，所以吳郡自漢以來即爲江南大郡，爲吳人聚居之地。由於人口密集，人力資源不虞匱乏，加上僑人及北方農業技術南移，農田的開發逐漸趨向密集發展，使吳郡儼然居於六朝全國穀倉的地位。此外，吳郡又爲江南食鹽的重要供應地，鹽爲民生必需品，也是歷代政府主要財源之一，吳郡的食鹽不僅供應本區郡食用，更要溯江而上，供應長江中游的廣大地區。

　　吳縣自古即因交通及物產的優越條件而成爲江南重要交通、政治中心。由於太湖東部各河道幅輳於此，郡中各縣及其他郡縣的生產物資便經由各河道集中於此，加以吳縣又居於運河古水道的中間地點，很自然地成爲南北運輸最重要的轉口站，能溝通淮南、京師及其南方浙江流域的各種聯絡。其中吳縣北向運輸的途徑是道經無錫、晉陵抵達曲阿，轉入破崗瀆到達建康，這也是六朝國內最重要的漕運路線，可以說是維持六朝政府生存的經濟生命線。歷來本區內發生的叛亂，吳郡及此一水道均爲政府與叛軍雙方所必爭。叛軍方面往往希望迅即攻下吳縣，以爲糧食補給中心，使實力增強，且又達到切斷中央政府的生命動脈作用；政府也於亂事初起，便設法固守水道及三吳地區，即使建康已失，只要吳郡及漕運水道不陷於敵手，情勢便無大礙。例如梁末北齊兵攻石頭城，韋載謂陳霸先曰：「齊若分兵三吳之路，略地東境，則時事失矣！宜急通東道轉輸，分兵截彼之糧道。」〔註44〕隋之取陳，分遣諸軍，東西並進，而特命一軍出東海，直指三吳，以斷陳之糧援，於是陳不旋踵而亡。由此二例，可見吳郡糧倉地位的重要性，爲六朝立國江南的關鍵。

〔註44〕見《通鑑》卷一六六，梁敬帝紹泰元年十一月。

吳郡之中又以吳縣爲交通中心，若得吳縣，順各河道而下，吳郡盡在掌握之中。運河古水道之重要性，不但因爲其沿岸城市都極重要，其城市間的水道運輸功能價值尤鉅。六朝時代，此條水道未經大力建設，其運輸功能可能遜於隋代以後的江南河。然而以吳縣爲中心的太湖流域的天然交通地位，其重要性在隋朝以前即已顯明。

吳縣自春秋吳國建爲都城以來，即是江南名城之一。人口密集，經濟富裕，消費能力強，加以本縣及鄰近地區物產富饒，交通便捷，各種條件互的配合，必然使之成爲東部商業中心，也是中古時期全國少數的重要商業城市之一。

孫吳時代的吳縣又是吳國的文化中心。因爲社會中地位最高的吳姓大族全部居於吳縣之內，〔註45〕這些大族不但支持孫吳立國，在社會上對一般人民的影響力亦極深遠，帶動全國的文化發展，如陸機〈樂府·吳趨行〉所描述：

> 大皇自富春，矯手頓世羅。邦彥應運興，粲若春林葩。屬城咸有士，
> 吳邑最爲多。八族未足侈，四姓實名家。文德熙淳懿，武功侔山河。
> 禮讓何濟濟，流化自滂沱。淑美難窮紀，商榷爲此歌。〔註46〕

東晉以後，洛陽南下的僑姓大族在政治上及社會上居於主流地位，吳姓大族屈居其下，文化發展的領導權亦移轉到僑姓大族手中，故全國文化中心地位由吳縣轉至建康。然而吳姓大族對吳地土著吳人仍存有相當深厚的影響力，吳縣仍不失爲次於京師的文化都市。

孫吳時代雖然建都建康，以之爲全國政治中心。然而孫氏建國多仰仗吳姓大族的擁護及支持，不得不授以高職。以至出現陸氏一族同時有「二相五侯，將軍十餘人」的盛況；〔註47〕顧氏一門也長期爲相；吳姓子弟出長各地亦爲不少。其政治力量的延展是以吳郡爲大本營，伸展到全國各地，亦具備了「兩家形態」。這些吳姓士族聯合其宗族成爲極大的社會力量，對政治也有很大的影響力，有人認爲孫策初併江東時曾以吳縣爲都，後遷於京口，便是因爲吳姓宗族對孫吳政權的政治壓力太大，不得不避而他遷，〔註48〕由此可見孫吳時期的吳縣也是甚具影響力的政治中心。東晉以後，吳姓士族在政治

〔註45〕 參考何啟民，〈中古南方門第吳郡朱張顧陸四姓之比較研究〉，刊於《政大學報》第 27 期。

〔註46〕 注引張勃吳錄曰：「八族：陳、桓、呂、竇、公孫、司馬、徐、傅。四姓：朱、張、顧、陸。」

〔註47〕 《世說新語》卷四〈規箴〉第十，孫皓與丞相陸凱相問答語。

〔註48〕 同註45，引日人宮川尚志所云。

上的地位遠不如僑姓士族，出仕的機會亦少。然而東晉及南朝各代若授官於南士，吳姓大族仍是優先考慮的對象。如東晉初年王導為鞏固司馬氏政權而攏絡之顧榮，〔註49〕便為吳縣大族。政府欲利用其社會影響力穩定吳地人民，故東晉以後的吳縣對政治的影響力雖不及孫吳時代，然而環顧本區，除建康外，亦無其他城市的政治地位能與之抗衡。

六、烏　程

吳興郡治烏程，位於東、西苕溪合流入太湖的交會口，孫吳寶鼎元年（266）為了配合此一地理形勢而設立吳興郡，利用烏程治理苕水上游的餘杭、臨水、故鄣、安吉、原鄉、於潛等天目山區中之各縣。當時盤踞山中的山越是孫吳政府急欲平定的對象，故縮小行政單位，集中力量進行勒平山越，開發山區的工作。東晉以後雖然山區中已無山越騷擾，然而山區的農業生產情況必然不如平原地區。政府的力量從烏程發出，透過苕水傳達到上游各縣，故對本區南部而言，烏程是其治中心。

吳興郡在孫吳時代立郡之時，是本區三郡之一，地位也頗重要。然而其天然河道只能與西南天目山區交通，若欲東出吳郡，北上建康，便需穿越廣闊的太湖。晉代為解決烏程的交通問題，有荻塘的開鑿。荻塘與太湖南岸平行，與運河古水道相接，成為吳縣與烏程間交通孔道。由於苕水與運河古水道透過荻塘相會於烏程，烏程便成為吳興郡農產品及山林產品的集散地。再經由荻塘轉運到本區東部的總集散中心——吳縣，更可再向北運輸至全國集散中心——建康，由此可見聯絡本區各重要物產生產地及集散地的交通運輸系統已在隋唐以前完成。

七、錢　塘

錢塘為吳郡南部的重要交通商業城市，其地位並不亞於吳縣。錢塘位於運河古水道、苕水及浙江三大流域的交會點，成為重要的交通中心，尤為本區對南方交通的門戶。無論是建康、吳縣南下會稽，或浙江流域北上建康，都必需道經錢塘。本區人民常因逃避賦役而由海道逃入廣州，推想亦由錢塘出浙江口入海。除了行旅往來之外，錢塘也是本區南部重要的物資集散中心

〔註49〕參見《晉書》卷六十八，本傳。

與轉運商港。會稽郡的賦稅，浙江流域的物資，均需集中於此而北運入建康，故南朝國內的重要倉庫，除京師附近諸倉外，錢塘倉是京外大倉之一。

由於物資集中，行旅稠密，也促使錢塘成為附近地區的商業中心，甚至會稽郡的商人也特地渡過浙江，前往錢塘貨賣，例如《宋書》卷九十一〈孝義郭世道傳〉：

> （世道子）原平（會稽永興人），以種瓜為業。世祖大明七年（463）大旱，瓜瀆不復通船，……乃步從他道，往錢塘貨賣。

第三節　商業的發展

六朝時代在經濟史上屬於農業經濟時期，由於戰亂頻繁與生產力衰退而形成大莊園自給自足的經濟形式。然而本區由於長期安定，物資豐富，加以消費力量強盛，仍然產生了活潑的商業。經營商業的主要力量來自貴族豪門，因為客觀的條件提供了適宜大族經商的環境。

首先，在皇權不伸，地方權重的情勢之下，一般商人往來貨賣往往遇到關津盤查，被迫繳納繁苛的稅歛。只有貴族豪門憑著政治上的特權，不受關津的管理，并享有關稅、市稅的豁免權。《南史》卷七十七〈沈客卿傳〉：

> 舊制，軍人、士人、二品清官，並無關市之稅。

《南齊書》卷三十一〈荀伯玉傳〉：

> 世祖在東宮，專斷用事，頗不如法。任左右張景真使領東宮主。……
> （景真）與崑崙舶營貨，輒使傳令防送過南州津。

尤以貴族豪門有龐大的莊園，眾多的部曲、奴婢，所生產的各色物品除自供外，必有大量剩餘，可在市場出售。《宋書》卷五十八〈謝弘微傳〉：

> （叔父）混仍世宰輔，一門兩封，田業十餘處，僮僕千人。……弘微經紀生業，事若在公，一錢尺帛出入，皆有文簿。

同書卷七十七〈沈慶之傳〉：

> 慶之，吳興武康人。……以年滿七十，固辭，以郡公罷就第。……日：「治國譬如治家，耕當問奴，織當訪婢。」……居清明門外，有宅四所，室宅甚麗。又有園舍在婁湖（在建康城東南），慶之一夜攜子孫徙居之。……廣開田園之業，每指地示人曰：「錢盡在此中。」身享大國，家素富厚，產業累萬金，奴僮千計。……騎馬履行園田

　　政，一人視馬而已。每農桑遽月或時無人，遇之者，不知三公也。

除了本身已擁有龐大莊園的產品出售後所得的利潤，加上任官所得正式及非正式的收入可以充做資本，建立在大土地上的莊園經濟體系，就這樣解決了土地、資本、勞力及高級管理人才四大經濟難題。謝、沈二人實為經營莊園最佳的例子。六朝時代的中央政府對外要應付來自北方的威脅，對內要照顧官吏及人民的生活，加以屢出昏庸荒怠的君主，國用常告缺乏，在這種情形下，官吏的俸祿本已不豐，遇有事時，更常加削減。《晉書》卷九〈孝武帝紀〉：

　　太元四年（379）三月壬午詔曰：「狡寇縱逸，藩守傾沒，疆場之虞，
　　事兼平日，其內外眾官，各悉心戮力，以康庶事。又年穀不登，百
　　姓多匱，其詔御所供，事從儉約，九親供給，眾官廩俸，權可減半，
　　凡諸役費，自非軍國事要，皆宜停息，以周事務。」

《宋書》卷五〈文帝紀〉：

　　元嘉二十七年（450）二月辛巳，索虜索汝南諸郡，……以軍興減百
　　官俸三分之一。三月乙丑，淮南太守諸葛闡求減俸祿，同內百官。
　　於是州及郡縣丞尉，並悉同減。

官吏只好貪墨侵民，以滿足其奢侈生活的需求，更從中得到大量經商的資本，如吳喜即是一例。《宋書》卷八十三本傳：

　　侵官害民，興生求利，千端萬緒。從西還，大艑小艒，爰及草舫，
　　錢米布絹，無船不滿。

豪門大族向市場提供莊園產品，也常常斥資在市場設立行肆，直接與消費者交易買賣，而實際從事往來買賣的則是其部曲門客。

《宋書》卷八十四〈鄧琬傳〉：

　　琬性鄙闇，貪吝過甚。……至是父子並賣官鬻爵，使婢僕出市道販
　　賣。

《隋書》卷二十四〈食貨志〉：

　　（南朝）都下人多為諸王公貴人左右、佃客、典計、衣食客之類，
　　皆無課役。

同書卷二十一〈地理志〉：

　　丹陽舊京所在，人物本盛。小人率多商販，君子資於官祿。市廛列
　　肆，埒於二京。

據此可知「率多商販」的「小人」，其中「諸王公貴人左右、佃客、典計、衣

食客之類」佔了很大的比例。這些從事商販的小人與「資於官祿」的君子結合成爲緊密的商業紐鍵，操縱了全國大部分的商業活動。

六朝時代世家豪族所經營的商業大約可分爲邸店業務、投機商業、行商、放貸與質押，或者從事土地投資，組織莊園，從事農產商品的生產。《梁書》卷二十五〈徐勉傳〉：

> （勉）嘗爲書誡其子崧曰：「所以顯貴以來，將三十載。門人故舊，亟薦便宜。或使創闢田園；或勸興立邸店；又欲舳艫運致；亦令貨殖聚斂。」

所謂邸店是開設商店，買賣貨物。據唐代經濟史所述唐代的邸店經營堆棧經紀業務，一方面經營旅舍，供人投宿及堆寄貨物，一方面經紀介紹。若有行商從外地運來大批貨物，往往投宿邸店，由邸店主人介紹當地有關行業之商人與之認識，如生意成交，則介紹人可以賺得一定比例的傭金。因此資金雄厚，人事關係良好或者具有高官厚爵的人，往往在全國重要城市設置邸店，形成網狀分布。邸店以經紀業務爲主，似乎有時也直接收購行商的貨物而自行販賣，未知六朝時代的邸店是否有此性質。《宋書》卷八十二〈沈懷文傳〉：

> 諸皇子皆置邸舍，逐什一之利，爲患遍天下。懷文又言曰：「列肆販賣，古人所非，……故宜量加減省。」不聽。

貨殖聚斂則是一種投機商業，屯積居奇，賤買貴賣，需要大量資本，但是其利潤優厚，很適宜豪門大族經營，例如晉代義陽王的家族即從事貨殖聚斂。《晉書》卷三十七本傳：

> （義陽王）望性儉吝而好聚斂。身亡之後，金帛盈溢，以此獲譏。四子奕、洪、整、琳。……奕子奇亦好蓄聚，不知紀極，遣二部使到交、廣商貨，爲有司所奏。

從一地收購貨物運至他處販賣的商人，就是行商。如《宋書》卷八十四〈孔顗傳〉：

> 顗弟道存，從弟徽，頗營產業。二弟請假東還，顗出渚迎之，輜重十餘船，皆是綿絹紙蓆之屬，顗見之僞喜，謂曰：「我比困乏，得此甚要。」因命置岸側，既而正色謂道存等曰：「汝輩忝預士流，何至還東作賈客耶？」命左右取火燒之，燒盡乃去。

各王公大族除興立邸店，貨殖聚斂之外，亦有經營放債取利者，如《宋書》卷八十一〈顧覬之傳〉：

觀之家門雍睦，爲州鄉所重。五子約、緝、綽、繽、緄。綽私財甚
豐，鄉里士庶多負其責。觀之每禁之，不能止。後爲吳郡，誘綽曰：
「我常不許汝出責，定思貧薄亦不可居。民間與汝交關，有幾許不
盡？及我在郡，爲汝督之，將來豈可得，凡諸券書皆何在？」綽大
喜，悉出諸文券一大廚，與觀之，觀之悉焚燒，宣語遠近，負三郎
責皆不須還，凡券書悉燒之矣。綽懊歎彌日。

放債取息是純粹以資本賺錢的行爲，利息多少雖未可考知，但是出債手續需
立文券等於此可見。另一類似的行業是典當業，不需立文券，而以實物抵押，
也有由寺院以其龐大寺產爲資本經營，除賺取利潤外，亦常有救濟周急的性
質。《南齊書》卷二十三〈褚澄傳〉：

（褚澄之兄）淵薨，澄以錢萬一千就招提寺贖太祖所賜淵白貂坐褥，
壞作裘及纓。又贖淵介幘犀導及淵常所乘黃牛。

《南史》卷七十〈甄法崇傳〉：

法崇孫彬，彬有行業，鄉黨稱善。嘗有一束苧，就州長沙寺庫質錢。
後贖苧還，於苧束中得五兩金，以手巾裹之，彬得送還寺庫，道人
驚曰：「近有人以此金質錢，時有事不得舉而失，檀越乃能見還。」
輒以金半仰酬，往復十餘，彬堅然不受。

除了世家大族經營的大規模商業外，一般平民也因爲農業利潤微薄，賦稅又
重，謀生不易而改行經商，地方官吏及軍隊長官也常利用屬下的兵吏爲之往
來買賣。《三國志》卷四十八〈孫休傳〉：

永安二年（259）三月詔曰：「自頃年以來，州郡吏民及諸營兵，多
違此業，皆浮船長江，賈作上下。……亦由租入過重，農人利薄，
使之然乎？」

《宋書》卷五十八〈末史臣論〉曰：

昏作勞苦，故嗇人去而從商；商子事逸，末業流而寖廣。

平民資本短少，如不依附於大族爲門客，而自行獨立販賣者，多是小規模的
經營，其貨品來源出於自己種植或製造的產品。如《宋書》卷九十一〈孝義
郭世道傳〉：

子原平（住在會稽郡山陰）……以種瓜爲業，……往錢唐貨賣。

同書卷九十四〈恩倖戴法興傳〉：

家貧，父碩子販紵爲業。法興少賣葛於山陰市。

《梁書》卷二十六〈傅昭傳〉：

> （年）十一，隨外祖於朱雀航（建康城南淮水上）賣曆日。

至於商業交易進行的地點爲市。據說神農時代已有列廛於國，日中爲市，交易而退的制度，儘管出於傳說，可見中國市場發展得很早。晉沈懷遠的《南域志》記載嶺南村落有墟市，南齊時代亦有「江南墟」一詞出現，《南齊書》卷十九〈五行志〉：

> 永元中童謠云：「……不知龍與虎，飲食江南墟。」

當時認爲是崔慧景進攻京師廣莫門之符應，可能「江南墟」即在此門附近。墟市是具有貿易日期及貿易時間限制的互市，亦稱虛市或草市，〔註50〕同前卷〈五行志〉又云：

> 建昌四年（應爲建武四年，497 之誤）〔註51〕王晏出至草市。馬驚走，鼓步從車而歸，十餘日，晏誅。

墟市與草市都是村落間小規模的市場，貿易雙方大抵以本地或附近居民爲主，當然也有行商來此採購貨物，但均無完整的交易制度，只有較大的城市，尤其是州郡治所在的城邑，才設立有規模的市場，建康是六朝時代全國最大的城市，市場的設置也最多。《建康志》卷十六〈疆城志二〉鎮市：

> 宮市，案宮苑記，吳大帝立。大市，……宋武帝永初中立。北市，……宋又立。南市，……亦名東市。又有小市、牛馬市、穀市、蜆市、紗市等一十所，皆邊淮列肆禪販焉。內路市在城西者闍寺前。又有苑市，在廣莫門內路東。鹽市，在朱雀門西。考證：《南史·徐度傳》云：「徐嗣徽，伍約等來寇，高祖與敬帝還都時，賊已據石頭，市廛居民並在南路，去台遙遠，恐爲賊所乘，乃使度將兵鎮于沿城，築壘以斷之。」以此知六朝市廛多在淮水之北，冶城之東也。《通典》：
>
> 「梁有太市、南市、北市令；太、南、北三市丞。」

《隋書·食貨志》言陳時淮水北有大市十餘所，置官司。稅甚重，時甚苦之。《建康志》爲南宋所修的方志，其列出城內的各市或許部分是六朝以後才置立。然據《隋書》卷二十四食貨志：「（自晉過江）……淮水北有大市百餘，小市十餘所。」而非如《建康志》所言「大市十餘所」。不過由《建康志》記

〔註50〕 參考方豪〈宋代城市之研究〉，載於《方豪六十自定稿》，頁 1335。全漢昇撰
〈宋代南方的虛市〉，刊於《史語所集刊》第九本。

〔註51〕 據《南齊書》卷四十二〈王晏傳〉，於建武四年被誅。

載可知這些城中固定的市均設於城門，寺廟及交通要道之旁，且由政府設官管理，諸市各有令、丞等市場管理系統。另外《隋書》卷二十六〈百官志〉上述及梁代有「太市」的官職，與太官、太樂、太史、太醫等並列爲一班，又有太官市署丞爲三品蘊位，都是管理市場的官職。

　　另有宮市及苑市爲南齊東昏侯所設，在宮苑內立市，亦可反應一般市場的管理方式，《南齊書》卷七〈東昏侯紀〉：

> 於苑中立市。太官每旦進酒肉雜肴，使宮人屠酤。（寵妃）潘氏爲市令，市爲市魁，執罰爭者，就潘氏判決。

梁亡後百餘年的盛唐市場管理制度，或亦可做推論六朝市場管理制度的參考，《唐會要》卷八十六市條云：

> 景龍元年（中宗，707）十一月勅：「諸非州縣之所，不得置市。其市當以午時擊鼓二百下，而眾大會，日入前七刻，擊鉦三百下，散。其州縣領物少處，不欲設鉦鼓。聽之。」

邸閣店鋪多靠近市場，而市內貿易列成行肆，這些行肆是否具有組織，未可考知，但是降至隋唐，便形成行業組織。〔註52〕

　　本區商業最發達的地區是建康、吳及錢塘，是由於這幾個城市附近優越的物產及交通條件所使然。本區北面的淮南地區、南面的會稽亦爲商業繁榮之處，然從全國乃至外國朝貢貿易來看，其商業中心仍在本區，尤在建康附近。

　　自晉室東渡以來，各種交易行爲均在市內進行，由政府市場管理機構給予契約證書並加管制，成交後，貿易雙方合繳百分之四的貿易稅，《隋書》卷二十四〈食貨志〉：

> 晉自過江，凡貨賣奴婢、馬、牛、田宅，有文券。率錢一萬，輸估四百入官。賣者三百，買者一百。無文券者，隨物所堪，亦百分收四，名爲散估。歷宋、齊、梁、陳，如此以爲常。以此人競商販，不爲田業，故使均輸，欲爲懲勵。雖以此爲辭，其實利在侵削。

由於東晉以後，商業日趨繁盛，吸引了苦於重稅的農民棄農從商，農業租稅的徵收受到影響，只好另行徵收商稅以彌補國庫的損失，然而商稅的稅率仍輕於農業稅率，更造成商業的發展。商稅與沿途關津所收的關稅，成爲政府的重要財源之一，《宋書》卷九《後廢帝紀》：

> 元徽四年（476）五月乙未詔：「敕令給賜，悉仰交市。」

〔註52〕參考陶希聖、鞠清遠，《唐代經濟史》，頁 122～128。

《魏書》卷六十八〈甄琛傳〉：

　　今偏弊相承，仍崇關廛之稅；大魏弘博，唯受谷帛之輸。

　　成爲南朝政府收入大宗的「關廛之稅」，關是沿途關津所征收的關稅，廛是在市廛中交易所交的市稅。南朝在水陸交通要道旁設置關津，專司檢查及徵稅，梁代隸屬太府卿管轄，《隋書》卷二十四〈食貨志〉：

　　（南朝）都西有石頭津，東有方山津，各置津主一人，賊曹一人，直水五人，以檢查禁物及亡叛者。其荻炭魚薪之類過津者，並十分稅一以入官。

貨物運過沿途關津，進入市場販賣，又有市稅，同前卷：

　　大市備置官司，稅斂甚重，時甚苦之。

由此可見，一個無特權逃避稅賦的商人運輸貨物來往販賣，首先要抽繳百分之十的水陸道路旁的關稅，然後到達目的地，入市時繳納市稅，貨物成交則百分之四的估稅。這些關稅、市稅及估稅使貨物成本加重，而對商業的發展有所妨礙。至於大規模的行商到了目的地，投邸店寄宿，其貨經由邸店之介紹出售，或直接賣予邸店，因此政府對邸店也徵稅，《隋書》卷二十六〈百官志〉上記載梁代官制中，少府卿之下轄有「南塘邸稅庫」，南塘在淮水之南，似在此設庫向邸店征稅。半個世紀後，北齊後主武平以後，因國用不足，才由顏之推奏請，在北齊實施關市邸店征稅，〔註53〕可見邸店關市之稅對政府稅收有很大的補益。

　　一般商人除了要繳納這些政府明令公布的稅收外，各地官吏守軍也常在道路津渡之旁騷擾商人行旅，使其繳納額外的費用。《梁書》卷三〈武帝紀下〉：

　　大同十一年（545）春三月庚辰詔曰：「凡遠近分置，內外條流，四方所立屯、傳、邸、冶、市、埭、桁、渡、津稅、田園。新舊守宰、遊軍戍邏，有不便於民者，尚書州郡各速條文，當隨言省除，以舒民患。

前面交通一節，敘述各地津要征收牽引船隻的牛埭稅及各種苛擾情形，此處無庸贅述。這些由各地方政府及各地守軍私設的津關雜稅，所得的款項並不繳交中央，而入於私囊。故中央政府對這些助長地方勢力形成及穩固，而且又妨碍民生的征稅行爲也不滿意，常常申令各地撤除雜稅的稅收。《宋書》卷七〈前廢帝紀〉：

────────────
〔註53〕《隋書》卷二十四〈食貨志〉。

大明八年（464）六月辛未詔曰：「關市僦稅，事施一時，而姦吏舞文，妄興威福，加以氛緯舛玄，偏頗滋甚，其寬徭輕憲，以救民切。」

《南齊書》卷六〈明帝紀〉：

建武元年（495）冬十月己巳詔曰：「頃守職之吏，多違舊典，存私害公，實興民蠹。今商旅稅石頭、後渚，及夫鹵借倩，一皆停息。所在凡厥公宜，可即符斷主曹，詳爲其制，憲司明加聽察。」

《陳書》卷五〈宣帝紀〉：

太建十一年（579）十二月己巳詔曰：「燧烽未息，役賦兼勞。文吏姦貪，妄動科格。重以旗亭關市，稅斂繁多。不廣都內之錢，非供水衡之費，逼遏商賈，營謀私蓄，靖懷眾弊，宜事改張。……竝可刪改市、估、津稅，……唯務平允。」

由上引各例可知，東晉南朝商稅繁苛，然多是地方官吏及守軍「逼遏商賈，營謀私蓄」，其征稅所得「不廣都內之錢，非供水衡之費」，中央政府所得到的商稅只是其中的一部分。加以大規模商業握於王公豪族之手，他們享有免稅權，對國庫商稅的收入也是一大打擊。故東晉南朝以後商業相當發達是事實，但是政府所收到的商稅數額卻不能太過高估，中央皇權亦未能因征收商稅而告強化。〔註54〕然而中央政府所能收到的商稅，以本區所繳納者爲主要來源，一則因本區接近京畿，中央控制力強，再則本區商業繁榮居全國之冠，故《蘇州府志》卷二十八〈軍制〉云：

郡境自晉氏渡江，三吳最爲富庶，貢賦商旅，皆出其地。

至於六朝時代商業交易所使用的貨幣，則以實物貨幣爲主，〔註55〕其中穀帛是主要貨幣，甚至連鹽也成爲通貨。各種實物貨幣中又以穀類爲主，《宋書》卷八十二〈周朗傳〉：

凡自淮以北，萬匹爲市；從江以南，千斛爲貨。

推其原因爲江南紡織業在六朝時代一直遜於北方，而農業生產則自孫吳以來大力推廣之下，不但足供軍民食用，且有剩餘可充當貨幣了。

南朝以來，金屬錢幣的供應量逐漸增加，但是因銅產量不足，成色太差，竟致「入水不沈，隨手破碎」的程度，〔註56〕引致通貨貶值，物價上漲，出

〔註54〕參考唐長孺，《三至六世紀江南大土地所有制的發展》。

〔註55〕詳後文第五章第一節，銅礦的生產。

〔註56〕《宋書》卷七十五〈顏竣傳〉。

現了「以車載錢，不復計數，而唯論貫」的現象，〔註 57〕則錢幣更形不足。全國流通金屬錢幣的地區只限本區及長江流域，《隋書》卷二十四〈食貨志〉：

> 梁初唯京師及三吳、荊、郢、江、湘、梁、益用錢。其餘州郡則雜以穀帛交易。

由於本區（京師、三吳）是金屬錢幣供應量最充足的地區，與商業貿易的發展有互相刺激的良性作用，故亦成為商業最繁榮的地區。反觀當時的北朝，仍處實物貨幣極佔優勢的狀態，〔註 58〕故本區可說是當時全中國由中古實物貨幣經濟走向近代金屬貨幣經濟的先進地區，其影響逐漸推廣，經過二百五十年後才遍佈全中國，至安史亂後，中國才步入經濟史上的近代金屬貨幣經濟時期。〔註 59〕

〔註 57〕《隋書》卷二十四〈食貨志〉。
〔註 58〕參考全漢昇，《中古自然經濟》第一章第四節，北朝的實物貨幣，刊於《史語所集刊》第十本。
〔註 59〕同前註，結論。

第四章　農業的發展

本區出現農業文化，為時頗早，春秋時代吳、越便曾從事農墾，並採用水利灌溉。秦、漢兩代繼續發展的結果，也有相當的成就，然而其技術水準及建設的成果仍然遠遜於中原地區。並非本區之天然環境惡劣，不適宜農業發展。相反的，卻是因為氣候溫和，雨量豐富，天然物產富庶，使本區的居民滿足於漁獵、採集等原始謀生方式，因而減緩了農業發展的速度。而且秦、漢兩國的政治中心在北方，對於南方之經營發展的努力不及北方，〔註1〕故六朝以前本區農業的基礎十分薄弱，人民謀生仍以漁獵採集為主。

孫權據江南立國之初，在如此薄弱的農業基礎上，要充實國力，與魏、蜀兩國對抗，遭遇了糧食不足的難題，但終於被孫吳政府解決，穩立於江南。東晉南渡，大量北人南下，未能立即納入生產組織，消費者多於生產者，又再度面臨飢荒的危機，東晉政府乃設法解決了糧食生產問題。南朝政府在孫吳、東晉已有的基礎上繼續努力，到了陳代，本區已呈現「良疇美柘，阡陌如繡」的景象，三百餘年的努力，使本區成為六朝政府的經濟重心，支持政府屹立江南，抵抗外來的威脅。隋、唐時代更以本區為天下的穀倉，支援了為應付北方外患而設於關中地區的政治中心，形成歷史上空前的盛世。本區的進步發展應歸功於六朝政府與人民蓽路襤褸的努力經營。

第一節　歷代農業政策

孫吳政府的農業政策是學習北方曹魏的屯田制度，將京畿附近的肥沃地

〔註 1〕 參考蕭璠，《春秋至兩漢時期中國向南方的發展》。

區劃爲屯田區；如將漢代已經獨立爲縣的丹陽郡湖熟、江乘、吳郡、無錫等地撤縣，改由屯田校尉，都尉掌之。〔註 2〕然而遭遇到人力不足的難題，其解決之道是一方面圍剿山越，將之遷古平地，成爲屯田客，加入生產組織。〔註 3〕另一方面屢次下詔各地長官，禁止人民從事游食商販，集中人力投入農業生產。屯田組織建立以後，一面催促屯田官吏及地方長官督課農桑，並且以國家財力配合屯田的人力開鑿水利溝渠，以利農田灌溉，又可作交通漕運之用。在政府及人民合作努力之下，孫吳的糧食問題終告解決，使其屹立於江南，成爲三國之中享國最久者。西晉初年全國廢除屯田制度。其原因爲曹魏末年豪門貴族漸漸侵吞肥沃的屯田土地，司馬氏篡位伊始，需要各大族的支持，只好承認已成的事實，宣布取消屯田，明定貴族占田的數目。且屯田爲三國戰爭期間籌措軍食的權宜措施，西晉時代天下已定，戶籍清楚，徵稅較易，不必仰賴屯田爲主要財源，〔註 4〕使本區的土地絕大部分成爲私有。且本區天然條件優越，又少戰亂，不可能有大批土地被荒蕪廢置。土地所有權分掌於大族及小農之手。西晉時代開始，中國進入典型士族政治，士族憑其政治上優越地位，以買賣土地及封固山澤的方式，成爲大地主；此外富裕農民及部分大商人亦成爲大地主，他們雖受士族的排擠，但因擁有相當的經濟實力，有時亦被吸收入政府中擔任低級官吏成爲小姓階階，亦可參與封佔川澤山林。這二類大地主所擁有的土地佔了相當大的比例，故大地主所有制爲三至六世紀江南土地制度的主要特色。〔註 5〕在其廣大莊園之上，利用僮奴、部曲大規模生產。由於這些大地主擁有政治上的特權，經濟上也有免稅的優待，政府無法在此收到大量的稅收；然而莊園中容納了眾多的無土流民參與農業生產，其生產所得除自供之外，又在市場上提供了豐富的物資，加上大地主時常因政治上的目的，對政府大量捐獻，〔註 6〕故大莊園成爲東晉南朝經濟上的主要支柱。大莊園以外的土地分散在眾多的小農手中，雖然每個小農所擁有的土地狹小，然而小農的數目龐大，在政府所掌握的納稅戶數

〔註 2〕 見前文第二章第一節表一六朝行政區劃演變表。《晉書》卷二十六〈食貨志〉：「吳上大將軍陸遜抗疏請諸將各廣其田。」
〔註 3〕 參考高亞偉，〈孫吳開闢蠻越考〉，刊於《大陸雜誌》七卷 7 期。
〔註 4〕 參考西村元佑，〈勸農政策と占田、課田〉，刊於《史林》四十一卷 2 期，1959。
〔註 5〕 參考唐長孺，《三至六世紀江南大土地所有制的發展》。
〔註 6〕 如《宋書》卷七十七〈沈慶之傳〉：「廣開田園之業，每指地示人曰：『錢盡在此中。』身享大國，家素富厚，產業萬金，奴僮千計。再獻錢千萬，穀萬斛，以始興優近，求改封南海郡。」

中絕大部分爲小農，故小農所繳納的賦役在全國財政中亦佔重要地位。

　　東晉政權帶著大批僑人南下，定居本區，無法再找到大量無主荒地施行屯田。僑人多集中於都市，未能立即納入生產組織，故消費者多於生產者，一度使原本繁榮富庶的本區面臨飢荒的危機，出現「闔門飢餒，烟火不舉」〔註7〕的慘狀，政府惟有採取勸農政策，建立勸農系統以解決問題。本區是首都所在地，是政府立國的根本重區，故勸農政策的推行更爲積極。其措施在積極方面有以國家的財力修築水利溝渠，以利灌溉及漕運；設法增加農地面積；改良農耕技術及輸入新的農作物品種等。消極方面則爲催促地方長官注意農桑，禁止人民從事商業，以免削減了農業人力資源等。

　　歷代制定農業政策的是中央政府中的有關官吏。《三國志》卷四十八〈孫休傳〉：

> 永安二年（259），備九卿官，詔曰：「今欲廣開田業，輕其賦稅，差科彊贏，課其田畝，務令優均。官私所得，使家給戶贍，足相供養。……諸卿尚書，可共咨度，務取便佳。田桑已至，不可後時，事定施行，稱朕意焉。」

至於實際上負責指導及督促農民耕作的是各州郡縣長官所組成的勸農組織，歷代詔書中都將勸課農桑列爲各地方官吏的首要工作。《晉書》卷二十六〈食貨志〉：

> （東晉）元帝爲晉王，諸督農功，詔二千石長吏以多少爲殿最。其非宿衛要任，皆宜赴農。

《宋書》卷五〈文帝本紀〉：

> 元嘉八年（431）夏六月庚子詔曰：「自頃農桑惰業，游食者眾，荒萊不闢，督課無聞，一時水旱，便有罄匱，不深存務本，豐給靡因。郡守賦政，方畿縣宰，親民之主，宜思獎訓，導以良規，咸使肆力，地無遺利，耕蠶樹藝，各盡其力；若有力田殊眾，歲竟條各列上。」

《南齊書》卷六〈明帝紀〉：

> 建武二年（496）正月詔曰：「守宰親民之主，牧伯調俗之司，宜嚴課農桑，罔令游惰。揆景肆力，必窮地利，固脩堤防，考校殿最。若耕蠶殊眾，具以名聞；游惰害業，即便列奏主者詳爲條格。」

《陳書》卷三〈世祖紀〉：

〔註 7〕《御覽》卷三十五引《王洽集》。

元嘉元年（560）三月景辰詔曰：「尚書申下四方，稱朕哀矜之意。

守宰明加勸課，務急農桑，庶鼓腹含哺，復在茲日。」

綜合以上各詔，各地長官督課農桑的實際工作包括：督促所有人民參加農耕；糾舉脫離農耕，從事商販的人；修繕堤防，開通溝渠；提名表現優異的農民，獎勵改良農技等。中央政府即以州郡長官督課農桑的工作表現為其升降獎黜的主要依據，由此亦可見農業生產是維持六朝政府生存的命脈，故歷代政府特加重視。

孫吳時代的糧食問題以屯田制度解決，東晉初期的糧荒透過勸農政策，到末年已呈現「時和年豐，百姓樂業，穀帛殷富，家給人足。」〔註8〕的景況。南朝各代繼續推行勸農政策各項積極的消極的措施，建設更趨於成熟，到陳代達到「良疇美柘，畦畛相望，建宇高甍，阡陌如繡」〔註9〕的程度，其繁榮已不遜於北方，使中國經濟重心逐漸南移，終於取代了中原地區成為中國的財富淵藪，這都是六朝以來三百年努力建設所產生的成果。

第二節 水利設施與耕作技術

本區的地形是大茅山縱貫於西，皖浙丘陵橫互於南，中間是太湖流域的湖群平原。據地理學者研究，太湖以往為淺海海灣，經斷層後地殼下降成為淺海，後因長江、錢塘江兩三角洲南北延伸，遂與東海隔離，淤塞成為湖泊。〔註10〕故中央太湖周圍地勢特別低下，積水無法順暢排出長江及東海，造成中央地區時常積水為患。相反的，沿海、沿江地區地勢反而高亢，無法得到江水及湖水的灌溉，形成旱災。〔註11〕此一自然環境的缺點，惟有以開闢溝渠來改善。本區水利溝渠有二類，直貫南北者為縱浦，東西橫向者稱為橫塘。〔註12〕然據所得的資料，在六朝時代的水利設施多以塘為名，未見以浦為名者，即所修溝渠以東西向者為主。推其原因當為本區天然水道以南北向者居多，六朝時代是本區水利設施的草創時期，故先着手開闢東西走向的橫塘以

〔註8〕 《晉書》卷二十六〈食貨志〉。

〔註9〕 《陳書》〈宣帝紀〉永建四年詔。

〔註10〕 參考王益崖，《中國地理》，頁423，費師孟所言。

〔註11〕 參考《吳郡志》卷十九〈水利上〉，頁536引南宋熙寧三年崑山人郟亶上奏蘇州地區的水利設施。

〔註12〕 同前註11。

連接南北向之天然河川，形成水利溝渠網的雛形。至於在南北向河川間再開闢縱浦，聯以橫塘，形成密集的水利網要留待六朝以後才能完成了。

本區修建於六朝時代有記載可考的水利溝渠工程有下列六處：

（1）晉陵郡曲阿縣新豐塘：《晉書》卷七十六〈張闓傳〉：

> （東晉元）帝踐阼，出補晉陵內史，在郡甚有威惠。……時所部四縣並以旱失田，闓乃立曲阿新豐塘，溉田八百頃，每歲豐稔。葛洪為其頌，計用二十一萬一千四百二十功。

又《元和郡縣志》卷二十五江南道一潤州丹徒縣：

> 新豐湖在縣東北三十里，晉元帝太興四年，晉陵內史張闓所立。舊晉陵地廣人稀，且少陂渠，田多惡穢。闓創湖，成灌溉之利。初以勞役免官，后追紀其功，超為大司農。

張闓修建新豐塘之目的，當為東晉初年，大批北方僑人湧入原來地廣人稀的晉陵郡定居，為使他們從事農業墾殖，得以自立謀生，而修建水利溝渠以成灌溉之利。至於其確實位置因各資料記載分歧，未能確定，〔註 13〕然而大約是漕河之旁的橫向溝渠，引漕河之水以資灌溉。

（2）晉陵郡曲阿縣吳塘：《金壇縣志卷》二〈山水志〉水利：

> 吳塘，在縣東二十五里，梁吳遊造。周三十里，半屬丹陽，半入金壇。〔註 14〕

（3）晉陵郡曲阿縣莞塘：《金壇縣志》卷二〈山水志〉水利：

> 莞塘，縣東南三十里。梁大同五年，南台御史謝賀之壅水為塘，種莞其中，因名。

吳塘與莞塘均為梁代所修建，位置亦相近，當為引漕河之水以灌溉。然吳塘「周三十里」，莞塘「壅水為塘，種莞其中」則此一溝渠大約不是連接在兩條天然河道之間，而是引漕河水橫向灌溉，而其盡頭為一蓄水圓池。

（4）丹陽郡丹陽縣浦里塘：《三國志》卷六十四〈濮陽興傳〉：

> 永安二年（259），都尉嚴密建丹陽湖，作浦里塘。詔百官會議，咸

〔註13〕據前引《晉書・張闓傳》新豐塘於曲阿縣，而《元和郡縣志》則記載為在丹徒縣東北三十里，《讀史方輿紀要》卷二十五，鎮江府丹徒縣新豐湖則記載其位置：「府（府治丹徒縣京口）東南三十五里。」未知孰是。

〔註14〕《讀史方輿紀要》卷二十五，鎮江府丹陽縣同。又今日之金壇縣本屬六朝時代之曲阿縣，《讀史方輿紀要》卷二十五，鎮江金壇縣：「府南百三十里。本曲阿縣之金山鄉。……唐垂拱四年，復析置金壇縣，屬潤州。」

> 以爲用功多而田不保成，唯興以爲可成，遂會諸兵民就作，功傭之
> 費不可勝數，士卒死亡，或自賊殺，百姓大怨之。

丹陽郡丹陽縣原有秦淮水縱流，浦里塘當爲引其水以資灌溉。其時爲孫吳在京畿附近屯田，以屯田「諸兵民」之力從事溝渠的興築，一面取其灌溉之利以增加農產，另一方面將屯田區所得的糧產沿渠道運入秦淮水，再送到建康京城。

（5）丹陽郡句容縣赤山塘：《讀史方輿紀要》卷三十江寧府句容縣絳巖湖：

> 縣西南三里，一名赤山湖。原出絳巖山（縣西南三十里，本名赤山）
> 縣南境諸山溪之水悉流入焉，下通秦淮，縣及上元之田，賴以灌溉。
> 志云：「吳赤烏中（238～250）築赤山，引水爲湖，歷代皆修築，後
> 廢。」

按吳赤烏八年（245）曾有鑿通句容縣與雲陽縣間茅山的破崗瀆工程，〔註15〕則此赤山塘在破崗瀆附近，或爲同時修建。又《梁書》卷五十三〈沈瑀傳〉：

> （齊）明帝復使瑀築赤山塘，所費減材官所量數十萬，帝益善之。

則爲南齊沈瑀所築赤山塘或爲重修。〔註16〕

（6）吳興郡烏程縣荻塘：《吳興志》卷十九荻塘：

> 在湖州府（即六朝時之吳興郡治烏程縣）南一里餘，連亘東北，出
> 迎春門外百餘里，今在城者謂之橫塘，城外謂之官塘。晉太守殷康
> 所築，圍田千餘頃，後太守沈嘉重修，齊太守李安人又開涇，洩水
> 入湖。

荻塘長百餘里，似接太湖與烏程東部南北走向的河川，其水源即引自此河川，

〔註15〕《三國志》卷四十七〈吳主權傳〉：「赤烏八年，遣校尉陳勳將屯田及作士三
　　　萬人鑿句容中道，自小其至雲陽西城。」詳前文第三章第一節水陸交通路線
　　　破崗瀆。

〔註16〕《建康志》卷十七〈川山志〉三引石邁古跡篇曰：「赤山湖在上元、句容兩縣
　　　之間，溉田二十四圩，南去百步，有盤石以爲水疏閉之節。」此一調節水量
　　　的設施成於何代則未能考知。《古今圖書集成》〈職方典〉六五四江寧府部山
　　　川考二句容縣絳岩湖：「一名赤山湖，在縣西南三十里，周百二十里，下通秦
　　　淮，上元、句容兩縣溉田二十四圩，南去百步有盤石爲水疏閉之節。吳赤烏
　　　中創，宋明帝復使沈瑀築赤山塘即此。」此處之宋明帝當爲齊明帝之誤。又
　　　「溉田二十四圩」與《建康志》「二十四埠」相異，埠之意爲小堤，未可通，
　　　當以「圩」爲正確，然六朝時未有圩田名出現，可能爲六朝以後之事。

南齊時才開涇洩川水入太湖，具有灌溉及交通的雙重功用，所以隋代即在此興建運河。

　　以上所述的六個水利工程是六朝時代所修築而有記載可考者，且是規模較大，里程較長者。其他小規模的修築，及春秋戰國和兩漢歷代修築的遺跡，〔註17〕亦必不少。這些人工溝渠與天然河道交織聯絡已形成了水利灌溉網的雛形，對增加農田單位生產量及解決歷代糧荒有不小的貢獻。

　　水利工程興築除了在天然河道旁挖掘引水溝渠之外，還包括在溝渠兩岸築以堤防，以防止溝渠中水量過多時，溢入兩岸田中；又加設調節水量的設備，以便澇時洩水，旱時蓄水，這種完整的水利灌溉，在春秋時代即已出現。〔註18〕本區在春秋末年，屬吳、越國境，由於河川縱橫的環境及水稻的種植，水利技術亦頗先進；〔註19〕加上東晉時代大批北方農民進入本區定居，北方進步的水利技術應傳入本區，惟無直接史料可資證明，茲引唐代資料，以備參照。唐代中期德宗時陸龜蒙居於吳郡吳松江畔，在其所著《笠澤叢書》中記述當時的水利灌溉設施，當可推論六朝時代水利設施的參考。《笠澤叢書》卷一〈甫里先生傳〉：

　　　　先生之居，有地數畝。……而田汙下，暑雨一晝夜則與江通色，無
　　　　別己田他田也。先生由是苦飢，困倉無升斗蓄積，乃躬負畚鍤，率
　　　　畔夫以爲具，且每歲波雖狂，不能跳吾防，溺吾稼也。

這說明於溝渠之旁築堤防以防江水之漫溢。又同書卷三〈迎送潮辭〉並序：

　　　　余耕稼所在松江南旁，田廬門外，有溝通浦激，而朝夕之潮至焉。
　　　　天弗雨則軋而留之，用以滌濯灌溉，及物之功甚鉅。

此處即敘述開溝渠引江水灌溉田地及溝渠中有調節水流量的設施，旱時可截留江水以資灌溉的情形。

　　堤塘水利工程依其所處的地形，而有不同的目的。位於低窪地區的堤塘以洩洪作用爲主，位於高亢地區者則以蓄水灌溉爲主要目的。如《三吳水考》卷十四，〈水田考序〉所說：

　　　　夫治田者，所以治水也。田之所患在水旱，下田患水，高田患旱。……

〔註17〕參考徐中舒，〈古代灌溉工程原起考〉，刊於《史語所集刊》第五本第二分，
　　　　及蕭璠，《春秋至兩漢時期中國向南方的發展》（《台大文史叢刊》之四十一）。
〔註18〕參考前註徐文，引《管子》、《荀子》、《禮記》諸篇證明春秋時代水利灌溉工
　　　　程中有障水及蓄水雙重功能。
〔註19〕同前註。

下田患水而所以障水者在圩岸。高田患旱，而所以蓄水者在溝洫。圩岸修則宣防有備，而水不能爲災，溝洫修則儲蓄有備，而旱不能爲災。此治田之大略也。

前文中述及六處在六朝時代修築的水利工程，絕大部分位於本區邊緣的晉陵郡與丹陽郡，均屬地形高亢的地區，所以其修築主要以蓄水灌溉爲目的，對低窪地區的洩洪問題，助益不大。

本區的河川全屬太湖流域水系，一旦發生水災，常波及全區，尤以太湖邊緣之吳郡、吳興地區因地勢最低，受積水爲患的威脅最大，故六朝政府初步解決了蓄水的問題之後，又着手研究洩洪的問題。劉宋時始興王濬在出任吳興太守時提出開鑿太湖直通錢塘江海口的溝渠，專作洩引太湖低窪地區積水之用，《宋書》卷九十九〈始興王濬傳〉：

明年（元嘉二十二年，445）濬上言所統吳興郡，衿帶重山，地多汙澤，泉流歸集，疏決遲壅，時雨未過，已至漂沒；或方春輟耕，或開秋沉稼，田家徒苦，防遏無方。……州民姚嶠，比通便宜，以爲二吳（吳興、吳郡）、晉陵、義興四郡同注太湖，而松江、滬瀆壅噎不利，故處處涌溢，浸漬成災，欲從武康、紵溪開漕谷直出海口，一百餘里，穿渠浛，必無閡滯。……尋四郡同患，非獨吳興，若此浛獲通，列邦獲益。……功竟不立。

可見劉宋時代已有中央地區積水爲患的問題存在，及至梁朝時再興此役，將太湖之水直洩錢塘江。《梁書》卷八〈昭明太子傳〉：

吳興郡屢以水災失收，有上言當漕大瀆，以瀉浙江。中大通二年（530）春詔遣前交州刺史王弁假節發吳郡、吳興、義興三郡民丁就役。

綜觀六朝的水利工程建設仍以灌溉之利爲主，洩洪水道則到晚期才着手興建。各人工溝渠與天然河道交織已形成水利灌溉網的雛形，且灌溉水道亦均可行船，又供交通漕運之用。本區在近代成爲全國河渠灌溉最密集的地區，實則六朝時代已奠下基礎。

水利工程的興築是地方官吏運用國家財力，發動人民勞力配合興建，完成之後的維持養護則歸於使用者，《南齊書》卷二十六〈王敬則傳〉：

會土邊帶湖海，民丁無士庶，皆保塘役。敬則以功力有餘，悉許斂爲錢，送台庫，以爲便宜，上許之。竟陵王子良啓曰：「……臣昔忝會稽，粗閑物俗，塘丁所上，本不入官。良由陂湖宜壅，橋路需通，

均夫訂直，民自爲用。若甲分毀壞，則一年脩改，若乙限堅完，則
終歲無役。今郡通課此値，悉以還台，租賦之外，更生一調，致今
塘路崩蕪，湖源泄散，害民損政，實此爲劇。」……上不納。

可見由使用塘陂灌溉田地的農民（塘丁）繳納錢値爲保養基金，雇工擔任維
護工作的完密保養制度，至遲在南齊時代已經形成。可惜部分地方長官貪功
聚歛，中央政府亦漠視民生，挪用了保養基金進送國庫，使地方上無財力從
事修護水利工程以致「塘路崩蕪，湖源泄散」，大有損於人民的生計。

　　六朝政府的勸農政策除努力興修水利，以增加農田單位生產量之外，又
設法增廣農地。重要措施爲墾闢湖田、復耕廢田、開放貴族豪門所佔的苑業
及利用江海沿岸泥沙沖積成的新生地等。

　　湖田是指將湖泊的水放盡，在四周築以堤防，使上游河水不再流入，由
閘口控制流入恰供灌溉的水量，而另闢水道使原河川繞湖而行，如此則可利
用原湖泊的湖床以供耕作。〔註 20〕或在湖泊沿岸淤淺之地築堤以防中央湖水
漫溢，而在湖邊堤外耕作。〔註 21〕這兩種湖田的土壤必然肥沃，灌溉也極方
便，收穫量當高於一般農田，尤其適合種植本區的主要作物──稻米。因湖
田的農耕之利遠超過原始的漁業採集之利，故政府常積極推行墾闢湖田，甚
至移狹鄉的貧民前往新闢的湖田區耕作，以國家的力量安排貧民的遷移。

　　《通考》卷二〈田賦二〉：

宋孝武帝大明初，山陰縣人多田少，孔靈符表請徙無貲之家於餘姚、
鄞、鄮三縣，墾起湖田。帝令公卿博議，咸曰：「夫訓農修政，國有
所司，土著之人，習翫日久。如京師無田，不聞徙居他縣，山陰豪
族富室，頃畝不少，貧者肆力，非爲無處。又緣湖居人，魚鴨爲業，
小人習始既難，勸之未易，遠廢田疇，方翦荊棘，率課窮乏，其事
彌難。」帝違眾議，徙人並成良業。〔註 22〕

各貴族豪門也覬覦湖田的肥沃，而設法侵佔湖泊，闢爲湖田，成爲大莊園的
一部分，《宋書》卷五十七〈謝靈運傳〉：

會稽東部有回踵湖。靈運求決之以爲田，太祖令州郡履行。此湖去
郭近，水物所出，百姓惜之，（孟）顗（會稽太守）堅執意不與。靈

〔註 20〕參考王仲犖，〈東晉南朝時代江南的經濟發展〉，刊於《歷史教學》1955 年第 8 期。
〔註 21〕參考《讀史方輿紀要》卷二十四，蘇州府常熟縣昆承湖田。
〔註 22〕《宋書》卷五十四〈孔靈符傳〉敘此事及各公卿所議更爲詳盡。

> 運既不得回蹕，又求始寧岯崲湖爲田，覬又固執。靈運謂覬非存利
> 民，正慮決湖多害生命，言論毀傷之，與覬遂構釁隙。

以上是兩個墾闢湖田的例子，雖其事均發生於會稽郡，然與本區僅錢塘江一河
之隔，本區的農業水準與會稽相同，甚至可能更過之，故本區內的湖泊如面積
不過大且又不在交通線上者，闢爲湖田當亦有之，然大盛則遲至五代兩宋。

　另一增廣農田的方法是復耕廢田，政府在調查廢耕的原因後，設法改善
環境的缺陷，使之重新復耕，《宋書》卷五〈文帝紀〉：

> 元嘉二十二年（455）冬十月，起湖熟廢田千頃。

《南齊書》卷四十〈竟陵王子良傳〉：

> 明年（建元三年，418）上表曰：「京尹（蕭子良時任丹陽尹）雖居
> 都邑，而境壤兼跨，廣袤周輪，幾將千里。縈原抱隰，其處甚多；
> 舊過古塘，非唯一所，而民實業廢，地利久蕪。近啓五官殷湎，典
> 籤劉僧瑗到諸縣循履，得丹陽、溧陽、永世等四縣解，並村耆辭列，
> 堪墾之田，合計荒熟有八千五百五十四頃，脩治塘過，可用十一萬
> 八千餘夫，一春就功，便可成立。」上納之，會遷官，事寢。

蕭子良復墾廢田的計劃雖未實現，然可見其事爲南朝地方政府的工作之一，
其他較小規模的復墾廢田而未見記載者，必然存在，中央政府亦注意此事，
大力鼓吹，以豁免賦稅爲獎誘手段，如《陳書》卷四〈宣帝紀〉：

> 太建二年八月甲申詔：「有能墾起荒田，不問頃畝多少，依舊蠲稅。」

本區爲京畿所在及近畿重地，皇室豪族聚居於此，他們強佔良田以爲苑業，
而使之廢耕的情形相當嚴重，對於農業生產也頗有妨礙，朝廷屢次下詔禁止，
並要求地方長官加以糾舉，如《宋書》卷六〈孝武帝紀〉：

> 孝建二年（455）八月丙子詔曰：「諸苑禁制縣遠，有妨肆業，可詳
> 所開弛，假與貧民。」

同卷：

> （大明七年，463）七月丙申詔曰：「前詔江海田池，與民共利，歷
> 歲未久，浸以弛替。名山大川，往往占固，有司可嚴加檢糾，申明
> 舊制。」

此類詔令，歷代皆有，可見貴族苑業對農業生產確有妨礙。然而六朝是典型
的士族政治，政權靠各大族支持，不得不曲予維護，各次禁令的效果可能不
彰，然而仍可見出政府注意農業生產的苦心。

本區三面被江海環繞，泥沙沖積而成新生地必然不少，如加以利用，對農業生產也有裨益，《陳書》卷二〈高祖紀下〉：

> 永定三年（559）正月甲辰，振遠將軍梁州刺史張立表稱：「去乙亥歲八月，丹徒、蘭陵二縣界遺山側，一旦因濤水涌生，沙漲周旋千餘頃，竝膏腴堪墾植。」

由以上開闢湖田，復耕廢田，禁止貴族侵佔良田做爲苑業及墾植江海新生地等土地利用的情形，可以想見本區土地利用密集的程度，低平之地幾乎已完全利用無遺，山田亦已逐漸出現興起。六朝以後，只好大力開墾山地，以應付人口增加的需求。〔註23〕本區也因此成爲江南糧食生產的重心地區。

勸農政策中也設法改進農耕技術，然而改進的程度卻很有限。六朝以前，本區的農耕技術以「火耕水耨」爲特色，其方法根據《史記》卷三十〈平準書應劭集解〉所記載如下：

> 燒草，下水，種稻，草與稻並生，高七八寸，因悉芟去。復下水灌之，獨稻長，所謂火耕水耨也。

這種方法乃是原始的農業技術，只宜施用於從未墾植過的荒地。放火燒草木正是整理荒地的最好方法，即使是農業技術先進的北方也有採用此法，《齊民要術》（後魏賈思勰撰）卷一〈耕田第一〉：

> 凡開荒山澤田，皆七月芟艾之，草乾即放火，至春而開墾。

然而已經開墾的農田，如仍以火耕爲開墾、施肥的方法，則其作業的效果便很低落了。若是地廣人稀之處，有多餘的農田可供休耕，則其影響仍不太大。〔註24〕但是東晉、南朝以來，本區人口大增，如前文所言土地利用在當時已達極密集的程度，仍然利用火耕水耨爲主要耕作方式，土地無法得到休耕的機會，其地力便將日漸低落。與南朝初期對峙的北魏，此時已有以糞施肥的記載，《齊民要術·雜說》：

> 凡田地中有良有薄者，即須加糞糞之。其踏糞法：凡人家秋收治田後，場上所有穰穀稌等，並須收貯一處，每日布牛腳下三寸厚，每平旦收聚堆積之，還依前布之經宿，即堆聚。計經冬一具牛，踏成

〔註23〕 參考何炳棣，《黃土與中國農業的起源》，頁99，又參註26「山田」諸句。
〔註24〕 《晉書》卷二十六〈食貨志〉引杜預之言：「諸欲脩水田者皆以火耕水耨爲便，非不爾也。然此事施於新田草萊，與百姓相絕離者耳。往者東南草創人稀，故得火田之利。」

三十車糞，至十二月、正月之間，即載糞糞地。

許多學者認爲此施肥法必隨流民由北方輸入江南，﹝註25﹞可惜未能得到直接史料以資佐證。相反的，六朝時代本區火耕的記載屢見不鮮，﹝註26﹞直到南朝末期的梁元帝在其所寫的《玄覽賦》中仍有「家給火耕之田」的描述，﹝註27﹞顯見這種農耕并不限於山田燒畬。大約糞壤的方法即使在本區已被採用，亦未曾普遍流行成爲主要的施肥方式。六朝農民的耕作技術以火耕水耨爲主，造成地力的衰竭，故《隋書》卷二十四〈食貨志〉總結東晉南朝的農業情況是：

> 江南之俗，火耕水耨，土地卑濕，無有蓄積之資。

六朝時代本區耕作的動力已採牛耕，《晉書》卷二十六〈食貨志〉：

> （魏）文帝黃初三年（222）……于時三方之人，志相吞滅，戰勝攻取，耕夫釋耒，江淮之鄉，尤缺儲峙。吳上大將軍陸遜抗疏請令諸將各廣其田。權報曰：「甚善，今孤父子親自授田軍中，八牛以爲四耦，雖未及古人，亦欲與眾均其勞也。」有吳之務農重穀，始於此焉。

牛耕與人耕的功效約爲四比一，﹝註28﹞故牛耕對糧食增產也頗有幫助，然而東晉時代曾有耕牛不足的現象，以致「殺牛有禁」，《宋書》卷七十八〈張茂傳〉：

> （東晉）元帝辟爲掾屬。官有老牛數十，將賣之。茂曰：「殺牛有禁，買者不得輒屠，齒力疲老，又不任耕駕，是以無用之物，收百姓利也。」帝乃止。

故牛耕之外可能仍有人力耕種的情形存在。

雖然六朝時代農耕技術方面的改良幅度不甚大，然而本區土壤肥沃，雨量豐富，政府又大力增加農田面積，興修水利灌溉網，已使農產量大幅度增加，足以供應眾多人口之所需，連北方人民也表欽羨，《魏書》卷五十六〈崔楷傳〉：

> 江淮之南，地勢汙下，雲雨陰霖，動彌旬月，遙途遠運，惟有舟艫，南畝畲菑，微事未耕，而眾庶未爲饉色，黔首罕有饑顏，豈天德不

﹝註25﹞ 如陶希聖、伍仙卿合著《南北朝經濟史》頁10，及王仲犖，〈東晉南朝時代的江南經濟發展〉，見註20。

﹝註26﹞ 參考前註王文中所引南朝有關農業的詩句，如徐陵詩：「燒田雲色暗」、「野燎村田黑」，庾信〈歸田詩〉：「穿渠移水碓，燒棘起山田。」

﹝註27﹞ 《全梁文》卷十五〈元玄覽賦〉。

﹝註28﹞ 參考周藤吉之，〈南宋稻作的地域性〉，刊於《宋代經濟史研究》，頁73～138，兩宋江東有牛耕，踏犁耕及二人耦耕三種方式，牛耕之功爲踏犁之倍，踏犁又爲二人耦耕之倍。

均，致地偏罰？故是地勢異圖，有茲豐餞。

本區雖因中央地勢低窪，易有積水爲患，水災頻仍，然而災後的救濟工作，都是用本區的儲糧自行解決，由於平日產量極豐，倉儲充實，應付賑災的工作，綽有餘裕，茲舉數例，《宋書》卷六十三〈沈演之傳〉：

> 元嘉十二年（435）東諸郡大水，民人飢饉，吳、義興及吳郡之錢唐，升米三百。以演之及尚書祠部郎江邃竝兼散騎常侍巡行拯卹，許以便宜從事，演之乃開倉廩以賑饑民。

同書卷六〈孝武帝紀〉：

> 孝建二年（455）八月，三吳民飢。癸酉，詔所在賑貸。

同卷：

> 大明元年（457）五月，吳興、義興大水，民饑。乙卯，遣使開倉賑卹。

《南齊書》卷三〈武帝紀〉：

> 永明八年（490）十月詔：「吳興水淹過渡，開所在倉賑賜。」

在發生嚴重災害時，本區只需在「所在」開倉賑濟，可見平日倉儲之豐富，若是豐年熟歲，本區便是其餘地區的糧食供應區，成爲全國的穀倉地區，《三國志》卷六十一〈陸凱傳〉：

> （孫）皓徙都武昌，揚土百姓泝流供給，以爲患苦。

可知六朝歷代建都建康，也是爲了接近糧倉，漕運便利。孫皓建都武昌，仍需本區的物資泝流供應，益可顯出本區物產在全國的地位，故《宋書》卷五十四〈傳末史臣論〉曰：

> 揚部有全吳之沃，漁鹽杞梓之利，充仞八方；絲綿布帛之饒，覆衣天下。

這樣的讚美與實況大約不會相差太遠。

第三節　農作物的種類及生產方法

西晉左思《吳都賦》中有「再熟之稻」及「紅粟流行」之句，﹝註29﹞「再熟之稻」當指稻的種類而言，即早稻與晚稻之別，一年分兩次收成，並非指同一田地一年可兩造稻作。一年兩造，降至兩宋，亦限於福建、廣東、廣西

﹝註29﹞《全晉文》卷七十四。

等部分地區才有可能，位於浙江流域及長江流域的本區絕不可能收成兩造稻作。〔註30〕至於六朝時代本區一年中分兩次種植稻作的方法，由於直接史料的缺乏，已無法明確說明。然而根據《宜興縣志》卷一〈疆域志〉風俗門記載後世宜興農耕的情形，可推論六朝時代本區的農耕情形：

> 其民業則種稻，平田宜夏至後；山田、圩田宜夏至前。清明浸種稻，
> 穀雨以穀芽入田，芒種插苗，曰蒔秧；大雨時行，謂之梅雨。……
> 田極高者種菽粟、或木棉、或交秋種蕎麥。極低者，秋前種種秬。
> 秋分刈旱禾，霜降刈晚禾，謂之收稻場。刈禾後，種大、小二麥，
> 俗謂麥黃。梅田有不種二麥者，冬後耕鋤，俗謂冬田。

這一段記載中可提出討論者有如下數點：

（1）本區古今氣候無甚大差異，此記載中所言氣候及種植時節，可作推論六朝時期本區農耕情形之參考。

（2）古今農作物種類與品種稍有不同，六朝時代所種稻、麥、豆等作物品種可能異於後世。至於插秧播種的方法，宜興縣志所載為移植法，六朝史料並無記載，可能仍在直播法的階段。

（3）經濟作物如木棉，要到南宋末始移入江南種植，〔註31〕六朝時代本區不可能種植。

（4）旱禾種於山田（旱田、高田），需於夏至前種植，秋分亦可刈割。刈禾後可種大小二麥，至翌春收割，然後至夏至前又種稻。水稻則種於平田（水田、低田），於夏至後才展開耕作，霜降後刈割。亦有所謂「梅田」者，只種稻禾，而不種二麥，大約是土地較為潮濕之故，這是長江下游一帶農作的普遍情形。〔註32〕就種植時節言，六朝時代本區可能亦相去不遠。

本區所種稻的種類有秔稻（俗作稉稻或粳稻）、秈稻及秫稻三大類，其中秔稻是種於水田中品質較高的白色稻種，屬晚稻類。秈稻則為旱稻，種於高田（旱田），有多種紅色的品種，〔註33〕前引左思《吳都賦》中所言的「紅粟

〔註30〕 同註28。
〔註31〕 《古今圖書集成・食貨典》卷三二〇綿部彙考《太平廣記》木綿：「集解、吉貝，此種出南番，宋末始入江南。」
〔註32〕 同註28，另《宋代經濟史研究》，頁139～205，〈南宋に於ける稻の種類と品種の地域性〉。
〔註33〕 同前註。

流行」當即指秈稻，較無黏性。〔註34〕這兩類日常用稻種以秔稻較爲重要，《宋書》卷六十七〈謝靈運山居賦〉中有「苾苾香秔」之句，又《晉書》卷九十四〈陶潛傳〉：

> 以爲彭澤令，在縣公田悉令種秫穀，曰：「令吾常醉於酒，足矣！」
> 妻子固請種秔，乃使一頃五十畝種秫，五十畝種秔。

至於秫稻爲黏性稻種，即糯稻，最適宜做釀酒的材料，前引《晉書》〈陶潛傳〉可知。又同書卷七十八〈孔群傳〉：

> 群嘗與親友書云：「今年田得七百石秫米，不足了麴蘗。」其耽酒如
> 此。

秫稻雖主要做釀酒之用，然遇糧食不足時，亦用以供食用，《宋書》卷五〈文帝紀〉：

> 元嘉十二年（435）六月，丹陽、淮南、吳興、義興大水，京邑乘船。
> 己酉，以余、豫、南兗三州，會稽、宣城二郡米數百萬斛，賜五郡
> 遭水民。是月斷酒。

同書卷一〇〇〈沈約自序〉：

> 時三吳水淹，穀貴民饑。……且酒有喉脣之利，而非食餌所資，尤
> 宜禁斷，以息遊費。

均是移釀酒之秫米以供饑民食用的例子。

　　日人周藤吉之研究南宋時麥作的獎勵及稻麥輪作的情況，認爲江南地區稻田實行稻麥二輪作的情況，開始於北宋中期，且種植不廣。他以爲由於本區湖田多而山田少，只事禾蠶，南宋以後才開墾荒窪，並種麥豆。東南一帶山原陸地及荒廢之壤，高者種麥，低者藝稻，其說大體上是成立的。〔註35〕但是本區的稻麥輪作不是始於北宋中期，而在六朝時代已經開始。東晉元帝南遷本區以後，詔令揚、徐二州種麥，爲益甚大，《晉書》卷二十六〈食貨志〉：

> 晉元帝太興元年（318）詔：「徐、揚二州，土宜三麥。可督令熯地，
> 投秋下種，至夏而熟，維新故之交，於以周濟，所益甚大。」……

〔註34〕《本草綱目》：「秈，六、七月可收，同稬，稻不黏者。」《震澤縣志》卷四物產，亦云紅色稻米爲其地所出，唐朝陸龜蒙已有記載：「稻名品甚繁，不可勝述。其自古擅名者曰紅蓮稻，皮赤，味香，名見于唐陸龜蒙詩。陸詩云：『遙爲晚花吟白菊，近炊香稻識紅蓮。』」

〔註35〕參考周藤吉之，《宋代經濟史研究》，頁225～320，〈南宋に於ける麥作の獎勵と二毛作〉。

其後頻年，麥雖有旱蝗，而爲益猶多。

推行麥作的徐、揚二州，其中徐州位於長江以北；揚州自長江以南計起，本區爲揚州最北的區域，麥之豐產區是冬季各月平均雨量五十公厘等雨線以北，此線正在長江南岸地區，故地理學者將長江三角洲、寧鎭山地以東，南至寧紹平原（即本區之範圍）劃成長江水稻小麥區，不但雨量適宜麥類生長，且土壤屬棕壤，呈中性反應，極爲優良，〔註36〕故東晉時在揚州推廣種麥即爲本區。

周藤氏推論南宋推廣種麥二輪作的原因有六，〔註37〕其中與東晉初年情況相類似者有下列五點：

（1）北方人口大量南移

（2）由於僑人眾多，北方麵食習慣流行於江南。

（3）都市的發展而多設酒業，小麥需求甚殷，市場運銷暢通。

（4）諸軍馬料的大麥消費額激增。

（5）人口激增，若稻米失收即成飢饉，故獎勵麥作，以資危急時使用。

東晉初年，北方人口大量南移，已詳前文第二章第二節戶口的演變。至於人民以麥爲糧食的情形，亦漸普遍，《宋書》卷九十一〈孝義郭世道傳〉：

> 太祖崩（世道子）原平號哭致慟，日食麥料一枚，如此五日。

《陳書》卷三十二〈孝義張昭傳〉：

> 父卒，兄弟並不衣縣帛，不食鹽酢，日惟食一升麥屑粥，每感動必嘔血。

大約在南朝時本區已有食麥的情形出現，然而往往以之爲粗劣的食品，並非日常主食，只有在飢荒歲月，才被大量食用，《宋書》卷一○○〈沈約自序〉：

> 時三吳水淹，穀貴民饑，刺史彭城王義康使立議，以救民急。（沈亮）議以……「又緣淮歲豐，邑富地穰，麥既已登，麥粟行就，可析其估賦，仍就交市，三吳饑民，即以貸給，使強壯轉運，以贍老弱。」

爲了應付對北方的戰爭，軍隊中必然飼養馬匹，《宋書》卷七十四〈沈攸之傳〉：

> 攸之……料擇士馬，簡算器甲，精器銳士，竝取自隨。

綜觀上述，顯示東晉以後麥類需求既已激增，政府自然亦鼓勵種麥，由於本區

〔註36〕參考王益厓，《中國地理》，頁224。

〔註37〕同註35。

農民未有種麥的經驗，故政府教導人民種植的方法，即「燷地，投秋下種，至夏而熟」（見前引《晉書・食貨志》晉元帝詔）。燷者，燥也，熱氣也，所謂燷地法即是秋季稻田收割後，焚燒田地以增加地熱，並使之乾燥，以適合性宜乾燥的麥苗生長，前節所述南朝有許多燒田的記載，可能不只爲了施肥，亦是爲了種麥做準備工作。若然，亦可見稻麥二輪作普遍情形一斑。依其文所引《吳興縣志》述及農耕的情形，早禾（旱稻）在秋分刈割，晚禾（水稻）在霜降刈割，刈後種大小二麥；秋分爲農曆八月的中氣，即陽曆九月二十三日或二十四日，霜降是農曆九月的中氣，即陽曆十月二十三日或二十四日，早、晚禾的收割期相差一個月，而九、十月在長江流域已是深秋季節，故需要燷地法增加土地熱力以利麥豆播種。這種燷地的種麥方法與北方農民種植麥類完全相同，大約是由北方人民傳入本區，《齊民要術》卷一〈大小麥第十〉：

> 大小麥皆須五月、六月燷地。……《禮記》〈月令〉曰：「仲秋之月，
>
> 乃勸人種麥，無或失時。」

由於北方天氣寒冷，只能種麥一造，故需在五、六月燷地，本區天氣較爲暖和，且爲稻麥二輪作，故在秋季稻禾收割之後，才行燷地種麥，明年夏至前後麥類收成，收割後便立即種稻。可證東晉元帝詔令中之稻麥輪種情形與所述後世農耕時節情形大致相符。

為了鼓勵人民種麥，政府不但教以種麥方法，並且常常提供麥種，《宋書》卷五〈文帝紀〉：

> 元嘉二十一年（444）七月乙巳詔曰：「此年穀稼傷損，濟克成災，
>
> 亦由播植之宜，尚有未盡。南徐、克、豫及揚州、浙江西屬郡，自
>
> 今悉督種麥，以助闕之。速運彭城，下邳郡見種，委刺史貸給。」

同書卷六〈孝武帝紀〉：

> 大明七年（463）九月乙卯詔曰：「近炎精亢序，苗稼多傷。今二麥
>
> 未晚，甘澤頻降。可下東境郡勤課墾植，尤弊之家，量貸麥種。」

這兩個詔令分在七月與九月發布，正符合本區稻米收成後進行種麥的時節。

由於東晉、南朝各代在本區大力推廣麥類種植，麥類作物在本區已日漸普遍，《全晉文》卷十九（東晉）〈王洽臨吳郡上表〉：

> 蟲鼠爲害，瓜麥蕩盡。

《陳書》卷二〈世祖紀〉：

> 天嘉元年（560）八月壬午詔曰：「菽粟之貴，重於珠玉。……思俾

> 阻饑，方存富教，麥之爲用，要切斯甚，今九秋在節，萬實可收，
> 其班宣遠近，茲令播種。守宰親臨勸課，務使及時。其尤貧者，量
> 給種子。」

由此詔可見南朝後期麥類已成重要糧食作用。至於詔中所言「九秋在節」是指農曆九月的節氣，即陽曆十月八日至九日，在秋分之後，霜降之前，依前文所述種植稻麥的時節，正是早稻已收，晚稻亦將收割的時候，故曰「萬實可收」，也正是準備種麥的時刻。菽是豆類的總稱，是由高田生長的作物，可見麥作之外，亦有豆、粟作物與稻輪作。

本區地勢低平，河川湖泊密布，是最利於水稻生長的環境，且米之價值高於麥，故本區糧食作物仍以稻米爲主。雖然政府在本區鼓勵種麥類、豆類，也只是在稻穀收成之後，再行種植，成爲稻麥或稻豆二輪作，以期盡量利用土地，增加糧食供應而已。齊武帝永明中（483～493），天下米穀和布帛價賤，武帝欲立常平倉收購積蓄以爲儲備。遂在六年（488）下詔各州出錢收購。〔註38〕可以顯示南朝各地生產農產種類的分布情形，茲將其市糶項目表如下，以作參考。（詳93頁表7）

由此表可見本區各州出錢數量最鉅，占全國各州出錢購買倉儲總數的百分之七十九，顯示本區是全國最富庶的財賦重心。而在本區所購之倉儲以米爲主，亦可見本區是全國主食——稻米的主產重心。其他各州雖有豆、麥生產，但也是作爲輪作的輔助作物，仍以稻米爲主要作物。

除主要糧食作物外，本區其他作物尚有桑、麻、水果等。本區六朝時代之紡織技術雖不及北方，但爲供民衣，必然種植桑、麻，尤以麻爲主要紡織原料，因長江流域爲中國苧麻的原生地區及主要種植區，〔註39〕降至隋唐，江南地區已爲上等苧麻紡織工業的重心地區之一。〔註40〕《宋書》卷六十七〈謝靈運傳〉：

> 作山居賦：「……麻、麥、粟、菽，候時觀節、遞藝遞熟。」

《宋書》卷三十一〈五行志〉一：

> 晉元帝太興四年（321）吳郡民訛言有大蟲在紵中及樗樹上，
> 囓人即死。……西及京都，諸家有樗、紵者伐去之。

〔註38〕《通考》卷二十一〈市糶二〉，常平義倉租稅。
〔註39〕參考何炳棣，《黃土與中國農業起源》，頁173。
〔註40〕詳嚴耕望〈唐代紡織工業之地理分佈〉，收入《唐史研究叢稿》，頁654～656頁。

表7 南齊各州市糴表

出 錢單 位	出 錢數 量（以萬錢為單位）	市易地區	收購種類	備 註
京 師	5,000	京 師	米、絲、綿、紋、絹、布	※京師在本區境內
揚 州	1,900	郡所建康	米	※揚州最富庶之三郡（吳、吳興、丹陽）在本區境內
南徐州	200	郡所京口	米	※南徐州屬本區境內
南 荊河 州	200	郡所壽春	米、大麥、絲、綿、紋、絹、布	
江 州	500	郡所潯陽	米、胡麻	
荊 州	500	郡所江陵	米、大小豆、大麥、胡麻、絹、綿、布	
郢 州	300	郡所江夏	米、大小豆、大麥、大麥、胡麻、絹、綿、布	
湘 州	200	郡所長沙	米、布、蠟	
司 州	250	郡所義陽	米、絹、綿、布	
西 荊河 州	250	郡所歷陽	米、絹、綿、布	
南兗州	250	郡所廣陵	米、絹、綿、布	
雍 州	500	郡所襄陽	米、絹、綿、布	

　　歷代勸農詔令中多「農桑」並稱之列，可見桑樹的種植亦必普遍，《宋書》卷五〈文帝紀〉：

　　　　元嘉二十一年（444）七月乙巳詔曰：「凡諸州郡皆令盡勤地利，勸
　　　　導播植，蠶桑紵麻，各盡其方。」

本區經濟作物除桑、麻之外，尚有瓜菜水果，均已出現專業性種植，《三國志》卷四十八〈孫休傳注〉引《襄陽記》：

　　　　（丹陽太守李）衡每欲治家，妻輒不聽。後密遣客十人於武陵龍陽
　　　　氾洲上作宅，種甘橘千株。……吳末，甘橘成，歲得絹千匹。

《宋書》卷五十四〈孔季恭傳〉：

> （弟）靈符家本豐，產業甚廣。又於永興立野，周回三十三里，水陸地二百六十五頃，舍帶二山，又有果園九處。

《宋書》卷九十一〈孝義郭世道傳〉：

> 子原平，……又以種瓜為業，往錢塘貨賣。

至於六朝時本區所種植的水果種類，亦頗繁多，見於記載的有如下數種，《全三國文》卷七十一引《御覽》九七一韋昭〈雲陽賦〉：

> 甘蔗椑柿，榛栗木瓜。

《全晉文》卷三十八引《御覽》九七四庾闡〈揚都賦〉：

> 果則黃甘朱橙，楊桃琵琶。林蔚八色之叢，色耀三珠之華。目龍莘枝，王壇丹橘。

《全晉文》卷七十四引《文選》左思〈吳都賦〉：

> 其果則丹橘餘甘，荔枝之材。檳榔無柯，椰葉無陰，龍眼橄欖，探榴禦霜。

第四節　農業賦稅制度對國家財政的影響

六朝歷代的賦稅制度屢有改變。孫吳時代的稅制，史無明確的說明，大約是沿用東漢末年的稅制，除度田納穀之外，並需納錢，又有力役之征，[註41]《三國志》卷四十七〈孫權傳〉：

> 赤烏元年（238）有詔責數諸葛瑾、步騭、朱然、呂岱等曰：「自孤興軍五十年，所役賦凡百，皆出於民。……士民勤苦，誠所貫知，然勞百姓，事不得已耳。」

同書卷四十八〈孫休傳〉：

> 永安六年（263）三月詔曰：「今欲廣開田業，輕其賦役，差科彊羸，課其田畝，務令優均，官私得所。」

可見孫吳時代的賦役相當繁重。

東晉所實行的賦稅制度大抵沿用西晉的戶調制，又稍有不同，《隋書》卷二十四〈食貨志〉：

> 晉自中原喪亂，元帝寓居江左。……其課，丁男調布絹各二丈，絲

〔註41〕參考全漢昇，〈中古自然經濟〉，刊於《史語所集刊》第十本。

三兩，綿八兩，祿絹八尺，祿綿三兩二分。租米五石，祿米二石。

丁女半之。……其男丁每歲役不過二十日，又率十八人出一運丁役

之。其田，畝稅米二斗。〔註42〕蓋大率如此。

由此稅制中規定以米繳納田租（包括每丁五石之定田收租及每畝稅米二斗之度田收租），可見當時江南各地均以稻米爲主要農作物。而田租的徵收歷東晉之世又有數度改變，同卷〈食貨志〉又云：

成和五年（330）成帝始度百姓田，取十分之一，率畝稅三升。哀帝

即位（362），乃減田租，畝收二升。孝武太元二年（377），除度定

田收租之制，王公以下口稅三斛，唯蠲在役之身。八年（383），又

增稅米，口五石。

成帝之度田收租，無田免納，旨在減輕貧民負擔。哀帝時甚至減租，然而此度田收租之制對擁有大土地的地主不利，必然遭受其反對的阻力，故行之不及五十年，便改爲計口收稅，從此貧民無田者也需輸納，而豪富者卻不必多輸，極爲不公，可見東晉政權曲從大族利益的情形。

此外又有計人民家產徵收的貲產稅，《晉書》卷七十〈劉超傳〉：

出補句容令，推誠於物，爲百姓所懷。常年賦稅，主者常自四出，

結評百姓家貲。至超，但作大函，村別付之，使各書家產投函中，

訖送還縣。百姓依實投上，課輸所入，有踰常年。

南朝時代的田租依然曲從豪族大地主的利益而以口計算，稅額多少則無明文記載，可能高於東晉時期，《宋書》卷九十二〈徐豁傳〉：

元嘉初（424～）爲始興太守。三年（426）……表陳三事，其一曰：

「郡大田武吏，年滿十六便課米六十斛，十五以下至十三，皆課米

三十斛。一戶之內隨丁多少，悉皆輸米。」

此處所言爲始興郡（今廣東省曲江縣）武吏的稅率，應爲高出一般農民，然而每一丁課米六十斛爲東晉末年口稅的十二倍，〔註43〕則一般人民的稅率亦可能高於東晉。田租之外，另有戶調，《宋書》卷八〈孝武帝紀〉：

大明五年（461）十二月制天下民戶歲輸布四匹。

〔註42〕《通典》卷五作升。

〔註43〕《通考》對此稅率表示懷疑，卷十〈戶口〉一：「按漢以前，田賦自爲田賦。

魏晉以來，似始混而賦之。所以晉孝武帝時除度田租之制，只口稅三斛，增

至五石。而宋元嘉時乃至課米六十斛，與晉制懸殊，殊不可曉，豈所謂六十

斛者非一歲所賦耶？當考。」

陳宣帝在太建九年（577）五月丙子詔中亦有「夏調綿、絹、絲、石麥等」
〔註44〕之語，此外貲產稅的課征亦極盡搜刮之能事，《宋書》卷八十二〈周
朗傳〉：

> 世祖（孝武帝）即位（454），……朗上書曰：「又取稅之法，宜計人
> 爲輸，不應以貲，云何？使富者不盡，貧者不蠲。乃令桑長一尺，
> 圍以爲價，田進一畝，度以爲錢，屋不得瓦，皆責貲實。民以此樹
> 不敢種，土畏妄墾，棟焚榱露，不敢加泥。」

本區爲全國財富重區，貲產稅的徵收尤以本區人民爲聚歛的對象，《南齊書》
卷四十〈竟陵王子良傳〉：

> 子良又啓曰：「三吳奧區，地惟河輔，百度所資，罕不自出。宜在蠲
> 優，使其全富。而守宰相繼，務在哀刻，圍桑品屋，以准貲課，致
> 令斬樹發瓦，以充重賦，破民財產，要利一時。」

六朝歷代的稅制雖屢有更改，然而有一共同之處即是以徵收實物爲主。〔註45〕
由於此時貨幣缺乏，〔註46〕故按各種徵稅的項目有粟米之征，布帛之征及力
役之征，即隋、唐租庸調制之先河。自南朝初年起，錢幣的供應稍見增加，
政府也需用大量錢幣，有時便規定將有錢幣流通地區的部分賦稅改以現錢繳
納，《南齊書》卷三〈武帝紀〉：

> 永明四年（488）五月癸巳詔：「揚、南徐二州今年戶租三分，二分
> 取見布，一分取錢。〔註47〕來歲以後，遠近諸州輸錢處，竝減布直，
> 匹准四百，依舊折半，以爲永制。」

然而又引起民間極大的困擾，其一爲錢不易得，人民所得到的錢幣品質較差，
不符合政府要求錢幣必需圓大的要求，只好繳納更多的錢以補質的不足，《南
齊書》卷二十六〈王敬則傳〉：

> 竟陵王子良啓曰：「年常歲調，即有定期，僮卹所上，咸是見值。民
> 間錢多翦鑿，鮮復完者，公家所受，必須員大，以兩代一，困於所
> 質，鞭捶質繫，益致無聊。」

又同卷四十〈竟陵王子良傳〉：

〔註44〕《陳書》卷五〈宣帝紀〉。
〔註45〕同註41，第三章中古的實物租稅與傜役。
〔註46〕詳下文第四章第一節銅礦的生產。
〔註47〕《南齊書》卷四十〈竟陵王子良傳〉作「詔折租布二分取錢」，與此文異，待考。

> 子良又啟曰：「……又泉鑄歲遠，類多翦鑿，江東大錢，十不一在。
> 公家所受，必須輪郭，遂買本一千，加子七百，猶求請無地，捶革
> 相繼。尋完者爲用，既不兼兩，回復遷貿，曾非委積，徒令小民每
> 嬰困苦。」

以錢幣繳稅的第二個困擾是政府往往刻意聚歛，高估實物的價值，逼令百姓多繳錢幣《南齊書》卷二十六〈王敬則傳〉：

> 竟陵王子良啟曰：「……昔晉氏初遷（317～），江左草創，絹布所直，
> 十倍於今，賦調多少，因時增減。永初中（420～422）官布一匹直
> 錢一千，而民間所輸，聽爲九百。漸及元嘉（424～453）物價轉賤，
> 私貨則束直六千，官受則匹准五百，所以每欲優民，必爲降落。今
> 入官好布，匹堪百餘，其四民所送，猶依舊制，昔爲刻上，今爲刻
> 下，泯庶空儉，豈不由之。」

這些困擾僅限於有錢幣流通的地區，尤以本區爲主。六朝時代的中國，不論南方與北方，絕大部分地區徵收實物賦稅，本區是全國首先由實物賦稅進入錢幣賦稅的少數地區之一。

本區的面積並非廣大，然因戶口眾多及物產豐富，使本區的賦稅成爲六朝國庫的主要支柱。前文第二章第二節戶口演變已言及劉宋初年本區約佔全國戶口的三分之一，故本區人民所繳的田租及戶調應亦佔全國賦稅總收入的三分之一左右，故前文所引蕭子良曾有「三吳奧區，地惟河輔，百度所資，罕不自出。」〔註48〕之語，《南齊書》卷二十六〈王敬則傳〉中蕭子良有更詳細的說明：

> 西京熾強，實基三輔，東都全固，寔賴三河，歷代所同，古今一揆。
> 石頭以外，〔註49〕裁足自供，府州方山以東，〔註50〕深關朝廷根本。
> 夫股肱要重，不可不卹，宜蒙寬政，少加優養，略其目前小利，取
> 其長久大益，無患民貲不殷，國財不富也。

本區之中主要負擔賦稅的是建康以外的地區，即前文蕭子良所說「府州方山以東，深關朝廷根本」。因爲建康京畿多爲王公豪族所居，在士族政治之下，

〔註48〕《南齊書》卷四十〈竟陵王子良傳〉。
〔註49〕《讀史方輿紀要》卷二十，江寧縣石頭城：「府西二里有石頭山。……石頭城在上元縣西四里，南抵淮水。」詳前文第二章第二節重要都市（二）石頭城。
〔註50〕《讀史方輿紀要》卷二十，江寧府江寧縣方山：「府東南四十五里。」詳前文第三章第六節重要都市（三）方山。

他們享有免除賦役的權利，《南齊書》卷四十六〈顧憲之傳〉：

> 山陰一縣，課戶二萬，其民資不滿三千者，殆將居半，刻又刻之……
> 猶且三分餘一，凡有資者，多是士人，復除。其貧極者悉皆露戶役
> 民，三五屬官。

甚至其附蔭者也免除賦役，《隋書》卷二十四〈食貨志〉：

> 晉自中原喪亂，元帝寓居江左，……都下人多爲諸王公貴人左右、
> 佃客、典計、衣食客之類，皆無課役。

此外晉陵郡地區之主要居民爲北方僑人，由於僑人行踪不定，且政府爲招攬
北方人口，僑州郡縣均不著僑人戶籍，《宋書》卷十一〈律志序〉：

> 自戎狄內侮，有晉東晉，中土遺民，播徙江外。幽、并、冀、雍、
> 兗、豫、青、徐之境，幽淪寇逆，自扶莫而裹足，奉首身免於荊越
> 者，百郡千城，流寓此室，人伫鴻雁之歌，士蓄懷本之志，莫不各
> 樹邦邑，思復舊井。既而民單戶約，不可獨建，故魏邦而有韓民，
> 齊縣而有趙邑，且省置交加，日回日徙，寄寓遷流，迄無定託，邦
> 名邑號，難或詳書。

由於無法確定僑人的戶籍，政府亦無法使僑民繳納賦役，對國家財政亦爲一
大打擊。故歷代政府都進行土斷的工作，設法清查戶籍，使僑人著籍當地，
然而影響了僑人的利益，自然阻礙叢生，《晉書》卷四十五〈范寧傳〉述及僑
人反對土斷的理由：

> 昔中原喪亂，流寓江左，庶有旋反之期，故許其挾注本郡。自爾漸久，
> 人安其業，丘壟墳柏，皆已成行，雖無本邦之名，而有安土之實。今
> 宜正其封疆，以土斷人戶，明考課之科，修閭伍之法。難者必曰：「人
> 各有桑梓，俗自有南北，一朝屬戶，長爲人隸，君子則有土風之慨，
> 小人則懷下役之慮。」斯誠并兼者之所執，而非通理者之篤論也。

士族與僑人既有免除賦役的優待，則本區所負擔的龐大賦稅額便落於土著吳
人的肩上，其負擔之重，爲全國各地之冠，東晉王羲之曾說：「賦役繁重，吳
會尤甚！」〔註51〕雖然本區物產殷富，然而一般平民面對繁苛的賦役，民生
亦頗艱難，且產生許多社會問題。各大地主利用小農被重稅所逼破產的機會，
兼并其土地，吸收其勞力，更形成了典型的大土地所有制。

〔註51〕《晉》卷八十〈王羲之傳〉。

第五章　工礦的發展

　　本區是江南重要礦產區之一，金屬礦物以銅、鐵爲主。東面沿海，海岸線長，鹽亦爲重要資源。西漢初年，吳王劉濞憑著本區的礦產資源，「即山鑄錢，煑海爲鹽」，[註1] 以致國用富饒。本區在六朝歷代政府擇爲京畿重地，豐富的礦產資源也是被考慮的原因之一，《三國志》卷五十四周瑜勸告孫權以本區爲根據地，力拒曹操的理由是：「鑄山爲銅，煑海爲鹽，境內富饒，人不思亂。」在六朝時代，本區礦產的生產與製造也發揮了相當大的作用，對各代政府幫助甚大。

　　六朝以前本區的金屬冶鑄工業及紡織業的技術水準遠遜於北方，經過六朝時代長期的改良，北方僑人也帶來先進的技術，本區的工業生產不但足供需求，技術水準也漸漸提高，與北方並駕齊驅了。

第一節　銅、鐵的生產與製造

　　在地理學上，本區位在長江以南金屬礦物區內，是白堊紀（我國地質學上最重要的成礦時期——燕山運動時期）花崗岩侵入的廣大地區之一，[註2]本區所產金屬礦物以銅、鐵爲主，兩漢在丹陽郡設有銅官，[註3] 專司銅礦採鑄。本區之內六朝時代曾有開採銅礦記載的地點有二處，分列如下：[註4]

〔註 1〕 《史記》卷一○六〈吳王濞傳〉。
〔註 2〕 參考王益厓，《中國地理》，頁 253 礦業。
〔註 3〕 《漢書》卷二十八〈地理志上〉：「丹陽郡，有銅官。」
〔註 4〕 本區在古代有產銅記載者除此引二處以外，尚有七處：丹陽郡句容縣赤山（《史記》卷一○六〈吳王濞傳〉正義引《括地志》），丹陽郡永世縣銅官山（《讀史方輿紀要》卷二十江寧府溧陽縣鐵山條），丹陽郡溧陽縣銅山（同前書卷江寧

1. 丹陽郡溧陽縣蘆塘山

《大清一統志》卷七十三引《建康志》：

> 在溧水縣東南二十三里，梁大同嘗採銅、錫於此。

2. 吳郡吳縣光福山

《讀史方輿紀要》卷二十四蘇州府長洲縣光福山：

> 府西南五十里，近太湖。……吳地記：「山本名鄧尉山，屬光福里，
> 因名。與銅坑、玄墓諸山相連，銅坑者，一名銅井，晉、宋間，鑿
> 坑取沙土者，皆成銅，有泉，亦以銅名。」

六朝時代本區銅礦產量亦無明文記載，推想其產量不致太少。因為六朝禮佛之風極盛，佛寺、佛像的興築，動輒用銅以萬斤計，造成巨大的耗費。《全宋文》卷二十八引《弘明集》何尚之列敘元嘉讚揚佛教事：

> 元嘉十二年（435）五月乙酉，有司奏丹陽尹蕭摹之上言，稱佛化被
> 於中國，已歷四代，塔寺形像，所在千計。……而自頃世以來，情
> 敬浮末，不以精誠為至，更以奢競為重。……材竹銅綵，靡損無
> 極。……請自今以後，有欲鑄銅像者，委詣台自聞，興造塔寺精舍，
> 皆先詣所在二千石。……其有輒鑄銅制，輒造寺舍者，皆以不承用
> 詔書律論，銅宅材瓦，悉沒入官。詔可。

《南史》卷七〈梁武帝紀下〉：

> 大同三年五月癸未，幸同泰寺，鑄十方金銅像。

《全梁文》卷十引《廣弘明集》卷十六，（簡文帝）謝敕賚銅供造善覺寺塔靈盤啟：

> 臣綱啟：「主書陳僧聰奉宣敕旨，垂賚銅一萬三千斤，供造善覺寺塔
> 靈盤。」

同卷謝敕賚柏剎柱並銅萬斤啟：

> 臣綱啟：「傳詔呂文祥奉宣敕旨，賚臣柏剎柱一口，銅一萬斤，供起
> 天中寺，九牧貢金。」

由於銅礦的生產大量用於寺廟佛像的興造，故另一需銅甚殷的事業——鑄造

府溧水縣銅山條），宣城郡涇縣銅山（同前書，卷二十八，寧國府涇縣承流山
條），義興郡陽羨銅官山（《宜興縣志》卷一〈疆域志〉山川君山條）吳興郡
烏程縣銅山（《讀史方輿紀要》卷九十一，湖州府烏程縣銅山條）及吳興郡武
康縣銅官山（同前書卷湖州府武康縣銅官山條）。此七處均有古代產銅的記
載，惟未能詳考確實年代。六朝時代本區產銅之地亦可能在此七處之中。

錢幣即發生缺銅的現象，成爲困擾六朝歷代政府的一大問題。《三國志》卷四十七〈吳主權傳〉：

> 嘉禾五年（236）春，鑄大錢，一當五百，詔使吏民輸銅，計銅畀值，
> 設盜鑄之科。……赤烏元年（238）春，鑄當千大錢。

孫吳對於本區銅礦管理，當承兩漢之舊，設官經理。當其鑄錢詔令人民輸銅，應指含有銅質的器物。一方面固然是防止人民盜鑄，另一方面也是缺銅所使然。其所鑄五百及當千大錢由於銅量不足，成色很低。由於實值與面值相差太遠，故不受人民的歡迎，只好在赤烏九年（246）下令收回，把它們改鑄器物。《三國志》卷四十七〈吳主權傳〉注引《江表傳》：

> 是歲（赤烏九年）權詔書：「謝宏往日陳鑄大錢，云以廣貨，故聽之。
> 今聞民意不以爲便，其省息之，鑄爲器物，官勿復出也。私家有者，
> 敕以輸藏，計畀其值，勿有所枉也。」

由於錢幣流通量不足，民間只好以穀帛代之爲貨幣，〔註5〕甚至鹽亦成爲財貨的一種，《三國志》卷五十六〈朱桓傳〉：

> 赤烏元年（238）卒，……家無餘財，權賜鹽五千斛，以周喪事。

東晉時代依然以穀帛爲主要交易媒介，甚至桓玄在安帝元興中（402～405）輔政時主張廢用錢幣，改用穀帛。〔註6〕劉宋初期爲了補救錢幣缺乏，政府設法增鑄，然而鑄造錢幣的銅，並非大規模採自銅礦，而是零星取自民間的銅器，《宋書》卷七十五〈顏竣傳〉：

> （孝建三年，456）竣議曰：「……今云開署放鑄，誠所欣同。但慮
> 採山事絕，器用日耗，銅幾轉少，器亦彌貴。……」始興郡公沈慶
> 之立議曰：「……今耕戰不用，采鑄廢久，鎔冶所資，多因成器。……
> 方今……公私所乏，唯錢而已。……」

爲了集中鑄造銅幣的原料，政府屢有禁止民間用銅的詔令，《宋書》卷三〈武

〔註5〕 參考全漢昇，〈中古自然經濟〉刊於《史語所集刊》第十本，第二章中古的實物貨幣，又此文中全先生根據德國經濟學家 Bruno Hidebrand 的說法，認爲以金屬貨幣爲交易媒介者方爲貨幣經濟時代，故中古稱爲「自然經濟時代」。然參考數本經濟學著作（如施建生，《經濟學原理》；巫寶三、杜俊東，《經濟學概論》；侯啓芳，《經濟學》……）一致認爲只要能代表價值，且爲一般人所願接受之交易媒介均爲貨幣，如皮革、牛、羊、貝、米、布等……均爲貨幣之不同形式，則六朝時代雖盛行實物貨幣，亦屬於貨幣經濟時期，不應以物物交換的自然經濟視之。

〔註6〕 《晉書》卷二十六〈食貨志〉，《宋書》卷五十六〈孔琳之傳〉，《通典》卷八。

帝紀〉：

> 永初二年（421）正月丙寅，斷金銀塗。……禁喪事用銅。

《建康實錄》卷十三：

> 孝建三年（456）夏四月初，禁民車及酒器用銅。

原料既已不足，所鑄錢幣數量自不會多，實不足供應市場需要。宋孝武帝即位以後，政府只求增加鑄錢的數量，而不顧成色的分量與鑄作的好壞，造成錢幣品質惡劣及私鑄盛行的情況，使貨幣價值大跌。《宋書》卷七十五〈顏竣傳〉：

> 一千錢長不盈三寸，大小稱此，謂之鵝眼錢。劣于此者，謂之綖環
> 錢。入水不沉，隨手破碎，市井不復料，數十萬錢不盈一掬。斗米
> 一萬，商貨不行。

南齊時錢幣供應情況依然未能改善，到了梁武帝普通年間（520～527）政府更把錢幣中銅質取消，改鑄鐵錢。鐵錢的面額與銅錢一樣，政府無異推行推行貶值政策。其結果遂造成「物價騰貴，交易者以車載，不復計數，而唯論貫」〔註7〕的惡性貶值局面。

即使錢幣品質如此惡劣，其鑄造額及發行額似仍不敷全國流通之需求。在梁初時，有錢幣流通的地方限於京師、三吳、荊、郢、江、湘、梁、益等州，其餘州郡仍然運用實物貨幣交易。〔註8〕京師及三吳均在本區境內。是錢幣流通最充足的地區，大約與本區商業之繁盛及出產銅礦有關。

冶銅工業由政府經營，特設冶官經理。在西晉時代，江南冶鑄水準遠遜於北方，《宋書》卷三十九〈百官志〉上：

> 衛尉，晉江右掌冶鑄，領冶令三十九，戶五千三百五十。冶皆在江
> 北，而江南唯有梅根及冶塘二冶。

不但冶的數目少，冶鑄的規模、技術也很落後，故東晉時將主管冶鑄的官僚組織改隸少府。

同前卷：

> 東冶令一人，丞一人；南冶令一人，丞一人。……晉置令，掌工徒
> 鼓鑄，隸衛尉。江左以來，省衛尉，度隸少府。

南朝時代由於工藝進步，分工精密的結果，掌礦冶鼓鑄的官吏又漸漸增加，

〔註7〕《隋書》卷二十四〈食貨志〉。
〔註8〕同前註。

到梁代由東晉時代的四人增至十人，即左、中、右尚方令、丞及東、西冶令、丞，〔註9〕礦冶的技術已有分工專業的進步趨勢。

　　官冶中有冶戶的設立與分類，前引《宋書》〈百官志〉已見。這些冶戶主要來源是囚犯，稱爲冶士。

　　《晉書》卷三十〈刑法志〉：

　　　　今爲徒者，類性元惡，不軌之族也。去家懸遠，作役山谷，飢寒切身，志不聊生。

　　《宋書》卷三〈武帝紀下〉：

　　　　永初元年（420）七月壬子詔曰：「還遵舊條，反叛、淫、盜三犯補冶士。本謂一事三犯，終無悛革。主者頃多并數眾事，合而爲三，其違立制之旨，普更申明。」

　　《宋書》卷六十〈王韶之傳〉：

　　　　有司奏東冶士朱道民禽三叛士，依例放遣。韶之啓曰：「……臣尋舊制以罪補士，凡有十餘條。……」

　　《通鑑》卷一六一梁武帝大清二年（548）冬十月乙酉：

　　　　（侯）景至慈湖，建康大駭，御街人更相劫掠，不復通行。赦東、西冶，尚方錢署及建康繫囚。

由以上各記載可記，判入冶工作的冶士均爲犯了重罪，降於死罪一等的囚犯，終身服刑，待遇極差，全家服刑，充當冶戶，可能與兵戶相同而世襲其業。

　　六朝時代本區可考知的冶鑄地點，有下列三個：

1. 東、西冶

　　《建康志》卷二十〈城闕志〉一冶城考證引金陵故事：

　　　　（王）導疾，遷冶於縣東七里。六朝有東、西冶，每遇緊急，出二冶囚徒。

此二冶因爲隸屬於少府，故位於京師之中，其冶鑄技術爲江南全國之冠，梁朝侯景將反，即請東冶鍛工爲之營造兵器，《通鑑》卷一六一梁武帝太清二年（548）：

　　　　（侯景）又以台所給仗多不能精，啓請東冶鍛工，欲更營造。

銅礦分佈以丹陽郡最多，冶鑄中心又在建康，故可推知建康爲全國工業鑄造

〔註9〕《隋書》卷二十六〈百官志上〉。

中心。不但礦產資源豐富，又有全國最高的技術，其成品多爲兵器或皇室服御所用器物，建康亦爲需求最切的消耗中心。

2. 梅根冶

《宋書》卷三十九〈百官志上〉：

> 江南惟有梅根及冶塘二冶。

梅根冶位於宣城郡石城縣（梁、陳二代劃入南陵郡），《讀史方輿紀要》卷二十七池州府貴池縣梅根監：

> 府東五十里，亦曰梅根冶，自六朝以來，皆鼓鑄於此。

長江流域在春秋戰國時進入鐵器時代，〔註 10〕鐵已取代了較軟的銅，成爲製造各種用具的原料，六朝時代本區自然也廣泛使用鐵製的工具、農具及兵器。本區在冶鑄技術方面也領先於江南各地。

本區可考的鐵礦產地有二。一爲丹陽郡句容縣的赤山，〔註 11〕一爲丹陽郡永世縣鐵山（又名鐵峴山），〔註 12〕二者均在丹陽郡境內，故《三國志》卷六十四〈諸葛恪傳〉說：「丹陽地勢險阻，……山出銅鐵，（山越）自鑄甲兵。」

我國爲世界冶鑄技術的先進國家，東漢初年即已發明水排的鼓風裝置，〔註 13〕曹魏時韓暨又改良之，〔註 14〕取代了原始費時費力的人排與馬排，提高了冶鑄所必須的高溫技術。這些技術雖是在北方發明，然而至遲到南朝必然已傳入江南。齊、梁兩代鐵器鑄造的技巧，已達到與北朝並駕齊驅的水準，《御覽》卷六六五引陶隱居言：

> 作剛朴是上虞謝平，鑿鏤裝冶是右尚方師黃文慶，並是中國絕手。以齊建武元年（495）甲戌歲八月十九日辛酉建於茅山造，至梁天監四年（505）己酉歲敕令造刀劍形供御用，窮極精巧，奇麗絕世。別有橫法剛，公家自作百鍊，黃文慶因此得免隸役，爲山館道士

〔註 10〕 參考何炳棣，《黃土與中國農業的起源》，頁 88。

〔註 11〕 赤山也產銅，見前文銅礦部份所引《讀史方輿紀要》卷二十江寧府句容縣赤山。

〔註 12〕 亦見前文銅礦部份引《讀史方輿紀要》卷二十，江寧府溧陽縣鐵山，及《御覽》卷四十六〈丹陽記〉引永世記：「縣南百里鐵峴山，……山出鐵。」

〔註 13〕 《後漢書》卷三十一〈杜詩傳〉：「造作水排，鑄爲農器，用力少而見功多，百姓便之。」

〔註 14〕 《三國志》二十四〈韓暨傳〉：「舊時冶作馬排，每一熟石用馬百匹，更作人排，又費功力，暨乃因長流水爲水排，計其利益，三倍於前。」

也。

而北朝約在南朝發明鍊剛法 —— 橫法剛的五十年後，即東魏、北齊之交時（550）才有灌鋼法鑄造宿鐵刀的記載，[註15] 證明此時南朝金屬冶鑄的技術水準至少與北朝相等，較之六朝初期孫吳及東晉時代已有長足的進步。[註16]

　　冶鐵的場所大約與冶銅場所相同，即是東、西二冶及梅根冶，而以東、西二冶為主。《梁書》卷十八〈康絢傳〉：

> 魏降人王足陳計求堰淮水，以灌壽陽。……高祖發徐、揚人率二十戶取三丁以築之，假絢節都督淮上諸軍事，并護堰。作人及戰士有眾二十萬於鍾離南，起浮山北抵巉石依岸以築土，合脊於中流。（天監）十四年（515）堰將合，淮水凜疾，輒復決潰，眾患之。或謂江淮多有蛟，能乘風雨，決壞崖岸，其性惡鐵，因是引東、西二冶鐵器，大則釜鬲，小則鋘鋤，數萬斤，沈于堰所。

《陳書》卷六〈後主紀〉：

> 禎明二年（588）五月甲午，東冶鑄鐵，有物赤色如數斗自天墜鎔所，有聲隆隆如雷，鐵飛出牆外，燒民家。

綜合上述史料，礦冶工業的進步可由下述現象看出：

1. 政府礦冶組織的擴充及分工的細密。此即在礦產區有採礦機關，工場冶士。礦料採出後，分別運至諸冶（國家冶煉工廠）及尚方去提煉鑄造為器用及貨幣，國家冶煉工廠及中央造幣廠都有鍛工等職業分類。
2. 冶煉的動能為炭。南朝少府下轄專門有一機關，官署名稱為炭庫，設有令丞等人員主持能源的收集與供應。[註17] 為了使炭的充分燃燒，遂從人排、馬排的鼓風裝置改為利用水力的裝置。
3. 冶鑄技術的進步，致有橫法剛等技術。
4. 本區礦藏以西部的丹陽、宣城地區為富，冶鑄工業多集中在此。故工匠與技術，本區皆較全國各地為優秀。

〔註15〕《北齊書》卷四十九〈綦母懷文傳〉：「造宿鐵刀。其法：燒生鐵精，以重柔鋌，數宿則成剛，以柔鐵為刀脊，溶以五牲之溺，淬以五牲之脂，斬甲過三十札。」
〔註16〕關於南北朝金屬冶鑄的技術，參考林壽晉，〈東晉南北朝時期礦冶、鑄造業的恢復與發展〉，刊於《歷史研究》1956 年第 6 期；蔡辰理，〈鋼鐵的鍛鍊技術〉，刊於《中央日報》民國 66 年 3 月 8 日副刊。
〔註17〕詳《隋書》卷二十一〈百官上・少府卿條〉。

第二節　鹽業、漁業及紡織業

本區東面臨海，整條海岸線均爲鹽產區，爲本區重要的資源與財源。自吳王濞以來，歷代均賴此資源爲立國的基礎之一，今就本區有記載可考的鹽產區，由北而南分述如下：

1. 南沙縣

《讀史方輿紀要》卷二十四蘇州府常熟縣南沙廢縣：

> 縣西北五十里。沈約曰（《宋書州郡志》）：「本吳縣司鹽尉署。吳時
> 名沙中，晉平吳，立暨陽縣，司鹽都尉屬焉。東晉時，亦曰南沙都
> 尉。咸康七年，始罷鹽署，立爲南沙縣，屬晉陵郡。」宋齊因之，
> 梁置信義郡，隋平陳，廢郡。

2. 海鹽縣

《讀史方輿紀要》卷九十一嘉興府海鹽縣馬嗥城：

> 今縣治東南。……漢吳王濞於此置司鹽校尉。

3. 鹽官縣：

《讀史方輿紀要》卷九十杭州府海鹽縣：

> 府東百二十里。……吳王濞於此立鹽官，三國吳因置鹽官縣，屬吳
> 郡。又置海昌都尉於此，晉亦爲鹽官縣，宋、齊因之，皆屬吳郡。

中國歷代鹽政可分無稅制，徵稅制與專賣制三種制度。〔註18〕孫吳時代設有司鹽都尉，即由政府設官經營，則爲專賣制。不准民間私自煮鹽，《太平御覽》卷八六五，飲食二十三，引晉令：「凡民不得私煮鹽，犯者四歲刑，主吏二歲刑。」然而這些司鹽都尉在兩晉時先後撤銷設縣，鹽業可能亦隨之開放民營，如東晉隱逸郭文逃到南方後以賣鹽爲生，《晉書》九十四本傳：「區種菽麥，採竹葉木實，貿鹽以自供。」到陳代時有徵收鹽稅的記載，《通考》卷十五〈征榷二〉鹽鐵：

> 陳文帝天嘉二年（561）太子中庶子虞荔，御史中丞孔奐以國用不足，
> 奏立煮海鹽稅，遂從之。

東晉以後，陳代以前的鹽稅如何徵收由於史料無徵，已無法確知。總之，本區一直是產鹽區。其產鹽量多少雖已不能考知，但其生產海鹽卻一直未中絕過。這是由於本區瀕海。而地勢又低平，易於引入海水或者天然的倒灌，晒

〔註18〕參考曾仰豐，《中國鹽政史》鹽制。

以爲鹽。故本區人民食用鹽，是不假外求的，且成爲長江中上游地區食鹽的主要供應區，成爲本區之另一收入來源。

　　本區瀕臨東海，又多湖澤，淡水魚及鹹水魚（海魚）的養殖及捕撈自應相當發達。打魚者大約可分爲兩類，其一爲自供性質，如《陳書》卷二十三〈孝義張昭傳〉：

　　　　父漢常患消渴，嗜鮮魚，昭乃身結網捕魚，以供朝夕。

另一類爲以販魚爲職業，且有將陂湖江海設置爲漁場，以養殖魚類爲專業者，《宋書》卷五十四〈羊玄保傳〉：

　　　　凡是山澤先常燻燎，種養竹木，雜果爲林及陂湖江海漁梁鱐𩶢場，

　　　　常加功脩作者，聽不追奪。

　　由於本區天然環境最宜漁業發展，故在六朝時代不但從事漁業者甚多，養殖技術亦必冠於他地。以致在隋朝時本區成爲全國相當重要的產魚區，不但產量豐富，種類珍奇，且漁業加工的技術亦頗先進，爲當時人所讚賞，尤以吳郡爲最，《蘇州府志》卷一四四〈雜記〉：

　　　　大業中（605～618）吳郡所獻，有海鯮魚乾膾四瓶，浸一瓶可得徑
　　　　尺面盤十盤，帝以示群臣，云：「昔術人介象於殿延，釣得此魚，此
　　　　幻化耳，亦何足珍？今日之膾乃是東海眞魚所作，來自數千里，亦
　　　　是一時奇味。」……又海蝦子四十挺，色如赤瑠璃，光徹而味美，
　　　　勝鯖子數倍。又獻鯮魚含肚千頭，極精好，愈於石首含肚也。松江
　　　　鱸魚肉，白如雪，不腥，所謂金齏玉膾，東南之佳味也，紫花碧葉，
　　　　間以素膾，鮮潔可愛。密蟹二十頭，擁劍四罋，擁劍似蟹而小，一
　　　　螯偏大，〈吳都賦〉所謂「烏賊擁劍」也。鯉魚鮺四十瓶，肥美冠於
　　　　鱧、鮪乾膾之類，作之皆有法。

　　在歷代勸農詔令中曾見農桑並稱，可見蠶桑之業在六朝已相當重要。蠶桑之業當泛指紡織業，本區紡織業的主要原料有紵、麻、絲等類，麻是本區的特產，[註19]蠶絲出現的時間也很早，西晉左思〈吳都賦〉：「國稅再熟之稻，鄉貢八蠶之縣。」[註20]然而六朝時代本區的紡織技術卻遠不及北方，

────────────

〔註19〕參見前文第四章第三節農產品的種類──麻。
〔註20〕《古今圖書集成·食貨典》卷三二〇綿部彙考引《太平廣記》八〈蠶綿〉：「左太沖〈吳都賦〉云：『鄉貢八蠶之綿。』注云：『有蠶一歲八育。』〈雲南志〉云：『風土多暖，至有八蠶，言蠶養至第八次，不中爲絲，只可作綿，故云：「八蠶之綿。」』

東晉末年劉裕滅姚秦後把關中錦工遷至丹陽郡，成立錦署，〔註21〕本區的織錦業才開始起步。民間紡織技術與北方更有懸殊距離，《顏氏家訓》卷一〈治家五〉：

河北婦人織紝組紃之事，黼黻錦繡羅綺之工，大優於江東也。

東晉時代紡織製品雖已甚多，然因人口大量增加，需求更殷，以致供不應求，市價頗貴。《宋書》卷五十六〈孔琳之傳〉：

（東晉）桓玄時議廢錢用穀。琳之議曰：「昔事故飢荒，米穀綿絹皆貴，其後米價登復，而絹于今一倍。綿絹既貴，蠶業者滋，雖勤屬兼倍，而貴猶不息。愚謂致此，良有其由。昔事故之前，軍器正用鎧而已，至於袍襖裲襠，必俟戰陣，實在庫藏，永無損毀。今儀從直衛，及邀羅使命，有防衛送迎，悉用袍襖之屬，非唯一府，眾軍皆然，綿帛易敗，勢不支久，又晝以禦寒，夜以寢臥，曾未周年，便自敗裂。每絲綿新登，易折租以市，又諸府競收，動有千萬，積貴不已，實由於斯。私服為之難貴，官庫為之空盡。」

然而降至南齊，紡織品大量增加，使其售價跌至東晉初年的十分之一，《南齊書》卷二十六〈王敬則傳〉：

竟陵王子良啟曰：「……昔晉民初遷（317～），江左草創，絹布所直，十倍於今，賦調多少，因時增減。永初中（420～421），官布一匹值錢一千，而民間所輸，聽為九百。漸及元嘉（425～453），物價轉賤，私貨則束直六千，官受則匹准五百。……今入官好布，匹堪百餘。」

又前文第四章第三節農產品種類所引表七齊武帝永明七年在各地市糴物品以為倉儲，各地多有綿、絹、絲、布等項目，可見當時紡織品已供過於求。故有剩餘可供庫藏。至於紵麻紡織業起碼在南朝末已發展為重要中心，隋唐之時，上等的紵麻織品多在本區及長江兩岸其他地區生產供應。〔註22〕

〔註21〕《太平御覽》卷八一五〈丹陽記〉。《六朝事跡類編》卷下：「錦署，圖經云在（丹陽）縣東南十里，宋遷百工於此也。」

〔註22〕詳嚴耕望，〈唐代紡織工業之地理分佈〉，收入《唐史研究叢稿》，頁645～656。

第六章 社會的發展

第一節 南北士族的整合

　　春秋末年，建國於本區的吳、越兩國，被中原各國視爲蠻夷之邦。秦漢時代本區納入大一統版圖之中，漸漸接受中原文化。到東漢末年，漢文化已在本區生根，學風濃厚，固守漢儒家法。然而中原地區卻因董卓之亂，兩京殘破，學風丕變，玄學興而談風起。故自東漢末年開始，本區與中原因學風之不同及分屬不同國度，在思想上有很大的隔閡。再加上吳亡於晉，本區吳人又有了亡國的屈辱，中原士族以勝利者的姿態，更加輕視吳人。〔註 1〕吳人北赴洛陽發展者均受到挫折，如陸機兄弟雙雙被誅，〔註 2〕顧榮、張翰在洛陽整日昏酣以全身避禍，〔註 3〕中原亂起，便倉皇逃歸吳地。由於這些吳地望族的遭遇，導致本區吳人對晉室的怨恨，無法全心歸屬。然而中原淪陷於胡人之手後，東晉元帝政府急需江東地方爲其維持半壁河山的立足點，由於王導的努力，化解了南北之間的對立。他以洛陽文化士族的身分取得吳地顧、陸等文化士族的信任，再授以高位，崇以禮遇，使他們產生知遇之感而與之密切合作。對於文化程度較低，但具武力的吳地次等士族如義興周氏等，則委屈求全，以綏撫之，終於慢慢地成功的消弭了百餘年來的南北隔閡與衝突。〔註 4〕在吳地人士與北來僑

〔註 1〕 參考何啓民，〈永嘉前後吳姓與僑姓關係之轉變〉，刊於《政大學報》第 26 期。
〔註 2〕 《三國志》卷五十八〈陸機傳〉。
〔註 3〕 《晉書》卷六十六〈顧榮傳〉。
〔註 4〕 參考陳寅恪，〈述東晉王導之功業〉，刊於《中山大學學報》1956 年。

姓合作之下，東晉司馬氏政權得以團結力量對抗北方的威脅，屹立於江南。

在這個政府之中，仍以洛陽南下之大士族為主要角色，按各家族的地位及實力分配了高低不等的權力，然而因「寄人國土」，不得不開放部分政權給吳地士族，借重其威望及武力，穩定這半壁江山。故參與東晉政權的僑、吳各士族，憑其家族的實力爭取適當的地位。如果發生了爭執與衝突，在這個外患威脅極大的關頭，各家族均設法以和平方式重新調整權力的分配，以求達到各安其位的境界，合力對外。若參與權力分配中的任何份子意欲破壞這權力的均衡，以便按其希求重新分配，此舉不但危及其他士族的利益，也可能導至國家分裂，同趨滅亡。故其他僑、吳士族不得不消除此一不穩因素，重新取得權力的均衡。義興周氏便曾經是東晉初年政權分配中的不安分子，在權力均衡的要求下被犧牲了，茲略述其家族的興衰過程及爭取權力的活動，以明瞭東晉初年權力調整情形之一斑。

義興郡陽羨周氏是吳地具有武力的士族，其所以具備武力大約與其居住環境有關。義興郡位於太湖西岸的丘陵區之間，在孫吳時代是山越盤據之所，周氏家族為求自保，免於山越的劫掠，養成宗族團結的習慣，及具備武力以抵禦侵襲。故周氏歷代之表現均偏重於武力方面，如周處少年時代「臂力絕人，好馳騁田獵，不脩細行」，西晉時代出仕洛陽政府，歷仕新平、廣漢太守，散騎常侍，在平定氐人齊萬年之亂時殉職。[註5] 東晉初年，其子周玘又「（率合鄉里義眾）三定江南（石冰、陳敏、錢璯之亂），開復王略。」[註6] 司馬氏政權正需借重其力安定吳地，故元帝封周玘為烏程縣侯，出任吳興太守，並以吳興郡之陽羨及長城之西鄉，丹陽郡之永世別立為義興郡，以彰其功；然而對周氏的「宗族疆盛，人情所歸」，亦存有疑憚之心。由周處之平亂殉國，周玘三次平定吳地叛亂，可見周氏對司馬氏政權的效忠。然而周玘不滿於在東晉政府之中，僑人喧賓奪主，居於土著吳人之上，曾欲「誅諸執政」而「奉帝以經緯世事」。事洩失敗之後，僑姓集團以其宗族強大，若嚴究之下，必致牽連甚多，造成吳地的不安及南北人強烈的對立，只好暫加隱忍，維持局面的穩定。於是「帝聞而秘之，召玘為為鎮東司馬，未到，復改授建武將軍，南郡太守。玘既南行至蕪湖，又下令曰：『玘奕世忠烈，義誠顯著，孤所欽嘉。今以為軍諮祭酒，將軍如故，進爵為公，祿秩僚屬，一同開國之例。』玘忿

[註5] 《晉書》卷五十八〈周處傳〉。
[註6] 同前書卷〈周玘傳〉。

於廻易，又知其謀泄，遂憂憤發背而卒，時年五十六。將卒，謂子勰曰：『殺我者諸傖，子能復之，乃吾子也。』吳人謂中州人曰傖，故云耳。」〔註7〕

　　周玘之子勰繼承父志，又策動吳人起兵，「以討王導、刁協爲名，……有眾數千」。叛亂被平定之後，「元帝以周氏奕世豪族，吳人所宗，故不窮治，撫之如舊。」〔註8〕其實周氏之中對權力分配現狀不滿的只限於周玘之一支。其餘大多安於其位，不附叛亂。如周玘之弟札，「矜險好利」，其姪周勰起事，即由札告亂於義興太守孔侃而揭發之。又如札兄靖之子周莚，因其族兄勰起事，由京師晝夜兼行趕回陽羨而平定之。然而外人視周氏各支爲一族，這一族本非吳土的一等大族，此時不但宗族彊盛，人情所歸，又著有勳勞，朝廷不得不授以官職以示酬庸，以致「一門五侯，並居列位，吳士貴盛，莫與爲比。」此時周氏所得到的權力不但爲吳姓之首，而且周氏仍表不滿，有兩次起事的記錄，意欲打破權力分配現狀，得到更多的政權，這對僑姓、吳姓士族都是莫大的威脅。吳興人錢鳳首先提出消滅周氏的建議，他告訴王敦：「夫有國者患於彊逼，自古纍難，恒必由之。……周彊而多俊才，宜先爲之所，後嗣可安，國家可保。」王敦納其議，時周莚爲敦諮議參軍，即營中殺之，又盡掩殺周札兄弟之子，再進軍會稽襲殺周札（時任會稽太守），周氏幾乎覆族而亡。〔註9〕

　　周氏之所以不能見容於東晉初年，首要原因是它不願安於政治上權力分配中安排給它的次要角色的位置。再則周氏宗族以武力見長，與注意家風、家學的南北文化士族格格不入，無法融洽相處，反而爲當時力求穩定的局面注入不穩的因素。故其他的南北士族爲了穩定局勢，也爲了自己家族的前途，只好合力消弭這不穩的因素，重新取得權力的均衡。

　　歷東晉及南朝的宋、齊兩代主要均由僑人把持政權，摒南人於政治勢力之外。梁武帝時南北區別漸泯，但仍以北人佔優勢，至陳霸先以吳興人奪得政權，吳人始得取僑人勢力而代之。〔註10〕在梁、陳兩代以前，仍有部分吳

〔註7〕同前註。
〔註8〕同前書卷〈周勰傳〉。
〔註9〕同前書卷〈周札傳〉。
〔註10〕參考周一良，〈南朝境內之各種人及政府對待之政策〉，刊於《史語所集刊》第七本第四分，第二節南朝政府之政策——對特殊分子，甲、政治方面。周氏統計宋、齊、梁、陳四代中央及地方之重要官職如尚書令、僕射、中書監令、侍中、吏部尚書、領護等任職之南、北人之例，所得結論。

人不滿於僑人反客爲主，所開放的政權太少，而發怨言，如《南齊書》卷五十二〈文學丘靈鞠傳〉：

> （靈鞠，吳興烏程人），永明二年（484）領驍騎將軍，靈鞠不樂武位，謂人曰：「我應還東掘顧榮家，江南地方數千里，士子風流皆出此中，顧榮忽引諸傖渡，妨我輩塗，輒死有餘罪。」

但無人敢打破此權力的均衡，爲了家族的利益，鄉土的安全與僑人並肩合作，擔任建設性的角色，且努力學晉語，〔註11〕取悅於僑姓大族，希求透過僑姓之提攜引薦，打入以北人爲主的政治集團，在政治、經濟上得到更大的出路。《宋書》卷七十一〈徐湛之傳〉：

> 湛之，……貴戚豪家，產業甚厚。……室宇園池，貴遊莫及。……門生千餘人，皆三吳富人之子，姿質端妍，衣服鮮麗，每出入行遊，塗巷盈滿。

原以武力著稱的士族除義興周氏被消滅外，其餘爲了適應當時的政治環境，也漸漸的自我調整，轉變爲文化士族，如吳興沈氏即爲一顯例。〔註12〕

在六朝三百年中南北士族漸漸由孫吳、西晉時代的對立、衝突而轉爲東晉、南朝時代的合作、融合，不但吳人努力學習中原士族的文化，中原士族久居江南後，也漸漸「南染吳、越」，兩種原本存著隔閡的文化逐漸融合爲一，成爲隋唐時代各種制度的梁陳系統。〔註13〕

第二節　士族社會下的人民生活

六朝爲典型的士族社會，無論僑、吳士族都享有許多政治及經濟的特權。吳姓大族聚居在吳郡，尤以吳縣爲主，以顧、陸、朱、張爲最著。〔註14〕由於家族歷史悠久，他們已擁有堅強的宗族力量及龐大的產業。僑姓大族即西晉的皇室及仕於洛陽的公卿士大夫，他們南下後因仍出仕於建康，故居於京師附近，在經濟上亦思殖產興利。然而建康地區亦曾爲孫吳國都，居於此地

〔註11〕 參考陳寅恪，〈東晉南朝之吳語〉，刊於《史語所集刊》第七本第一分。
〔註12〕 參考毛師漢光，〈中國中古社會史略論稿〉，刊於《史語所集刊》第四十七本第三分。第四篇，中古士族性質之演變。
〔註13〕 參考陳寅恪，《隋唐制度淵源略論稿・一、敘論》。
〔註14〕 參考何啓民，〈中古南方門第朱張顧陸四姓之比較研究〉，刊於《政大學報》第 27 期。

的吳人不但人數稠密，勢力也大，僑人在建康附近不易得到大量無主的土地。
故欲經營產業的僑姓多南下過錢塘江，到吳人勢力較小的會稽郡闢殖莊園，
著名者如王羲之、謝靈運等。僑姓中的中層階級為北方次等士族，以武勇擅
戰著稱，因其在北方非居於高位，南來後無法出仕於建康，又以人數較多，
不便亦不易插入江左文化士族所群居的三吳地區，只好定居於長江南岸，地
廣人稀的晉陵地區。他們帶來了中原進步的農耕技術，興建水利，配合本區
優良的氣候與環境，努力生產，以求自存於這個新居處。由於此一集團富於
戰鬥力，東晉南朝各代政府也屢加利用，許多晉陵僑人被征充軍旅，即是著
名之「北府兵」，〔註15〕《南齊書》卷六〈明帝紀〉：

> 建武二年（495）三月詔：「南徐州僑舊民丁，多充戎旅，蠲今年三
> 課。」

這支北府兵就是東晉肥水之戰擊敗苻秦，及宋、齊、梁三朝霸業創建的武力
基礎。

南來北人中的下層階級是中原地區的一般庶人，以地位卑下及實力薄
弱，不易大量避難南下，故人數寡少，進入本區後雜居於吳人勢力甚大的地
域，不敢與吳人抗衡，又無法取得土地以耕種維生，只好淪為奴客，生活極
為困難。《通鑑》卷九十一東晉元帝太興四年（221）五月庚申詔：

> 免中州良民遭難為揚州諸郡僮客者，以備征役。尚書令刁協之謀也，
> 由是眾怨之。〔註16〕

此處「眾怨之」的「眾」當指擁有這些僮客的主人。《通鑑》卷一六三梁武帝
太清三年（549）五月壬午詔：

> 北人在南為奴婢，皆免之，所免萬計。侯景或更超擢，冀收其力。

他們除淪為奴客外，部分能獨立生活者也因勢力孤弱，不得不逐漸同化於土
著吳人，與吳人通婚，日常改用吳語，此類人物可以陳霸先為代表。此等人
的勢力一直至南齊以後始漸興起。在此以前，東晉南朝政府在政治上則以洛
陽文化大族為主要成份，軍事上則依賴居於晉陵地區的中等武力士族。

然而南遷的僑人不論其身份階級如何，均有一優於土著吳人的利益，即
是免除賦役的負擔。〔註17〕加上士族亦有免除賦役的優待，則東晉南朝政府

〔註15〕晉陵郡治丹徒（即京口），在六朝時代為建康北方之門戶，尚有「北府」之稱。
〔註16〕《晉書》卷六〈元帝紀〉太興四年五月詔，略同。
〔註17〕參見前文第四章第四節，農業賦稅制度及對國家財政的影響。

所需的龐大經費就全部成為土著吳人平民的負擔。本區為江南經濟重心，人民殷富，物產富饒，成為全國財政的主要支柱，然而偌大數額的賦稅使吳地平民陷於生活困境。大部分人民逃避賦役，採取下列三種方式，其一為分散家產，以減輕貲稅（財產稅）的負擔，造成「父子殊產」，「兄弟異居」的特殊現象，《宋書》卷八十二〈周朗傳〉：

> 今士大夫以下，父母在而兄弟異計，十家而七矣！庶人父子殊產，亦八家而五矣！

第二種逃避賦役的方式是偽冒僑戶，《通考》卷十二〈職役二〉：

> 六朝征役之法，必以土斷僑寓，釐正譜籍為先。然自晉至梁，且三百年，貴者之澤既斬，則同於編氓。僑者之居既久，則同於土著，難以稽考，此所以偽冒滋多，而議論紛紛也。

最後一途為脫籍逃亡，以求生存，《晉書》卷八十五〈王羲之傳〉：

> 自軍興以來，征役及充運，死亡叛散，不反者眾。虛耗至此，而補代循常，所在凋困，莫知所出。上命所差，上道多叛，則吏與叛者席卷同去。又有常制，輒令其家及同伍課捕，課捕不擒，家及同伍尋復亡叛，百姓流亡，戶口日減，其源在此。

這種被征差役，道中亡叛的情形，直到南朝末期仍然存在，《南史》卷七十〈郭祖深傳〉：

> 梁興以來，發人征役，號為三五。及投募將客，主將無恩，存卹失理，多有物故，輒剌叛亡。或身殞戰場，而名在叛目。監符下討，稱為逋叛；錄質家丁。合家又叛；則取同籍，同籍又叛；則取比伍，比伍又叛；則望村而取，一人有犯，則合村皆空。

這些亡叛的人民部分逃亡到本區以外，《晉書》卷七十三〈庾翼傳〉：

> 時東士多賦役，百姓乃從海道入廣州。

部分仍流亡於本區之內，成為大族豪門的僮客。「編戶」的減少對政府稅收影響甚大，故政府勤於搜檢匿戶，然收效不著。因大士族憑其政治地位及聲望，不受干預，只能從地方小族下手。但是政府搜檢戶籍，志在聚斂，不但被搜出匿戶的地主不滿，匿戶被搜出後又重新著籍，繳納其負擔不了的重稅，人民在絕望之餘，可能挺而走險，聚黨反抗，造成嚴重治安問題。如南齊時代吳郡富陽人唐寓之之亂，《南齊書》卷四十四〈徐孝嗣傳〉：

> 是時，連年檢籍，百姓怨望。（永明）三年（485）冬，寓之聚黨四

百人於新城，水斷商旅。黨與分布。（永明四年，486），徐孝嗣奏曰：

「風聞山東群盜，剝掠列城，雖匪日而殄，要暨於王略，郡縣關攻
守之宜，倉府多侵耗之弊，舉善懲惡，應有攸歸。吳郡所領鹽官令
蕭元蔚，桐廬令王天愍，新城令陸赤奮等，縣為百劫破掠，竝不經
格戰，委職散走。〔註18〕元蔚、天愍還台，赤奮不知所在。又錢塘
令劉彪，富陽令何洵乃率領吏民，相戰不敵，未委歸台。餘建德、
壽昌在劫斷上流，不知被劫不。吳興所領餘杭縣被劫破，令樂琰乃
率令民徑戰，不敵，委走出都。」

逃避賦役的百姓越多，則其餘名列版籍的「編戶」賦役負擔越重，生活
更為困難，政府為增加納稅人口，更加勤於檢校戶籍，並常鼓勵流亡在外的
人民定居著籍，如《陳書》卷三〈文帝紀〉：

天嘉元年（560）七月乙卯詔曰：「自頃編戶播遷，言念餘黎，良可
哀惕。其亡鄉失土，逐食流移者，今年內隨其適樂，來歲不問僑舊，
悉令著籍，同土斷之例。」

然而一旦著籍，偌大賦役隨之而來，百姓必不樂為，其效果當極有限。

政府明令所下的賦役，已超過百姓的負擔，如再加上地方官吏的侵漁貪
污，人民更是無法忍受。六朝官吏多出身士族，不理政事，惟務其家族私利，
生活又極端奢侈，故政績多極敗壞，今以梁代晉陵郡太守魚弘為例，《梁書》
卷二十八〈本傳〉：

歷南譙、盱眙、晉陵太守。常語人曰：「我為郡，所謂四盡：『水中
魚鱉盡，山中麞鹿盡，田中米穀盡，村里民庶盡。』大夫生世如輕
塵栖弱草，白駒之過隙，人生懽樂富貴幾何時。」於是恣意酣賞，
侍妾百餘人，不勝金翠，服翫、車馬皆窮一時之絕。

東晉南朝諸如此類的地方官吏，屈指難數，前文第三章第三節商業的發展，
述及經營商業的官吏，其龐大資本絕非其微薄俸祿的累積，而是任官期間向
人民的貪墨所得。

總之，在六朝時代典型的士族政治中，政府曲從士族的利益，剝下益上。
士族階級在政治及經濟上都能佔絕對的優勢，人民則在重賦及惡吏的雙重壓
迫下，民不聊生，使士族與平民兩者之間出現了無可彌補的社會鴻溝。反之，

〔註18〕「散走」二字，《南齊書》作「故是」，意不可通。據《全齊文》卷二十，徐
孝嗣「奏劾蕭元蔚等」文所改。

北朝正在努力推行均田，設法改善平民的生活，削弱士族的特權，社會的團結優於南朝，政府的賦稅徵收也更爲合理，這也是何以結果南朝被併於北朝的主要原因之一。〔註19〕

〔註19〕參考錢穆，《國史大綱》頁 243。

第七章　結　論

　　秦漢時代，國都建於北方，立國根本之區也是黃河流域的中原地區，江南被視爲落後偏遠之地，其開發程度遠遜於中原。然而在整個江南地區之中，位於長江下游南岸的本區由於擁有地形平坦、氣候溫和、物產豐富及交通便捷等優良天然條件，成爲江南的首善之區。六朝立國江南，與北方對峙，首先要選擇一個地勢完固、物資富饒的根本重地，幾經考慮，本區膺選。既成爲根本重地，六朝政府對本區的經營不遺餘力，終於有了長足的進步及蓬勃的發展。

　　首先，本區行政區劃的變遷可以視爲歷代改變的縮影。郡縣設置的數目（僅指實郡實縣而言，下同）自孫吳至南齊呈增加的趨勢，至南齊達到後漢末年郡縣數目的兩倍，可見本區人口、經濟、政治情況的逐步成熟，使許多原本落後的地方已具備了獨立爲郡、縣的條件。另外有許多僑郡縣是東晉政府爲安置北方南渡的僑人及劉宋、南齊時代爲備職方，炫耀後世而設置，自梁代開始因土斷工作漸收成效而被裁撤，改爲實郡實縣，這個工作至陳代完成。六朝本區地方行政的另一趨勢爲州、郡二級行政單位的縮小，逐漸醞釀成隋代廢郡而行州縣二級地方行政制度。至於本區戶口的變動情形因統計數字的缺乏與失實而無法詳細推論，然其大略趨勢是因長期安定而自然增殖及北方避難南來的僑人大量擁入而告迅速增加。劉宋時代本區容納了接近全國三分之一的人口，是全國人口最密集的地區，爲本區的建設提供了豐富的人力資源及成爲國庫財賦收入的主要支柱。

　　六朝政府欲求對本區各地有迅捷的控制及得到充分的物資供應，首先以交通系統做爲建設的重點。本區原爲低平的湖群平原，本已水道縱橫，若再以人工運河溝渠聯貫其間，便形成了水運交通網，使政治中心的建康與經濟

中心的三吳地區緊密結合，立國的根本亦因此而穩固。本區內各生產及消費都市均位於水運河道之旁，利用水道運輸互通有無，使本區各地緊密結合爲一個整體。除了水路交通系統外，另有陸路交通成爲輔助路線。

水陸交通便捷，加以本區內物產富饒，人口密集又產生極強的消費需要，三者互相配合產生了本區內活潑的商業。由於貴族豪門擁有雄厚的資本，大莊園中豐富的產品及免繳關稅、免受盤查的特權，使他們成爲商業活動中的主要角色，配合了以僮客部曲組成的生產及銷售系統，成爲龐大的商業組織。惟六朝時代因銅產量不敷鑄幣的需要，只好採用穀、帛等實物貨幣爲主要交易媒介，以彌補銅幣之不足。由於實物貨幣有不易攜帶、儲存的弊病，對商業發展有很大的妨礙。

許多苦於繁苛農業賦役的農民也棄農從商，政府爲彌補農業稅收的損失，只好徵收商稅以資挹注。商稅的項目也很繁多，有百分之四的估稅，沿途所經津埭的津稅，入市販賣需繳市稅，對一般平民商賈構成很大的負擔。這也是政府寓禁於徵，限制商業發展，以防奪去農業人口的政策。雖然商業發展受到重重阻礙，然而因客觀條件的優越，仍使本區成爲六朝時代全國少數商業活動最活潑的地區之一。

本區曾經數度人口激增，如孫吳時代的大量山越下山著籍，東晉時代又有三次僑人大量移居本區。在原本缺乏農業基礎的本區要容納如許劇增的人口，也引起多次的缺糧危機。孫吳時代以屯田政策解決了難題，東晉、南朝則提倡勸農政策，以求糧食增產。其積極的措施有興修水利溝渠，以利灌溉及漕運；以墾闢湖田、復耕廢田、開放貴族豪門所佔苑業及利用江海沿岸泥沙沖積成之新生地等方法增加農地面積；推行稻麥或稻豆二輪制的新耕作方法以期盡量利用土地及輸入新農作物品種（如麥、豆等）。消極方面的措施則爲責成地方長官督課農桑，禁止人民從事商販末業，以免削弱農業人力資源等。

本區經過六朝三百餘年的經濟建設，不但使六朝政府有穩固的經濟基礎屹立江南，且由秦漢時代的偏郊僻地轉變爲隋唐時代大一統中國的穀倉地區。使隋代統一天下後，立即著手興建大運河，溝通關中及本區，藉重本區的豐富物資支持北方的首都重地，更肯定了本區財賦淵藪的地位。

本區爲江南重要礦產區之一，以銅、鐵等金屬礦產爲主。由於六朝禮佛之風極盛、寺廟、佛像的興築消耗了大量的銅，以致出現了乏銅鑄幣的現象，造成銅鑄造額的不足和成色的降低等弊病，因而造成經濟上很大的困擾。

　　冶銅、冶鐵工業均由官府經營。採礦、冶鑄的勞動力主要來自囚犯家庭。冶鍊技術最高的地方是建康城的東、西冶。本區在春秋、戰國時代進入鐵器時代，冶鑄技術原本遠遜於中原地區。然而東晉時代大量北人南渡，僑人帶來了先進的技術，再加以研究改進，到梁天監年間已能鑄鋼，其技術與其後五十年北方用灌鋼法鑄造宿鐵刀已可等量齊觀，較之孫吳、東晉時代已有長足的進步。

　　本區濱海又多湖澤，漁業、鹽業均甚發達。紡織業的技術水準不及北方。唯逐漸進步的結果，紡織品的生產到南朝時已足供需要且有剩餘以供庫藏，價格亦下跌至東晉初期的十分之一。由於苧蔴是本區的特產紡織原料，蔴紡織成爲本區紡織業的特色。

　　六朝時代本區不但因物質建設而大爲改觀，社會上亦發生轉變，使社會力量更形凝固。孫吳、西晉時代由於南北方各自長期獨立發展，形成南北士族隔閡與對立的現象。東晉初年，南北人民之間的裂隙成爲司馬氏政權立國江南的危機，幸好王導巧妙地將之化解，將社會力量緊密配合，合力對抗來自北方的威脅。然而南北士族在政治權力的分配上一時得不到均衡，掌握政治大權的北方士族所開放的小部分政權不能滿足部分江南士族的需要，於是南北士族便將權力的分配再度調整，消除其中不穩定的因素，盡量達到各適其所的境界。經過調整後的政權得到絕大部分士族的擁護，同心協力維護其存在。少數仍不滿的南方士族也不敢再打破現狀，只好盡量求得適應，以保障家族的前途。南北士族的整合不但使六朝政權穩定的維持下去。因而也消弭了社會的動亂不因因素，間接幫助了本區的經濟建設在安定中快速發展，使本區逐漸繁榮、茁壯，終於成爲六朝政權的股肱要地，支持六朝政府屹立江南三百餘年，也成爲產生唐宋盛世的經濟中心。

　　唯在六朝典型士族政治之下，士族享有政治及經濟上的特權，北方僑人進入本區因行踪不定、戶籍不明，也享免稅的優待，則政府所需的龐大賦役便轉嫁至吳人平民的肩上，本區爲全國財賦重區，更爲政府需索的對象，故本區人民賦役負擔之重，冠於全國。由此而激成許多嚴重的社會問題如百姓逃亡、叛亂及官吏貪墨舞弊等，給原本繁榮富庶的本區憑添了不安的氣氛。由於六朝政權曲從士族的利益，犧牲了平民的權益，與力行均田制度，縮短貴族與平民間差距的北朝相較，社會上的團結力量便有差別，這也是南朝被併於北朝的因素之一。

參考書目

（一）**專書**（按著者姓名筆劃多寡爲序）

1. 丁兆基等，《金壇縣志》，成文出版社，民國 59 年。

2. 王伊同，《五朝門第》，金陵大學中國文化研究所叢刊乙種，民國 32 年。

3. 王益厓，《中國地理》，正中書局出版，民國 46 年。

4. 王溥，《唐會要》，世界書局，民國 57 年。

5. 毛漢光，《兩晉南北朝士族政治之研究》，中國學術著作獎助委員會叢書之十七，民國 55 年。

6. 司馬光，《資治通鑑》，宏業書局，民國 62 年。

7. 司馬遷，《史記》，宏業書局，民國 62 年。

8. 朱偰，《建康蘭陵六朝陵墓圖考》，商務印書館出版，民國 25 年。

9. 朱漢昇，《唐宋帝國與運河》，歷史語言研究所專刊之二十四，民國 33 年。

10. 全漢昇，《中國經濟史論叢》，香港新亞研究所，民國 61 年。

11. 李百藥，《南齊書》，商務印書館百衲本二十四史。

12. 李延壽，《南史》，商務印書館百衲本二十四史。

13. 李昉，《太平御覽》，新興書局，民國 48 年。

14. 李約瑟，《中國之科學與文明》，商務印書館，民國 60 年。

15. 李銘皖等，《蘇州府志》，成文出版社，民國 59 年。

16. 何炳棣，《黃土與中國農業的起源》，香港中文大學出版，1969 年。

17. 何紹章等，《丹徒縣志》，成文出版社，民國 59 年。

18. 何維凝，《中國鹽政史》，何龍澧芬排印本，民國 55 年。

19. 宋如林等，《松江府志》，成文出版社，民國 59 年。

20. 宋尚希，《長江通考》，中華叢書編審委員會印行，民國 52 年。

21. 宋應星，《天工開物》，商務印書館國學基本叢書第一四六冊，民國 57 年。

22. 呂思勉，《兩晉南北朝史》，開明書店，民國 58 年。

23. 沈括，《夢溪筆談》，商務印書館國學基本叢書第二四四冊，民國 57 年。

24. 沈啓，《吳江水考》，清乾隆五年重刊本。

25. 杜佑，《通典》，新興書局，民國 48 年。

26. 阮升基等，《宜興縣志》，成文出版社，民國 59 年。

27. 周金聲，《中國經濟史》，著者印行，民國 48 年。

28. 周應合，《建康志》，刻本。

29. 吳秀之等，《吳縣志》，成文出版社，民國 59 年。

30. 吳春科，《經濟學》，大中國圖書公司，民國 57 年。

31. 范成大，《吳郡志》，成文出版社，民國 59 年。

32. 范成大，《吳船錄》，筆記小說大觀第四四八冊。

33. 范曄，《後漢書》，宏業書局，民國 62 年。

34. 姚思廉，《梁書》，商務印書館百衲本二十四史。

35. 姚思廉，《陳書》，商務印書館百衲本二十四史。

36. 洪亮吉，《東晉疆域志》，文海出版社，民國 57 年。

37. 施建生，《經濟學原理》，著者印行，民國 45 年。

38. 徐獻忠，《吳興掌故集》，吳興叢書第八十至八十三冊。

39. 唐太宗御撰，《晉書》，商務印書館百衲本二十四史。

40. 唐長孺，《三至六世紀江南大土地所有制的發展》。

41. 唐長孺，《魏晉南北朝史論叢》。

42. 馬端臨，《文獻通考》，新興書局，民國 48 年。

43. 陳和志等，《震澤縣志》，成文出版社，民國 59 年。

44. 陳寅恪，《隋唐制度淵源略論稿》歷史語言研究所專刊之二十二，民國 33 年。

45. 陳壽，《三國志》，宏業書局，民國 61 年。

46. 陳夢雷，《古今圖書集成》，文星書局。

47. 張敦頤，《六朝事跡類編》，台北廣文書局，民國 59 年。

48. 張內蘊，《三吳水考》，台北台灣商務印書館印行。

49. 陶希聖、武仙卿，《南北朝經濟史》，商務印書館，民國 36 年。

50. 陶希聖、鞠清遠，《唐代經濟史》，商務印書館，民國 35 年。

51. 陸廣微，《吳地記》，古今逸史第十八冊。

52. 陸龜蒙，《笠澤叢書》，四庫全書珍本第五集第二六九冊。

53. 陸龜蒙，《甫里先生文集》，四部叢刊初編第七六八至七七二冊。

54. 單鍔，《吳中水利書》，叢書集成初編第三〇一八冊。

55. 曾仰豐，《中國鹽政史》，商務印書館中國文化史叢書，民國 36 年。

56. 楊守敬，《歷代輿地圖》，光緒丙午至宣統三年刊本。

57. 賈思勰，《齊民要術》，商務印書館國學基本叢書第一四七冊，民國 57 年。

58. 劉慶義，《世說新語》，商務印書館國學基本叢書第二四四冊，民國 57 年。

59. 鄭樵，《通志》，新興書局，民國 48 年。

60. 樂史（子正），《太平寰宇記》，文海出版社，民國 52 年。

61. 鄧韍，《常熟縣志》，學生書局中國史學叢書一六〇～一六一冊，民國 54 年。

62. 談鑰，《吳興志》，吳興叢書第六十二至六十七冊。

63. 錢大昕，《二十二史考異》，商務印書館叢書集成初編第五〇七～五〇九冊。

64. 錢穆，《國史大綱》，商務印書館，民國 56 年。

65. 魏徵，《隋書》，宏業書局，民國 63 年。

66. 蕭璠，《春秋至兩漢時期中國向南方的發展》，台大文史叢刊之四十一，民國 62 年。

67. 顏之推，《顏氏家訓》，商務印書館國學基本叢書第六十八冊，民國 57 年。

68. 嚴可均校輯，《全上古三代秦漢三國六朝文》，中文出版社，1972 年初版。

69. 嚴耕望，《中國地方行政制度史》，歷史語言研究所專刊之四十五，民國 39～41 年。

70. 嚴耕望，《唐史研究叢稿》，新亞研究所出版，1969 年。

71. 顧炎武，《天下郡國利病書》，商務印書館四部叢刊本。

72. 顧祖禹，《讀史方輿紀要》，商務印書館國學基本叢書第三三三～三三六冊，民國 57 年。

73. 酈道元，《水經注》，長沙王先謙合校本。

74. 周藤吉之，《宋代經濟史》，東京大學出版社發行，1962 年。

75. 曾我部靜雄，《宋代政經史の研究》，東京都吉川弘文館刊行，昭和四十九年。

76. Balayz, Etienne : *Chinese Civilization and Bureaucracy Trans* by H. M. Wright ed. By Authur F. Wright. New Haven Yale Univesity Press 1964.

77. Eberhard, Wolfram : *The Rulers and Conquerors : Social Forces in Medieval China* Leiden First Edition 1952. Second Edition 1965.

78. Sorokin, Pitirin. A. : *Social and Cultural Mobility.* Free Press of Glencoe,

Illinois.

79. Kuznet, Simon：*Modern Economic Growth, Rates, Structure, and Spread*（近代經濟的成長率結構與發展），台灣銀行經濟研究室編印。

80. Chi, Chiao – Ting：Key Economic Areas in Chinese History; As Revealed in the Development of Public Works for Water – control （1st ed ） N. Y. Augustus M. Killey, 1970.

（二）論　文

1. 王仲犖，〈東晉南朝時代江南的經濟發展〉，《歷史教學》1955 年第 8 期。

2. 毛漢光，〈中國中古社會史略論稿〉，《歷史語言研究所集刊》之四十七本第三分，民國 65 年。

3. 方豪，〈宋代城市之研究〉，《方豪六十自定稿》，民國 58 年。

4. 全漢昇，〈中古自然經濟〉，《歷史語言研究所集刊》之第十本，民國 37 年。

5. 全漢昇，〈宋代南方的虛市〉，《歷史語言研究所集刊》之第九本，民國 36 年。

6. 何茲全，〈魏晉時期莊園經濟之雛形〉，《食貨半月刊》一卷 1 期，民國 23 年。

7. 何啓民，〈永嘉前後吳姓與僑姓關係之轉變〉，《國立政治大學學報》第 26 期，民國 61 年。

8. 何啓民，〈中古南方門第吳郡朱張顧陸四姓之比較研究〉，《國立政治大學學報》第 27 期，民國 62 年。

9. 何啓民，〈南朝門第經濟之研究〉，《大陸雜誌》第四十八卷第 1 期。

10. 周一良，〈南朝境內各種人及政府對待之政策〉，《歷史語言研究所集刊》第七本第四分，民國 27 年。

11. 林壽晉，〈東晉南北朝時鑛冶鑄造業的恢復與發展〉，《歷史研究》1955 年第 6 期。

12. 高亞偉，〈孫吳開闢蠻越考〉，《大陸雜誌》七卷 7 期，民國 42 年。

13. 徐中舒，〈古代灌漑工程原起考〉，《歷史語言研究所集刊》第五本第二分，民國 24 年。

14. 陳寅恪，〈東晉南朝之吳語〉，《歷史語言研究所集刊》第七本第一分，民國 25 年。

15. 陳寅恪，〈述東晉王導的功業〉，《中山大學學報》1956 年。

16. 許倬雲，〈三國吳地的地方勢力〉，《歷史語言研究所集刊》第三十七本上冊，民國 53 年。

17. 蔡辰理，〈鋼鐵的鍛鍊技術〉，《中央日報》民國 66 年 3 月 8 日副刊。

18. 西村元佑,〈勸農政策と占田課田〉,《史林》四十一卷 2 期,1959 年。

19. 米田賢次郎,〈漢魏の屯田と晉の占田課田〉,《東洋史研究》三十一卷 4 號,1963 年。

20. 渡邊一信郎,〈漢六朝期における大土地所有と經營〉(上)(下),《東洋史研究》三十三卷 1～2 號,1974 年。

21. Hartwell, Robert : "A Revolution in Chinese Iron and Coal Industries During the Northern Sung, 960～1126 A. D." *The Jounal of Asia Studies 21*（*1961～62*）. PP. 153～162.